原油期货市场波动率预测模型
介绍及应用

马锋 王璐 著

科学出版社
北京

内 容 简 介

在当前面临局部性地缘事件频发、全球经济复苏和气候变化等多重挑战的背景下，准确预测原油价格变动显得尤为关键。本书通过大量的实证研究和案例分析，以简明的语言呈现了复杂的波动率预测模型理论，并对现有流行的原油波动率预测模型进行了介绍，包括GARCH族模型、HAR–RV族模型、混频数据模型和机器学习模型等。

本书适合金融从业者和对能源市场与环境问题感兴趣的研究人员使用，它为读者提供了深入了解和分析原油市场的工具与视角，旨在使广大投资者、研究者和决策者全面系统地了解原油市场的波动率特征，准确把握市场趋势，为实际操作和决策提供更为科学的支持。

图书在版编目（CIP）数据

原油期货市场波动率预测模型介绍及应用 / 马锋，王璐著. —北京：科学出版社，2025.1

ISBN 978-7-03-078471-1

Ⅰ．①原… Ⅱ．①马… ②王… Ⅲ．①原油—期货交易—期权定价—研究—中国 Ⅳ．①F426.22

中国国家版本馆 CIP 数据核字（2024）第 087708 号

责任编辑：郝　悦 / 责任校对：王晓茜
责任印制：张　伟 / 封面设计：有道设计

科学出版社 出版
北京东黄城根北街 16 号
邮政编码：100717
http://www.sciencep.com

北京富资园科技发展有限公司印刷
科学出版社发行　各地新华书店经销

*

2025 年 1 月第 一 版　开本：720×1000　1/16
2025 年 1 月第一次印刷　印张：12
字数：239 000

定价：138.00 元
（如有印装质量问题，我社负责调换）

序

　　近年来，国际原油市场的持续波动是全球经济发展中备受关注的话题。2008年金融危机、美国页岩油革命、新冠疫情、俄乌冲突等不确定事件给原油价格造成了巨大冲击，对各国经济、企业运营以及投资者利益产生了复杂深远的影响。在党的二十大报告中，提出了"深入推进能源革命""加大油气资源勘探开发和增储上产力度""加强能源产供储销体系建设，确保能源安全"的重要部署[①]。在当今世界政治经济形势复杂多变的情况下，对原油市场波动率进行建模和预测，有助于市场参与者了解原油市场的运行规律，为金融市场的监管以及投资者风险预警等提供一定的依据。

　　《原油期货市场波动率预测模型介绍及应用》系统地介绍了原油期货市场波动率的预测模型，并深入探讨了这些模型在实际操作中的应用效果，为投资者、研究者和决策者提供了有力的参考。该书首先从国际原油市场的背景出发，深入剖析了原油价格形成机制，通过对市场参与者、供需关系以及国际政治因素等多方面的分析，帮助读者更好地理解原油市场的复杂性和不确定性。其次，该书详细介绍了波动率的测度方法，全面梳理了目前流行的波动率模型。在第3章至第6章，该书分别聚焦于四种主流波动率预测模型：GARCH[②]族模型、HAR-RV[③]族模型、混频数据模型和机器学习模型。这些模型不仅在理论上有坚实的基础，而且在实证数据上取得了显著的成果。通过解读这些模型的原理和实证研究，读者能够理解不同模型的适用场景和局限性。最后，第7章将理论与实践相结合，引导读者深入了解国际原油市场波动率预测的应用研究。特别关注原油期货在套期保值、在险价值和经济价值中的应用。

王玉东

---

① https://www.gov.cn/xinwen/2022-10/25/content_5721685.htm。

② GARCH 即 generalized autoregressive conditional heteroskedasticity，广义自回归条件异方差。

③ HAR-RV 即 heterogeneous autoregressive model of realized volatility，已实现波动率的异质自回归模型。

前　　言

原油作为全球产业链中的重要生产要素和战略资源，扮演着关键的角色。它广泛应用于能源、化工、交通运输等领域，与人类的日常生活和经济活动密切相关。根据《bp 世界能源统计年鉴》[①]，石油消费在能源结构中连续多年占据最大份额。然而，原油在世界各国的分配并不均匀，原产国的出口政策、地缘政治局势等因素都会导致原油价格的波动。例如，OPEC（Organization of Petroleum Exporting Countries，石油输出国组织）国家的减产政策、美国页岩油革命以及 2020 年新冠疫情等事件都对原油价格产生了复杂而深远的影响。随着全球金融市场的发展和完善，原油的金融产品属性不断增强，原油期货等金融产品成为投资者和交易者进行风险管理和投机交易的重要工具。油价的剧烈波动可能限制发展中国家的经济增速，同时冲击全球金融系统。另外，碳排放和能源转型是各国政府近年来的重要课题。2023 年第 28 届联合国气候变化大会提出，将全球气温较工业化前水平升幅控制在 1.5 摄氏度以内，这一目标的实现需要全球共同努力，包括加快能源转型进程和持续降低温室气体排放等长期发展战略。在这一背景下，全球能源格局正在发生变化，传统油气能源受到替代能源的挑战，新能源及其相关产业正在迅速发展。如何解读发达国家的能源政策以及如何应对油价波动和能源转型，都需要进一步研究。

在当前局部性地缘事件频发、全球经济复苏和气候变化等多重挑战的背景下，对原油价格进行建模和预测显得尤为重要。这不仅有助于理解原油价格波动的机制和规律，还能够帮助相关从业者及时应对市场变化，降低风险，保障能源安全，促进国家能源过渡和能源体系的完善。同时，本书对原油建模的数据和模型进行了详细讲解，是一本适合初学者进行原油研究的优质学习资料。全书共 7 章，第 1 章介绍了国际原油市场背景，重点介绍了原油的价格形成机制。第 2 章介绍了波动率测度及预测方法，梳理了流行的波动率预测方法。第 3 章至第 6 章分别介绍了 GARCH 族模型、HAR-RV 族模型、混频数据模型和机器学习模型对波动率

[①] 报告下载地址：https://www.bp.com.cn/zh_cn/china/home/news/reports.html。

进行测度的理论依据和实证数据。第 7 章介绍了国际原油市场波动预测的应用研究，重点论述了原油期货在套期保值、在险价值和经济价值中的应用。

　　本书获得了国家自然科学基金（项目编号：72071162、72271204），国家社会科学基金（项目编号：22FJYB062），中央高校基本科研业务费专项资金（项目编号：2682024ZTPY005）的支持，在此表示感谢。同时，感谢西南交通大学研究生院对本书出版的大力支持。特别感谢金融预测团队全体学生和老师对本书的贡献。

　　由于作者水平有限，书中的疏漏和不足之处在所难免，希望广大专家及读者批评指正。

目　　录

第 1 章　国际原油市场背景

1.1　国际原油市场简介

　　国际原油市场是全球能源市场中最重要的组成部分之一。原油作为一种不可再生资源，对于全球经济和能源供应具有重要意义。本章将探讨国际原油市场的背景及历史、主要参与者、价格形成机制以及市场趋势等方面。原油是一种天然的化石燃料，主要由碳氢化合物组成，它是许多工业和交通领域的主要能源来源。全球原油市场的规模庞大，每天交易量达数百万桶，主要的原油产地包括中东地区、北美地区和俄罗斯等国家和地区。国际原油市场的主要参与者包括原油生产国、原油公司、交易所和投资者等。原油生产国是市场的重要参与者，它们通过控制产量和出口来影响市场供应和价格。一些重要的原油生产国包括沙特阿拉伯、俄罗斯和美国等。原油公司是市场的另一个重要参与者，它们通过勘探、开采和销售原油来获取利润。交易所是原油市场的交易平台，投资者可以在交易所进行原油期货和期权交易。

　　国际原油市场的价格形成机制是一个复杂的过程。原油价格受到供需关系、地缘政治因素、货币汇率和金融市场波动等多种因素的影响。供需关系是决定原油价格的主要因素之一。当供应过剩时，原油价格下跌；当供应不足时，原油价格上涨。地缘政治因素也对原油价格产生重要影响。例如，中东地区的冲突和紧张局势可能导致原油供应中断，从而推高价格。货币汇率和金融市场波动也会对原油价格产生影响，因为原油价格通常以美元计价。近年来，国际原油市场发生了一些重要的变化。首先，美国页岩油革命使得美国成为全球最大的原油生产国之一。这导致全球原油供应增加，对市场产生了重大影响。其次，可再生能源的发展和推广也对原油市场产生了一定的冲击。太阳能和风能等可再生能源的成本逐渐降低，使得它们在能源消费中的比重增加，从而减少了对原油的需求。此外，环境保护和气候变化的关注也促使一些国家减少对化石燃料的依赖，进一步影响了原油市场。

1.2　国际原油市场形势

20 世纪初，汽车工业的兴起和工业化进程的加速导致对能源的需求急剧增加，这加强了原油作为高效能源的主导地位。随着全球经济的发展和人口的增加，全球对原油的需求持续增长，特别是在发展中国家，经济增长和城市化的加速更是导致了对原油的需求急剧增加，使其成为全球最为重要的能源之一。

原油市场的形成和发展与原油生产国的崛起密切相关。一些国家由于拥有丰富的原油资源，成为全球原油生产的主要国家。例如，沙特阿拉伯、俄罗斯、美国、伊朗和伊拉克等。这些国家通过控制产量和出口来影响市场供应和价格。国际原油市场的形成也受到地缘政治因素的影响。一些地区的政治不稳定和冲突可能导致原油供应中断，从而推高原油价格。例如，中东地区的冲突和紧张局势经常引发市场的不确定性和价格波动。国际原油市场的形成还受到技术进步和市场机制的影响。原油勘探和开采技术的不断改善与交易所的建立为原油期货市场的发展提供了更多的机会和便利。

国际原油市场经历了多个发展阶段，起源于 19 世纪末，一直演变至 21 世纪。初期，随着汽车工业的崛起和工业化进程的加速，原油需求急剧增加，使其成为高效能源的主导。OPEC 的成立标志着新的篇章，OPEC 通过调整产量和出口政策影响市场供应和价格，成为国际原油市场的重要力量。20 世纪初，美国、俄罗斯、伊朗等国家成为最早的原油产区，垄断和集中的趋势逐渐形成，引发了其他国家对垄断的担忧。20 世纪 70 年代的原油危机导致了油价大幅上涨，引发了其他国家对原油供应安全和价格稳定的担忧。这促使许多国家推动市场自由化和国际化，开放原油行业，使国际原油市场竞争变得逐渐激烈。

自 20 世纪 80 年代以来，原油市场经历了多次价格波动和市场调整。例如，1973 年的 OPEC 原油禁运、1978 年至 1979 年的伊朗伊斯兰革命、1990 年的第一次海湾战争，均对经济运作产生了重大影响。20 世纪中后期的原油价格波动也对全球经济产生了重大影响。21 世纪初期，原油价格相对稳定，但在 2008 年和 2014 年，价格再次大幅上涨和下跌，引发了市场的不确定性和调整。

1.3　国际原油市场的主要参与者

国际原油市场的主要参与者包括原油生产国、原油公司、交易所和投资者。原油生产国是国际原油市场的关键参与者，它们拥有丰富的原油资源并负责开采和生产原油。OPEC 是最重要的原油生产国组织之一，其成员国的原油产量占据了全球原油产量的很大比例。其他非 OPEC 国家如美国、俄罗斯、加拿大等也是重要的原油生产国。原油公司是国际原油市场的主要参与者之一，它们负责原油的开采、生产、加工和销售。国际原油公司如沙特阿美、埃克森美孚、壳牌等在全球范围内拥有庞大的原油资源和较强的生产能力。这些公司通过与原油生产国签订合作协议或购买原油资源来获取原油。

国际原油市场的交易主要在一些重要的交易所进行，其中最著名的是纽约商品交易所（New York Mercantile Exchange，NYMEX）和伦敦国际原油交易所。这些交易所提供了原油期货合约的交易平台，允许投资者通过期货市场买卖原油合约。这些交易所的价格指数如西得克萨斯中质（West Texas intermediate，WTI）原油和北海布伦特（Brent）原油被广泛用作国际原油市场的基准。

投资者在国际原油市场中扮演着重要角色，他们通过购买和持有原油合约来获取投资回报。投资者可以是机构投资者（如基金、银行和保险公司）或个人投资者。他们通过原油期货市场、场外交易（如衍生品市场）或原油基金等方式参与原油市场的交易。国际原油市场的交易方式多样，包括现货交易、期货交易和场外交易。现货交易是指即期购买和销售实际的原油产品，交易双方直接进行交割。期货交易是指通过交易所进行的标准化合约交易，买卖双方约定在未来某个时间点交割原油合约。场外交易是指在交易所以外的场所进行的非标准化合约交易，通常由大型原油公司和投资机构进行。国际原油市场的参与者和交易方式多种多样，涵盖了原油生产国、原油公司、交易所和投资者。这些参与者通过不同的交易方式在市场中买卖原油合约，推动了国际原油市场的运作和发展。

1.4　国际原油市场的价格形成机制及波动

国际原油市场的价格形成机制是由供需关系和市场参与者的交互作用决定的，受供需关系、地缘政治、生产国政策、全球经济状况、货币汇率和季节变动等因素影响。

原油作为一种商品，其价格波动会因宏观经济基本面因素（如全球供给和需求等）的变化而发生改变（Kilian，2009；Wei et al.，2017；Li et al.，2022；中国现代国际关系研究院课题组和张茂荣，2020）。供需关系是决定原油价格的最重要因素之一，其中全球价格的下跌、需求与供给过剩造成了原油价格的下跌（Baumeister and Kilian，2016）。当供应大于需求时，市场上的原油供应过剩，供应量超过需求量。这种情况下，供应商为了销售原油可能会降低价格，以吸引更多的买家。供应过剩会导致市场竞争激烈，价格下跌。相反，当需求大于供应时，市场上的原油供应不足，需求量超过供应量。这种情况下，供应商可能会提高价格，以平衡供需关系。供应不足会导致市场竞争减少，价格上涨。供需关系的变化受多种因素影响，包括全球经济状况、季节性需求变化、能源政策、地缘政治因素等。例如，经济增长和工业活动的增加通常会提高原油需求，从而推动价格上涨。因此，供需关系是决定原油价格的核心因素。

地缘政治因素对国际原油市场价格有重要影响。能源在全球经济政治博弈中的重要战略地位使其容易受到地缘政治冲突、国家选举、经济政策和货币政策等各种国际不确定性事件的影响（Li and Wei, 2018；Liang et al., 2020）。地区冲突、政治动荡、制裁措施等都可能导致供应中断或不稳定，进而影响原油价格。例如，中东地区的冲突和紧张局势经常导致供应中断，这会使市场供应不稳定，推高原油价格。一些国家或组织（如 OPEC）也会通过减产协议来限制原油产量，以维持市场供需平衡和价格稳定。此外，国际制裁措施也可能限制某些国家的原油出口，从而影响全球供应和价格。地缘政治因素也可能威胁原油运输和通道的安全。例如，海盗活动、地区冲突或政治动荡可能导致原油运输受阻或延误，从而影响供应和价格。地缘政治不稳定性会增加市场对供应中断的担忧，投资者要求提高风险溢价，导致原油价格上涨。此外，供应中断、减产协议和制裁措施、运输和通道安全、地缘政治风险溢价以及能源政策和国际关系等都是地缘政治因素对原油价格产生影响的主要方式。

原油生产国的相关政策也会对原油价格产生影响。例如，OPEC 成员国通过调整产量限制供应量，从而影响市场供应和价格，而其他非 OPEC 国家的政策如美国的页岩油产量调整，也会对市场供应和价格产生影响。当原油价格较低时，原油生产国可能会减少产量，以减少供应量，推高价格。相反，当原油价格较高时，原油生产国可能会增加产量，以增加供应量，稳定价格或获取更多收入。此外，原油生产国之间可以达成减产协议，从而限制原油产量以平衡市场供需关系，如 OPEC 及其盟友就是通过减少产量以提高原油价格。原油生产国同样可以通过调整原油出口政策来影响原油供应和价格。一些国家可能限制原油出口量，以满足国内需求或保持库存。这种出口限制可能导致供应紧张，从而推高价格。原油生产国的资本支出和投资决策也会影响供应和价格。例如，原油生产国增加对原油勘探和开发的投资，从而增加产量和供应，进而对价格产生影响。原油生产国的税收和补贴政策也是影响原油价格的因素之一，如降低原油生产的税收或提供补贴可能鼓励更多的生产，增加供应，从而对价格产生影响。总而言之，原油生产国可以通过调整产量、减产协议、出口政策、资本支出和投资、税收和补贴政策等方式来影响供应和价格。

全球经济状况对原油需求有直接影响。当全球经济增长势头强劲，需求增加，原油价格可能上涨。相反，当全球经济增长放缓时，需求减少，原油价格可能下跌。经济增长通常伴随着工业活动和交通运输需求的增加，从而推动原油需求的增长。当经济增长强劲时，工业活动会增加，而工业部门对能源的需求很大，尤其是原油和石化产品；交通运输需求也会增加，汽车、航空和航运等交通工具都需要原油作为燃料，因此原油需求通常会增加。全球经济状况对国际贸易有重要影响，而国际贸易是原油需求的重要驱动力之一。当全球经济增长放缓或衰退时，国际贸易可能受到影响，从而减少对原油的需求。

原油价格通常以美元计价，因此货币汇率的波动会对原油价格产生影响。当美元贬值时，其他货币相对于美元的汇率会上升，这会导致以其他货币计价的原油价格下降，因为购买原油所需的本地货币数量减少。因此，美元贬值通常会推动全球原油价格上涨。相反，当美元升值时，其他货币相对于美元的汇率会下降。这会导致以其他货币计价的原油价格上升，因为购买原油所需的本地货币数量增加。因此，美元升值通常会对全球原油价格产生下行压力。货币汇率的波动还会增加原油价格的不确定性和风险。如果一个国家的货币贬值，那么购买该国原油的成本会增加，这可能导致对该国原油的需求减少。此外，货币波动还会影响原油进口国的成本和能源安全。

季节性因素也会影响原油价格。某些季节性需求的变化会对原油的需求量产生影响。例如，夏季是汽车旅行和航空旅行高峰期，而冬季是供暖需求高峰期，原油产品的需求会因此增加。季节性库存变化也可能导致原油价格波动，一些国家和地区会根据季节性需求变化来调整原油库存。例如，冬季来临之前，一些国家会增加原油库存以满足供暖需求，从而影响原油的供需关系，造成原油价格的短期波动现象。天气因素也会对原油价格产生影响。例如，飓风、暴雨、暴雪等极端天气事件可能导致原油生产和运输中断，从而影响供应，这种供应中断可能导致原油价格上涨。

国际原油市场的价格波动会对全球经济产生重大影响。原油是全球最重要的能源资源之一，广泛应用于工业生产、交通运输和农业等领域。Larsson 和 Nossman（2011）表明，原油价格的剧烈波动会给生产者和工业消费者带来更高的风险。原油价格的变动会直接影响到各个行业的成本和利润，进而对全球经济产生影响。首先，原油价格的上涨会导致能源成本的增加，如石化、航空和运输等许多行业对原油的需求非常大，当原油价格上涨时，这些行业的生产成本也会随之增加，从而可能导致产品价格上涨或者利润减少，这会对消费者和企业产生不利影响，可能导致通货膨胀加剧和经济增长放缓。其次，原油价格的波动还会影响全球贸易和国际竞争力。许多国家依赖原油进口，特别是发展中国家。当原油价格上涨时，这些国家的贸易逆差可能会增加，经济压力加大。同时，原油价格的波动也会影响各国的竞争力。一些国家的经济主要依赖于出口，当原油价格上涨时，其他国家的成本可能会增加，导致竞争力下降。此外，原油价格的波动还会对金融市场产生影响。原油价格的上涨通常会引发通货膨胀预期，导致央行采取紧缩货币政策，进而影响利率和汇率。同样也会对全球金融市场和投资者的情绪产生影响，可能引发市场波动和不确定性。然而，需要指出的是，原油价格的影响并不仅限于经济层面，还涉及环境和能源安全等问题，因为高油价可能会刺激对可再生能源的投资和发展，减少对化石燃料的依赖，促进能源转型。此外，原油价格的波动也可能会导致紧张的政治局势，影响国际关系和地区稳定。

1.5　WTI 原油、Brent 原油简介

基于以上讨论可知，原油市场是全球经济的重要支柱，而美国 WTI 原油无疑是其中的关键角色，它的现货价格是全球原油市场最重要的定价基准之一，也被研究者广泛定义为国际原油市场的基准价格。WTI 原油通常指从加拿大和墨西哥湾进口的原油产品，涵盖了北美范围内的生产和销售。同时，WTI 原油也是纽约商品交易所的原油期货合约标的物，其拥有较高的价格透明度和良好的流动性，在交易市场上保持着极大的活跃度，交割地点位于美国俄克拉荷马州的库欣（Cushing）地区。

WTI 原油市场承载着不可预测的挑战和机遇。2019 年，一次地缘政治风暴撼动了市场，沙特阿美原油设施遭到袭击，导致沙特原油产量急剧下降，WTI 原油价格一路攀升。这一事件让市场陷入了狂热，投资者们争相涌入，市场风云瞬息万变。然而，2020 年新冠疫情暴发对 WTI 原油市场造成了史无前例的冲击——全球封锁措施导致能源需求暴跌，WTI 原油价格一度跌至负数，低至每桶-37.63 美元。这样罕见的市场景象震惊了全球，投资者们面对着前所未有的混乱和挑战。这一时期的波动不仅是市场价格的起伏，更是投资者信心和市场预期的剧烈变动。此外，市场的波澜不仅仅在于这些短期事件。WTI 原油市场长期面临着来自多个方面的挑战。随着清洁能源技术的发展，人们对可再生能源的需求持续攀升，这对传统原油市场构成了潜在的威胁，而全球对气候变化的关注进一步加剧了对原油替代品的需求，这在一定程度上影响了 WTI 原油市场的未来发展。

在全球原油市场中，Brent 原油也演绎着独特的角色。与美国 WTI 原油的不同之处在于，Brent 原油并未被限定于特定的交割地点，这一灵活性赋予了它独特的竞争优势。2011 年，利比亚发生了政治动荡，导致了该地区原油供应的中断。这一事件对 WTI 原油市场产生了相当大的影响，但 Brent 原油则因其灵活性而相

对不受影响。因为 Brent 原油未限定交割地点，所以可以通过游轮等方式进行运输和储存，这种灵活性让 Brent 原油成为市场中的"变通者"，即使在地缘政治风险和供应中断等情况下，它也依然能够保持着灵活的交易状态，在全球原油贸易中扮演着重要角色。

Brent 原油出产于欧洲北海地区的 Brent 油田和北海其他地区，这些区域是 Brent 原油主要的活动场所，包括地中海、北海、西北欧，还有一些中东国家和非洲地区，Brent 原油因在这些地区的广泛产出而成为全球原油定价的主要基准之一。同时，Brent 原油在全球原油贸易中占据着约 70% 的份额，这一数字足以显示其在市场中的重要地位。Brent 原油的价格变动和供需状况不仅引发了投资者的关注，更深刻影响着全球能源市场的稳定性和发展方向。例如，2014 年至 2016 年间，Brent 原油价格从每桶 110 美元左右急速下跌至每桶 30 美元左右，这一巨大的波动在全球能源市场中掀起了巨大的波澜。

正因为 Brent 原油灵活的特性和其在市场中的份额，投资者们对其价格变动和市场波动格外关注。

鉴于上述因素并考虑到可获取的数据，原油市场主要涵盖了 WTI 原油现货（WTI oil spot）、WTI 原油期货（WTI oil futures）、Brent 原油现货（Brent oil spot）以及 Brent 原油期货（Brent oil futures）市场。完整的 WTI 原油现货价格数据始于 1986 年 1 月 2 日，WTI 原油期货价格数据则始于 1983 年 3 月 31 日；而 Brent 原油现货价格的完整数据始于 1987 年 5 月 20 日，Brent 原油期货价格的完整数据始于 1988 年 10 月 10 日。这四个原油市场截至 2023 年 9 月 30 日的完整价格轨迹如图 1-1 至图 1-4 所示。可以明显观察到，在 2008 年前，这四个原油市场的价格变动趋势相对平稳，此后价格波动却变得更加频繁。特别是在 2020 年 4 月，WTI 原油期货价格跌至负值，而 Brent 原油期货价格虽然下跌但未达到负值。实际上，WTI 原油期货价格出现负值的根本原因是全球新冠疫情的蔓延，导致经济活动急

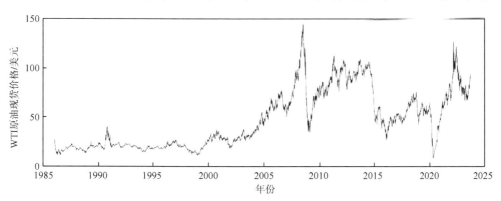

图 1-1　WTI 原油现货价格波动

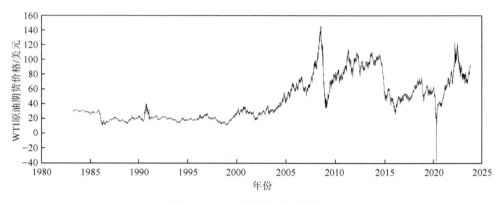

图 1-2　WTI 原油期货价格波动

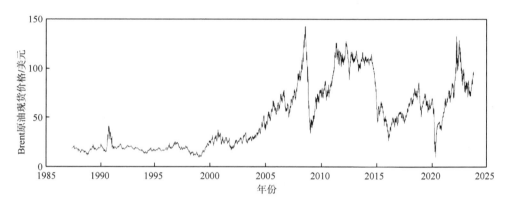

图 1-3　Brent 原油现货价格波动

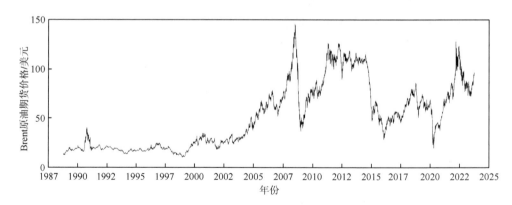

图 1-4　Brent 原油期货价格波动

剧减少,原油库存量增加,需求急剧下降,供应严重超过需求。与 WTI 原油不同的是,Brent 原油通常可以进行现金结算,对于原油的存储和运输能力的依赖较小,因此具有更大的灵活性，这使得 Brent 原油市场在新冠疫情期间保持了相对稳定。

1.6 原油市场对其他市场的影响及特点

国际原油市场对其他市场有广泛的影响。近年来关于原油市场的相关研究多侧重于原油价格给全球经济运作以及国际金融市场带来的波动冲击影响，如 Ferderer（1996）研究了原油价格波动率与宏观经济中产出增长的不对称关系，认为原油市场中断可能会影响宏观经济，因为它不仅直接影响了原油本身的价格水平，还会提高原油价格的波动程度。国际原油市场是全球能源市场的重要组成部分。国际原油市场的价格波动会直接传导到其他能源市场，如天然气、煤炭和电力市场。原油价格的上涨通常会导致其他能源价格上涨，因为它们在能源供应链中相互关联。当原油价格上涨时，原油公司可能减少原油开采，导致天然气供应减少，从而推高天然气价格。国际原油市场的供需关系会对其他能源市场的供需关系产生影响。原油供应紧张或需求增加可能导致能源供应链的扭曲，进而影响其他能源市场的供需平衡。例如，原油供应中断可能导致天然气和煤炭的需求增加，因为它们可能被用作替代能源。国际原油市场的波动会影响投资者情绪和资金流动，从而影响其他能源市场。当原油价格上涨时，投资者可能更倾向于投资能源行业，这可能导致其他能源市场的资金流入增加。相反，原油价格下跌可能导致投资者对能源市场的兴趣减弱，资金流出可能增加。国际原油市场的发展和创新也会对其他能源市场产生影响。原油价格的上涨可能会促使能源公司和研发机构加大对可再生能源和能源效率技术的投资，以减少对原油的依赖。国际原油市场的变化可能会引发能源市场的政策和法规调整。原油价格上涨可能导致政府采取措施鼓励能源多样化和减少对进口原油的依赖，从而推动可再生能源和核能等替代能源的发展。综上所述，国际原油市场对能源市场具有重要影响。价格传导、能源供需关系、投资者情绪、资金流动、技术和创新以及政策和法规等因素都会受到国际原油市场的影响。因此，投资者和市场参与者通常会密切关注国际原油市场的动态，以评估能源市场的走势和制定投资策略。

国际原油市场对金融市场具有重要影响。原油期货市场是世界能源市场的重要组成部分，原油期货价格波动对全球经济和金融市场至关重要（Hamilton，1983；Kilian，2009；Wang et al.，2019a）。原油价格的波动会影响股票市场、外汇市场和债券市场等金融资产的价格。特别是能源公司和相关行业的股票通常会受到原油价格波动的影响。首先，能源公司和相关行业的股票通常会受到原油价格波动的影响。当原油价格上涨时，能源公司的盈利可能增加，这可能推动其股票价格上涨。原油价格下跌可能导致能源公司的盈利下降，股票价格下跌。其次，原油价格的上涨可能导致通货膨胀压力增加，这可能引发央行加息的预期。加息可能导致债券市场收益率上升，债券价格下跌。此外，原油价格的波动也会影响货币市场和外汇市场。原油价格上涨可能导致进口国的贸易逆差增加，这可能导致本国货币贬值。因此，国际原油市场的动态对金融市场的投资者和交易者来说是一个重要的参考因素，他们通常会密切关注原油价格的变化，并相应地调整他们的投资策略。

原油价格的变动对消费品市场产生广泛影响。原油是许多消费品的重要原材料，如塑料、化妆品、涂料和润滑油等。因此，原油价格的上涨通常会导致这些消费品的生产成本上升。当生产成本上升时，生产商往往会将成本转嫁给消费者，进而推高消费品的价格，这意味着消费者可能需要支付更高的价格来购买这些商品。原油价格的波动还会对消费者需求产生影响。当原油价格上涨时，消费者可能会感受到经济压力，他们可能会减少对某些消费品的需求，尤其是与能源相关的产品，如汽油和燃料，这可能导致相关行业的销售额下降。此外，原油价格的变动还会对消费者信心产生影响。当原油价格上涨时，消费者可能会担心通货膨胀加剧，经济不稳定，从而降低他们的消费意愿，这可能导致整体消费市场的疲软。总体来说，原油价格的变动对消费品市场产生重要影响。价格上涨会推高消费品价格，影响消费者需求和信心。因此，消费品制造商、零售商和消费者都会密切关注原油价格的波动，并相应地调整他们的生产、销售和购买决策。

原油期货市场是世界能源市场的重要组成部分，原油期货价格波动对全球经济和金融市场至关重要（Hamilton，1983；Kilian，2009；Wang et al.，2019a）。原油期货市场是全球最大、最活跃的期货市场之一，具有许多独特的特点。第一，原油期货市场具有高度流动性。每天都有大量的交易活动，使得市场具有高度的流动性。这意味着投资者可以在任何时间买入或卖出原油期货合约，而不会遇到流动性不足的问题。高度流动性使得投资者能够快速进出市场，灵活调整投资策略，抓住市场机会。

第二，原油期货市场是一个杠杆交易市场。杠杆交易允许投资者使用较少的资金控制更大价值的原油合约。投资者只需支付小部分合约价值作为保证金，就可以参与更大规模的交易。这使得投资者可以通过较小的资金参与更大规模的交易，从而增加潜在收益。然而，杠杆交易也带来了更高的风险，投资者需要谨慎管理风险，避免过度杠杆。

第三，原油期货市场的价格波动性较强，原油期货价格波动对全球经济和金融市场至关重要。原油价格受到多种因素的影响，如供需关系、地缘政治风险、天气等。这些因素导致原油价格经常出现较大幅度的波动。价格波动为投资者提供了利润机会，但也增加了风险。投资者需要密切关注市场动态，制定相应的风险管理策略。

第四，原油期货市场的交易是以期货合约为基础的。合约到期时，投资者必须履行合约规定的交割义务，即交付或接收一定数量的原油。然而，大多数投资者并不真正寻求交割，而是在合约到期前平仓，以实现价格差异的利润。交割期货合约的交易也为实际的原油交易提供了价格发现和风险管理的工具。

第五，原油期货市场具有较高的信息透明度。市场上的交易数据、价格和成交量等信息都是公开可见的，投资者可以根据这些信息进行决策和分析。此外，市场还提供了各种报告和数据，包括供应和需求数据、库存报告等，帮助投资者更好地了解市场动态。信息透明度使得投资者能够更好地评估市场风险和机会，做出更明智的投资决策。

1.7　投资者视角下的原油市场

当投资者审视原油市场时，他们仿佛是一群探险家，探索这片不断变化的市场海洋，追寻着其中蕴藏的投资宝藏。除去 WTI 原油和 Brent 原油的例子，还有许多情境值得深入探讨。在投资者眼中，原油市场的历史数据是一座珍贵的宝藏。回顾过去，我们看到了一些历史性的事件对市场的影响。例如，2008 年的全球金融危机带来了短期内原油价格的急剧下跌，这激发了对供需关系和市场波动的深入研究，为投资者提供了重要的思考线索。这段时期的市场变化对投资者而言成为一次宝贵的教训。

地缘政治因素也常常在原油市场中扮演关键角色。这些事件不仅在特定区域引发变动，更直接塑造着全球能源供应格局。委内瑞拉政治动荡是其中之一。这个曾经的原油大国因政府领导层的分歧和经济危机，出现严重的产量下降，其经济崩溃和制裁导致了原油市场的一定的不确定性。然而，地缘政治的波澜并未止步于此。中东地区，作为全球重要的原油产区，长期以来饱受冲突影响。伊拉克、叙利亚等地的内部冲突，以及沙特阿拉伯和伊朗之间的紧张关系，时刻引发市场对中东原油供应的忧虑。这些紧张局势往往导致了市场的波动，原油价格因此受到直接冲击。不仅如此，俄罗斯与乌克兰的冲突也对市场造成了一定程度的不确定性。这场地缘政治纷争不仅在欧洲引发了政治紧张，也影响着全球原油市场。对俄罗斯原油供应的担忧使得市场更加关注地缘政治风险，这一因素直接影响着原油价格的波动。然而，地缘政治风险并非局限于地区冲突。美国对伊朗的制裁政策也对市场产生了直接影响。2018 年，美国退出伊朗核协议，导致伊朗原油出口遭到制裁，这一决定对市场供应产生了直接影响，激发了原油价格的波动。这些制裁导致伊朗原油出口大幅减少，对全球原油供应造成了一定的压力。这种全球性的影响让投资者们警惕地关注着地缘政治事件对市场的影响，不断调整着他们的投资策略。这些地缘政治事件成为原油市场中不可忽视的因素。它们不仅在局部地区带来市场波动，更是直接影响着全球能源供应格局。投资者时刻关注这些地缘政治变动，因为它们不仅是国际关系的变化，更直接关系着市场的稳定性和原油价格的波动。

另一个重要因素是全球能源政策的演变。例如，2016 年《巴黎协定》的签署，旨在全球范围内减少温室气体排放。这一协定促使各国加大对可再生能源和清洁技术的投资，这种结构性的变化影响着未来的能源市场需求。投资者开始关注这种能源转型对市场供需关系的潜在影响。随着全球对可再生能源的投入不断增加，清洁能源和可持续发展成为全球能源未来的主旋律。投资者密切关注这种能源结构的变革，因为这种变化将直接影响到未来的能源市场和原油需求。

原油市场的波动率研究一直备受瞩目，尤其是在探究原油价格波动背后的关键因素和趋势方面。学者们和市场从业者利用各种统计模型与数据分析工具，重点关注原油市场的波动率。这是因为原油波动率不仅是衡量市场波动程度的重要指标，更是决定投资者风险和收益的关键因素之一。近年来，研究者们在原油波动率方面的研究逐渐深入。他们开始关注更多的影响因素，如地缘政治风险、全球供需变化、宏观经济数据等。通过深入分析这些因素，研究者们试图更准确地预测未来市场的波动情况，为投资者提供更全面、更可靠的决策支持。

投资者在这片市场中像航海者一样追寻着机会，他们细心观察着市场的每一个角落。这片海洋虽然波涛汹涌，但也充满了机遇。投资者们明白，只有通过对历史事件、地缘政治变动和结构性变化的深入了解，才能在市场中稳健前行，抓住投资的机遇。因此，投资者视角下的原油市场就如同一个精彩的冒险故事，充满了挑战、悬念和收获。

1.8　国际原油期货市场研究现状及研究意义

原油期货市场作为全球最大、最活跃的期货市场之一，一直备受学者和研究机构的关注。原油期货（仅次于远期和期货期权）是商品市场交易最活跃的衍生品（Coppola，2008），和库存一样，期货在短期价格发现过程中占有重要地位。在过去几十年里，对原油期货市场的研究取得了显著进展，涵盖了多个领域，如价格发现、市场关系、市场参与者行为、风险管理、政策和监管等。以下是对原油期货市场研究现状的一些主要方向和进展的概述。

第一，价格发现和波动性是原油期货市场研究的重要方向之一。许多研究致力于揭示原油期货市场中价格的形成机制和波动性的特征。这些研究通过分析市场的交易数据和市场参与者的行为，探讨了供需关系、地缘政治风险和宏观经济因素等对原油价格的影响。同时，研究人员还关注市场深度和流动性对价格波动性的影响，以及市场参与者行为对价格的影响。这些研究为投资者提供了更好地理解市场价格形成机制和价格波动性的基础。

第二，原油期货市场与现货市场之间的关系也是研究的重点之一。许多研究探讨了原油期货市场与现货市场之间的价格传导机制、套利机会和风险溢价等。这些研究通过分析期货市场和现货市场之间的价格差异与交易策略，揭示了两个市场之间的相互作用和互动关系。这些研究有助于投资者更好地理解期货市场与现货市场之间的联系，从而制定更有效的投资策略。

第三，市场参与者行为是原油期货市场研究的重要方向之一。许多研究关注市场参与者的交易策略、投资行为和市场预期等。这些研究通过分析市场参与者的行为模式，揭示了市场参与者对市场价格和波动性的影响。例如，一些研究关注机构投资者和散户投资者的行为差异，以及不同类型的交易者对市场的影响。这些研究有助于投资者更好地理解市场参与者的行为模式，从而更好地把握市场机会。

第四，风险管理是原油期货市场研究的重要方向之一。原油期货市场作为一个重要的风险管理工具，吸引了许多研究者的关注。许多研究关注市场参与者如何利用原油期货市场进行风险管理，包括对冲风险、套利策略和交易策略等。这些研究通过分析市场参与者的风险管理行为，提供了更有效的风险管理方法和工具，帮助投资者降低风险和增加收益。

第五，政策和监管是原油期货市场研究的重要方向之一。政策和监管对市场的稳定和发展起着重要作用。许多研究关注政策和监管对市场的影响，包括市场准入、交易规则和市场监管等。这些研究有助于改进市场的监管机制，提高市场的透明度和稳定性。例如，一些研究关注政府政策对原油期货市场的影响，以及监管机构对市场参与者行为的监管措施。这些研究为政府和监管机构提供了重要的参考，帮助他们更好地制定政策和监管措施。

总体来说，原油期货市场的研究涵盖了价格发现、市场关系、市场参与者行为、风险管理、政策和监管等多个方面。这些研究为投资者、学者和监管机构提供了重要的参考，有助于更好地理解和应对原油期货市场的挑战和机遇。然而，仍然有许多问题需要进一步研究和探索，以更好地理解和预测原油期货市场的运行和发展。未来的研究可以进一步深入探讨市场的微观结构、市场操纵和市场风险等问题，以及利用大数据和人工智能等新技术手段来分析市场数据和预测市场走势。这些研究将进一步推动原油期货市场研究的发展，为投资者和监管机构提供更好的决策支持。

当谈论国际原油期货市场时，其研究意义贯穿着多个领域，影响着投资者、政策制定者以及国家地区经济的方方面面。原油期货市场波动率的预测和建模成为关注的焦点，因为这不仅涉及市场参与者的利益，还直接关乎国际经济的发展和稳定。

理解国际原油期货市场的波动率对投资者至关重要。这个市场扮演着全球能源供应链的重要角色，原油价格波动直接影响着各个行业的成本和盈利能力。波动率预测有助于投资者制定风险管理策略，从而更好地应对市场波动带来的风险。投资者能够利用波动率模型来优化资产配置，降低投资组合的风险，提高收益水平。这种预测模型的准确性对于投资者而言至关重要，因为它直接决定了投资组合的表现和盈利能力。

对政策制定者而言，对国际原油期货市场的波动率有深入了解是至关重要的。原油市场的不稳定性可能会导致宏观经济波动，进而影响到国家的经济稳定和政策制定。政府和监管机构需要基于对市场波动的理解来制定相应政策，以维护国家经济的稳定性和可持续性。例如，了解波动率模型可以帮助政策制定者预测能源价格的未来走势，从而制定更有效的政策来应对可能出现的市场动荡，保障国家经济的发展。

国际原油期货市场的研究意义还在于它对国家地区经济产生的广泛影响。原油作为能源的重要来源，其价格波动不仅会影响原油产出国的经济，还会波及全球范围内的消费国家。高波动率可能导致经济不确定性增加，进而影响到企业投资、就业和经济增长。因此，对原油市场波动率的深入研究可以帮助国家地区经济管理者更好地应对可能的风险和不确定性，制定更加有效的经济政策，促进经济的稳健增长。

综上所述，对国际原油期货市场波动率的研究意义重大且涵盖多方面。它不仅关乎投资者的收益和风险管理，也直接关系到政策制定者的经济决策，以及国家地区经济的整体稳定和可持续发展。深入了解和准确预测国际原油期货市场的波动率，将有助于建立更健康、更稳定的全球经济体系，并为各利益相关者提供更多有益的决策依据。

第 2 章　波动率测度及预测方法介绍

2.1　概　　述

对波动率的刻画和测度是学术界和实务界关注的热点问题。在金融领域中，波动率反映的是由资产价格变化引起的风险，准确测度波动率对于资产定价、套期保值、风险对冲和风险管理都具有重大意义。近十多年来，计算机科学的发展，极大地降低了数据记录和存储的成本，使得对大规模数据的分析成为可能，尤其是在利用人工智能技术进行内容生成方面。因此，许多研究领域的数据都开始以越来越精细的时间刻度来收集，这类数据被称为高频数据（high frequency data）。基于日内高频数据构建的波动率及其模型受到了国内外学者的广泛关注（Andersen et al.，2003；杨科等，2023）。

近年来，大量关于波动率建模与预测的研究采用了高频数据。这主要有两个原因。首先，现在相比十年前获取高频数据更加容易。其次，高频数据包含了丰富的信息，比如日内价格和交易量。此外，已有研究（如 Koopman et al.，2005；Wei et al.，2010）表明，基于高频数据的波动率模型明显优于传统的预测模型，如 GARCH 模型和 SV（stochastic volatility，随机波动率）模型。这些模型通常被用于预测股票市场（Patton and Sheppard，2015；Gong and Lin，2018a）。然而，对于原油市场相关的研究较少。Degiannakis 和 Filis（2017）找到了一些证据，他们在文章中写道："迄今为止，只有五项研究关注了原油价格波动的预测性（即Haugom et al.，2014；Sévi，2014；Prokopczuk et al.，2016；Phan et al.，2016；Wen et al.，2016）。"

原油是一种非常重要的能源商品，在全球经济中扮演着至关重要的角色。它不仅是许多国家的主要能源，也是许多工业和交通领域的关键燃料。因此，原油价格的波动对实体经济和金融市场都具有重要的宏观经济影响。许多研究已经证明了原油价格波动对经济的影响。根据 Hamilton（1983，2003）与 Kilian 和 Park（2009）的研究，原油价格的上涨或下跌可能直接影响到实体经济的增长和通货膨胀水平。当原油价格上涨时，企业和消费者的成本都会增加，从而抑制了经济的增长。此外，高油价还会增加通货膨胀压力，因为许多商品和服务的生产和运输都依赖于原油。另外，原油价格波动也对金融市场产生了显著的影响。根据 Aloui 和 Jammazi（2009）以及 Kilian 和 Park（2009）的研究，原油价格的波动可以引发金融市场的不稳定性。这是因为许多金融机构和投资者都持有与原油相关的衍生品，如期货合约和期权。当原油价格剧烈波动时，这些衍生品也会受到影响，从而引发金融市场的波动。此外，原油价格波动也对风险管理、衍生品定价、投资组合选择和其他金融活动产生重要影响。对于风险管理来说，了解和预测原油价格的波动是至关重要的，因为它可以帮助企业和投资者制定有效的风险管理策略。对于衍生品定价来说，原油价格的波动是一个重要的因素，因为它直接影响到衍生品的价值。对于投资组合选择来说，了解原油价格的波动可以帮助投资者在不同的市场环境下做出更明智的投资决策。对于其他金融活动来说，原油价格的波动可以影响到整个金融体系的稳定性和可持续性。

值得注意的是，在波动率测度研究领域，Andersen 和 Bollerslev（1998）在使用高频数据刻画波动率方面做出了开创性的工作，提出了一种对市场微观结构效应具有稳健性的已实现波动率（realize volatility，RV）或方差的方法。RV 是指在固定时间区间内，非重叠区间上的收益平方和。这种方法使研究人员能够直接测量 RV 的水平，并了解其动态变化。使用高频数据进行波动率测量是一种相对较新的方法，它可以提供更准确和详细的波动率信息。相比传统的日度或月度数据，高频数据可以提供更多的观测点，从而更好地捕捉到市场的瞬时波动。而 RV 作为一种度量方法，可以通过计算非重叠时间区间内的收益平方和来反映市场的波动情况。RV 的优势之一是其对市场微观结构效应具有稳健性。市场微观结构效应是指市场中的交易成本、流动性和信息传递等因素对波动率的影响。传统的波动率估计方法往往无法准确地捕捉到这些微观结构效应，而 RV 方法通过使用高频数据，能够更好地反映市场的实际波动情况。通过使用 RV，研究人员可以直接观测波动率水平，并了解其动态变化。这对于金融市场的参与者和决策者非常重要。例如，投资者可以利用 RV 来评估风险水平，并制定相应的投资策略。金融机构可以利用 RV 来进行风险管理和衍生品定价。此外，研究人员还可以利用 RV 来研究市场的波动特征和动态变化，以更好地理解市场行为和预测未来的波动情况。总之，Andersen 和 Bollerslev（1998）的开创性工作提出了一种使用高频数据测量波动率的方法，即 RV 或方差。RV 方法对市场微观结构效应具有稳健性，可以直接测量波动率的水平，并了解其动态变化。这对于风险管理、衍生品定价和市场研究等金融活动都具有重要意义。

本章旨在对目前学界较为常用的波动率测度及预测方法进行详细介绍。对于波动率的测度，本章介绍了经典的波动率模型如条件方差模型和随机波动率模型，以及基于高频数据的波动率模型，为保证理论更为可靠和具有外延性，本章不仅引入了较为常用的波动率测度方法和模型，还对这些方法在原油市场中的实际应用做了说明。在预测波动率方面，本章对学术界较为常用的样本外滚动预测方法和迭代预测方法做了介绍。其中，滚动预测方法因其滚动估计的样本点动态变化，可以规避数据挖掘偏误的影响。迭代预测方法与之类似，但其与滚动预测方法最大的区别是迭代方法不会舍弃每一个可用的观测值，窗口长度是逐渐增加的，而滚动预测方法的估计窗口长度是固定的。本章还对常用的波动率预测效果评价方法进行了梳理，并在后续章节中会进一步提及这些方法。这些评价方法包括 M-Z 回归方法［Mincer 和 Zarnowitz（1969）提出的回归方法］、损失函数评价法、高级预测能力（superior predictive ability，SPA）检验法、Hansen 等（2011）提出的模型可信度集（model confidence set，MCS）方法、样本外 R^2 检验法、变化方向（direction-of-change，DoC）检验法、DM 检验法［Diebold 和 Mariano（2002）提出的检验方法］和 CW 检验法［Clark 和 West（2007）提出的检验方法］。本章将介绍这些评价方法的基本标准，后续章节将使用这些方法来评估各种波动率模型对原油市场实际波动特征的描述能力和预测准确度。同时，这些预测效果评价方法之间也存在一定的改进和提升空间。M-Z 回归方法是一种常用的波动率预测方法，它通过回归分析来估计波动率模型的参数。损失函数评价法则通过比较实际波动率和模型预测波动率之间的差异来评估模型的准确度。SPA 检验法是一种统计检验方法，用于评估模型的预测能力是否显著优于随机预测。Hansen 等（2011）提出的 MCS 方法则通过比较不同模型的预测表现来选择最佳模型。样本外 R^2 检验法、DoC 检验法、DM 检验法和 CW 检验法等方法则分别从不同的角度对模型的预测能力进行评估。这些评价方法的引入和应用，有助于我们更全面地了解和评估不同波动率模型的性能。通过对这些方法的改进和提升，我们可以进一步提高波动率预测的准确性和可靠性。在后续章节中，我们将运用这些评价方法来评估各种波动率模型在描述原油市场实际波动特征和进行预测方面的能力。这将为我们提供更深入的认识和理解，以指导我们在实际应用中选择和使用合适的波动率模型。

2.2　波动率测度

2.2.1　关于波动率

1. 波动率介绍

对波动率的刻画是学术界和实务界探讨研究的热点问题，因为它与资产定价理论的检验、最优资产组合的选择和衍生品套期保值策略等密不可分。由此可见，对波动率的刻画和建模都具有极其重要的理论与现实意义。

2. 波动率的分类

根据波动率的计算方法可将波动率分为四类，分别为实际波动率（actual volatility）、历史（已实现）波动率（historical volatility）、远期（预测）波动率（forward volatility）以及隐含波动率（implied volatility）。

实际波动率是指在任意时点某一资产收益率的波动程度。

历史（已实现）波动率是指在过去一段时间内某一资产收益率的波动程度。因此，历史（已实现）波动率也可以称为 RV。

远期（预测）波动率是指通过统计模型对实际波动率进行预测而得到的未来一段时间或某一瞬间的波动率。

隐含波动率是指在期权的市场价格、标的资产价格、无风险利率、到期时间、期权的执行价格等因素给定的情况下，基于某个衍生证券定价模型［比如，Black-Scholes（布莱克–斯科尔斯）期权定价公式］所计算出来的标的资产的波动率，即期权在某一价格水平下所蕴含的标的资产的波动率。

3. 波动率的建模方法

金融波动率的建模方法大致可以分成两类：历史波动率估计法和隐含波动率估计法。前者是基于历史样本数据来估计波动率，后文要介绍的波动率估计方法基本上都属于这一类；后者则是基于衍生品定价模型得到的波动率估计。

4. 波动率度量的三个发展阶段

从波动率研究的历史看，波动率度量经历了三个发展阶段。

首先，经典的金融分析模型中的波动率，如 Black-Scholes 的期权定价模型，这些模型假定市场收益呈正态分布，波动率是恒定的，遵从随机游走过程。

其次，Engle（1982）得出了 ARCH（autoregressive conditional heteroskedasticity，自回归条件异方差）模型，Bollerslev（1986）将这个模型一般化，得到 GARCH 模型，由此产生出一个新的条件波动率研究领域，现有模型大多通过对 GARCH 模型的耐心扩展，以更好地模拟某种特定的市场效应。与此同时，Hull 和 White（1987）与 Chesney 和 Scott（1989）提出了 SV 模型。SV 模型更易于写成连续形式，往往用于对衍生工具的理论分析（如期权定价）。

最后，用高频分时数据估计波动率的方法开始流行，Andersen 和 Bollerslev（1998）、Andersen 等（2001a，2003）、Barndorff-Nielse 和 Shephard（2004，

2006）对此方法进行了一系列的研究。以往波动率都是无法观测到的，它们隐含在价格曲线或收益曲线中，人们只能通过收益曲线的时间序列来估计 SV 模型的参数，继而预测波动率以及评价各种波动率模型。高频估计能得到准确的波动率估计值，因而可以把波动率的高频估计当作一个观测到的时间序列，以此为基础，波动率的实证检验和预测研究将能更准确地进行。

2.2.2　经典金融分析模型中的波动率

20 世纪 70 年代之前经典的金融经济分析都假定波动率是恒定的，未详细考虑波动率随时变化的情形。由于波动率是衡量收益偏离其均值的程度，一种最简单的估计方法就是直接用收益率的标准差 σ（或方差 σ^2）来估计波动率。因为假定波动率是恒定的，这个波动率估计值直接被看作未来的资产收益波动率，用于投资组合分析和决策。

另外，这种方法在计算方差时对不同时期的数据是等权处理的，实际上最近的数据可能对未来波动的影响最大。另一种方法是对不同历史时期的数据赋予不同的权重，再通过指数加权移动平均（exponentially weighted moving average，EWMA）来实现对波动率的估计。

金融时间序列的典型特征主要集中在波动的时变性、聚集性、非对称性和长记忆性等特征，这些特征大多很难通过直观的描述或归纳而得到，上述两种简单的波动率历史估计方法不能很好地体现这些特征，因此需要建立恰当的模型来刻画这些特征。

2.2.3　条件方差模型和 SV 模型

众所周知，很多金融时间序列（如收益率序列）的分布呈非对称、厚尾特征，且非独立同分布。对厚尾的一个解释是，存在跳跃成分；还有一种普遍的解释是分布虽然是独立的，但分布的均值和方差随时间而改变，因为引起价格波动的新息流（innovation）是不平稳的。其中，对于均值的变化建立的模型称之为条件均值回归模型，而对方差的变化建立的模型称之为条件方差回归模型。条件均值 μ 可以描述金融资产期望收益的时变性，揭示金融资产的收益能力；而条件方差（或标准差）用来描述金融资产收益的条件方差（或标准差）随时间演变的规律性，度量的是金融资产的波动风险，也就是波动率。

按照条件方差随时间变化方式的不同，可以将刻画条件方差时变性的模型分成两类：一类是用确定的函数来刻画条件方差演变规律的 ARCH 族模型；另一类是用随机方程来描述条件方差变化规律的 SV 族模型。

1. ARCH 族模型

1）ARCH

Engle（1982）提出 ARCH 模型，用来刻画波动率结构随时间变化的特点，而在此之前通常假定波动率不随时间变化。ARCH 模型假定波动率线性地依赖于过去的收益率，这种结构能很好地刻画波动率的聚集性和尖峰厚尾性，但不能捕捉非对称性和长记忆性。

ARCH 模型的基本原理十分简单：相对于金融时间序列的均值而言，序列的方差是可以用某些模型有效地进行解释的，使用过去观测到的信息，直接对均值预测的精度建模，就可以更有效地预测二阶矩，而金融时间序列的一个重要特性就是二阶矩在不同的时间段内时高时低，代表了收益率序列的不同的上下波动程度（异方差）。

原始 ARCH 模型在 20 世纪 80 年代得以广泛应用，许多实证研究都表明它与实际的时间序列吻合得相当好，因此能够很好地用 ARCH 过程模拟市场波动率。但是，原始 ARCH 模型在参数估计和时间序列的模拟、预测方面都不是最佳的，后面许多模型都是基于 ARCH 模型的扩展和改进。

2）GARCH

在实际应用中，往往需要构造一个有很大的移动平均阶数的 ARCH 模型，但是，如果 ARCH 公式中移动平均的阶 q 太高，模型的参数估计将会出现问题，因此，在 20 世纪 80 年代的一些原始 ARCH 应用中，人们假定参数序列遵从某些附加规律，如线性递减，以降低模型估计的参数数目，同时又保证随机过程的阶数。为了克服这种方法的生硬性以及随意性，Bollerslev（1986）提出了一种更灵活的模型，即 GARCH 模型。

3）扩展

自 ARCH 模型和 GARCH 模型提出以后，波动率模型的研究取得了迅速的发展，形成庞大的 ARCH 类模型家族，每种具体的模型可以刻画波动某些方面的特征。

一般完整的 ARCH 模型包括三个部分：条件均值方程、条件方差方程和标准化残差的分布设定。实际上，整个 ARCH 族模型不断地从这三个方面来进行改进。首先，最为丰富的模型是对条件方差方程的扩展形成的模型。比如，刻画波动的聚集效应的模型有 ARCH 模型、GARCH 模型；刻画非对称性（杠杆效应）的模型有指数 GARCH（exponential GARCH，EGARCH）模型、条件异方差 GARCH（threshold GARCH，TGARCH）模型以及涵盖很多模型的增广 GARCH（Aug-GARCH）模型；描述波动长记忆（持续性）的模型有整合 GARCH（integrated

GARCH,IGARCH)模型、分整 GARCH(fractionally integrated GARCH,FIGARCH) 模型、双曲 GARCH（hyperbolic GARCII，HYGARCH）模型等。这些模型可以同时刻画长记忆性、非对称性和异方差性。

其次，是对条件均值方程的扩展。考虑到在金融中收益和风险的相关性，可以在条件均值方程中增加方差项来体现二者的关系。于是就有了像 ARCH-M、GARCH-M、EGARCH-M 这样的模型。

最后，对标准化残差的设定进行改变。在标准的 ARCH 模型中，标准化残差 ε 常用的分布有标准正态分布、标准 t 分布、标准化广义误差分布（ generalized error distribution，GED ），还有偏 t 分布（ skewed-student's t-distribution，SKST ）、稳定分布（ stable distribution，STABLE ）等，这些分布都是用来描述收益率序列的"尖峰厚尾"现象。因为不同的分布有不同的偏度和峰度，实际应用中可以对各种分布进行比较，选择符合实际数据的分布进行建模。

2. SV 族模型

SV 模型常被用于描述金融资产价格波动的时变性。与 ARCH 族模型相似，SV 族模型也可以很好地刻画收益率分布的尖峰厚尾性、波动聚集性、波动的长记忆性、波动的非对称性等金融波动的特征。SV 模型与描述资产价格的扩散过程相关联，在金融资产定价、金融衍生品研究中有较为广泛的应用。迄今为止，SV 模型已经形成一个庞大的家族，常用的 SV 模型也有几十种之多。

基于不同金融波动问题的研究，SV 模型得到多方面的扩展。首先，基本 SV 模型中误差项 ε 服从正态分布，但许多金融序列的无条件分布和异方差性使得出现比正态分布更高的峰度和更厚的尾部。因此，可以考虑将干扰项的分布设为比正态分布峰度更高的其他分布。比如，自由度大于 4 的标准化的 t 分布，这就是厚尾 SV-t 模型。如果进一步考虑到金融收益率的有偏性，可以得到更加常用的有偏的厚尾 SV-t 模型。其次，类似于在 ARCH 模型中考虑风险和预期收益的关系而得到 ARCH-M 模型，Koopman 和 Uspensky（2002）提出均值方程中包含风险补偿收益的 SV-M 模型以体现风险和预期收益的关系。再次，考虑到金融市场由金融政策的变化引起的市场结构的改变，为此建立变结构的随机波动模型。比如，马尔可夫机制转换随机波动（Markov switching stochastic volatility，MSSV）模型。最后，考虑刻画波动的长记忆性，Breidt 等（1998）将自回归差分移动平均模型（ autoregressive fractionally integrated moving average model，ARFIMA 模型）引入离散时间标准的 SV 模型中，将对数波动率设为分整过程，建立长记忆随机波动模型。另外，分整随机波动模型也可以体现波动的长记忆性。

2.2.4 基于高频估计的波动率模型

金融高频数据通常指的是以小时、分钟、秒甚至毫秒为采样频率的日内金融数据。超高频数据，也常称为 tick-by-tick 或 transaction-by-transaction 数据。在金融市场中，信息连续不断地影响着证券市场价格的变化。通常大家都认为高频数据比低频数据包含更多的信息，特别是关于日内现象的分析，如"日历效应"。金融高频数据所提供的大量交易细节为研究市场微观结构提供了丰富的资料。

在处理低频时间序列数据的时候，经常使用 ARCH 族模型和 SV 族模型来刻画波动率的典型特征，以及对波动率进行估计和预测。但是，（超）高频金融数据具有一些独有的特征，比如交易的非等间隔、"日历效应"、离散价格和多重交易等，而低频数据没有这些特征。因此，在低频领域取得成功的模型不能直接应用到高频领域。为此，需要提出新的适用于高频数据的波动率模型。

1. RV

在高频数据背景下，主要利用 RV 来估计日内积分波动率。这种全新的波动率测度方法是由 Andersen 和 Bollerslev（1998）首先提出，后经他们的研究表明，RV 是一种较好的对真实市场波动率的无偏估计。无偏估计是用样本统计量来估计总体参数时的一种无偏推断。估计量的数学期望等于被估计参数的真实值时，则称此估计量为被估计参数的无偏估计，即具有无偏性，是一种用于评价估计量优良性的准则。无偏估计的意义是：在多次重复下，它们的平均数接近所估计的参数真值。RV 与日收益率的平方（squared daily return）和日极差（daily range）等传统测度指标相比，具有更少的噪声和更高的测度精度。

另外，RV 不仅可以直接观测，而且无参数估计，还可以克服单（多）元 GARCH 模型和 SV 模型参数难以估计的弱点。随后，基于 RV 的建模和预测研究逐渐成为近十多年研究的热点问题（Andersen et al.，2001a，2003，2007b；Corsi，2009；Gonçalves and Meddahi，2009；Christoffersen et al.，2010；Busch et al.，2011；Christoffersen et al.，2014；Patton and Sheppard，2015；Kambouroudis et al.，2016；Ma et al.，2017；Degiannakis and Filis，2017；Bollerslev et al.，2018；Jacod et al.，2019；Audrino et al.，2019；魏宇，2009；魏宇等，2015；唐勇和张世英，2006；龙瑞等，2011；文凤华等，2012；吴恒煜等，2015；马锋等，2015，2016；龚旭和林伯强，2018；夏婷和闻岳春，2018；赵华和肖佳文，2020）。

2. 其他波动率的度量

除了上面介绍的 RV 这种波动率估计之外，目前基于高频数据的金融波动率估计方法还有已实现极差波动率（realized range-based volatility，RRV）、已实现双幂次变差（realizcd bipower variation，RBV）和已实现多幂次变差（realized multipower variation，RMV）以及它们的加权变体等（Barndorff-Nielsen and Shephard，2004；Forsberg and Ghysels，2007），可以统称它们为已实现测度（realized measure，RM）。这些已实现测度可以当作日内积分波动率的直接观测值，令"波动率不可直接观测"的问题得到较好的解决，这为基于高频数据构造合适的波动率模型提供了重要的基础。

1）RRV

Christensen 和 Podolskij（2007）、Martens 和 van Dijk（2007）基于日内价格极差，提出 RRV 作为波动水平的测量方法。该方法是把一段时间内价格极差的平方和作为波动率的估计，它也没有模型，不需要进行复杂的参数估计。

2）RBV

RBV 是 Barndorff-Nielsen 和 Shephard（2002）提出的另一类似于"已实现"波动的波动率度量方法。该估计量同已实现波动估计量一样，具有无模型、计算方便、在一定条件下是波动率的一致估计量等优点。除此之外，还具有稳健性，但它同其他 RV 一样，都未考虑"日历效应"的影响。

2.2.5　波动率测度在原油市场的应用

目前来看，在原油价格的波动率测度方面以原油价格的 RV 为主，并发展出几种扩展形式。

1. HAR-RV 模型及其扩展模型

HAR-RV 模型（heterogenous autoregressive model of realized volatility，已实现波动率异质自回归模型）由 Corsi（2009）提出，通过模拟和真实的金融市场交易数据发现，HAR-RV 模型相比 ARFIMA 模型及短记忆模型，不仅具有估计简便的特点，而且还具有较好的预测能力，另外，它还能很好地刻画波动率的长记忆（long memory）和厚尾（fat-tailed）等"典型特征"。

就目前检索到的文献来看，已有大量学者基于 HAR-RV 及其扩展模型对原油市场波动率进行建模预测（Wei，2012；Haugom et al.，2014；Sévi，2014；Wang et al.，2016；Wen et al.，2016；Degiannakis and Filis，2017；Ma et al.，2017，2018a；Liu et al.，2018；Yang et al.，2019；Gkillas et al.，2020）。

具体地说，Wei（2012）使用上海期货交易所中的高频原油期货数据，与 GARCH 类、SV 和 RV 的样本外预测能力进行对比，结果发现基于日内高频数据的 RV 的预测能力最强。

Haugom 等（2014）构建了 WTI 原油期货的 RV，在 HAR-RV 的基础上考虑芝加哥期权交易所原油波动率指数（Chicago Board Options Exchange crude oil volatility index，OVX）和其他市场变量（包括交易量、未平仓合约、日收益率、买卖价差、期货曲线的斜率）是否能够提升原油期货的波动率的预测精度。相似地，Sévi（2014）利用 WTI 原油期货（NYMEX）的逐笔交易价格，在 HAR-RV 模型的基础上，构建包含跳跃成分等变量的 HAR-RV 族模型对原油波动率进行预测建模。

2. MIDAS 模型

Ghysels 等（2007）提出 MIDAS（mixed data sampling，混频数据抽样）模型，需要指出的是 HAR-RV 模型是 MIDAS 模型的特例。目前，众多学者认为该模型是一种较为理想的工具，利用该模型对金融市场的波动率进行预测（Çelik and Ergin，2014；Santos and Ziegelmann，2014；Baumeister et al.，2015；Andreou，2016；Ma et al.，2019）。Santos 和 Ziegelmann（2014）较早地利用 MIDAS 模型预测股票指数（巴西圣保罗指数）收益的波动率，实证结果发现基于 RV 的 MIDAS 模型的预测能力略优于 HAR-RV 模型。

随后 Ma 等（2019）将 MIDAS 模型引入原油市场，对 WTI 原油期货波动率进行建模和预测，实证检验了在 MIDAS 框架下，各种跳跃成分对预测原油波动率的异质作用。

3. 机制转换模型

波动率的高持续性通常会随着时间的推移而变得不稳定（Granger and Ding，1996），已有大量研究表明（Longin，1997；Raggi and Bordignon，2012；Goldman et al.，2013；Ma et al.，2015），当波动率处于较低水平时将伴随着高持续性，这表明在对波动率建模时应考虑非线性模型。此外，由于很多因素（商业周期、重大事件和经济政策）的影响，从统计属性上看波动率易发生结构性断裂（Banerjee and Urga，2005；Wahab and Lee，2009）或在不同机制（regime）之间切换（Hamilton and Susmel，1994），因此使用带有机制转换（regime switching）的非线性模型对波动率建模是十分合理和必要的。目前已有众多学者采用机制转换模型对波动率进行建模和预测（比如：Zhang Y J and Zhang L，2015；Sopipan et al.，2012；Ma et al.，2015；Pan et al.，2017；Ardia et al.，2018；Xu and Perron，2014；Shi and Ho，2015；Vo，2009；Nasr et al.，2016；Chang，2012；Xu et al.，2019；Tian et al.，2017；Nademi A and Nademi Y，2018）。具体地说，Wang 等（2019b）利用包含马尔可夫机制转换的高频波动率模型预测上证综指波动率，结果发现预测能力强于简单的线性 HAR-RV 模型；对原油市场波动率，Ma 等（2017）将两阶段的马尔可夫机制转换（two-stage Markov regime switching）模型引入异质自回归模型中，预测 WTI 原油期货的 RV，样本外结果表明，包含机制转换的预测模型显著提升了预测能力。

2.3　预测方法介绍

2.3.1　波动率滚动预测方法说明

在本节中，我们着重对波动率滚动预测方法和迭代预测方法进行说明。

首先，波动率滚动预测是一种用于评估波动率模型预测能力的方法。它将历史数据分为训练样本和测试样本，利用训练样本来估计模型参数，并使用这些参数来预测测试样本中的波动率。其次，逐步滚动窗口，将测试样本中的最后一个观测值添加到训练样本中，重新估计模型参数，并再次预测下一个测试样本中的波动率。这样，我们可以得到一系列样本外预测值，用于评估模型的预测准确度。以下是波动率样本外滚动预测方法的详细步骤。

①数据准备：需要准备历史波动率数据和其他相关变量（如收益率、交易量等）。这些数据将被用于构建和评估波动率模型。②划分训练样本和测试样本：将历史数据划分为训练样本和测试样本。通常，训练样本包含较早的数据，用于估计模型参数；而测试样本包含较新的数据，用于评估模型的预测能力。③估计模型参数：使用训练样本中的数据来估计波动率模型的参数。常见的波动率模型包括 ARCH、GARCH、EGARCH 等。④预测波动率：使用估计的模型参数来预测测试样本中的波动率。根据模型的不同，可以使用不同的方法进行预测，如条件方差、条件标准差等。⑤评估预测准确度：将模型预测的波动率与实际观测值进行比较，计算预测误差。常见的评估指标包括均方根误差（root mean square error，RMSE）、均方误差（mean square error，MAE）、平均绝对百分比误差（mean absolute percentage error，MAPE）等。⑥滚动窗口：将测试样本中的最后一个观测值添加到训练样本中，重新估计模型参数，并再次预测下一个测试样本中的波动率。重复这个过程，逐步滚动窗口，直到预测完所有的测试样本。⑦评估模型的整体预测能力：将所有样本外预测值的评估指标进行汇总，以评估模型的整体预测能力。可以比较不同模型的预测准确度，选择最佳的模型。

通过波动率滚动预测方法，我们可以更全面地评估波动率模型的预测能力，并了解其在未来数据上的表现。这有助于我们选择和使用最适合的波动率模型，以进行风险管理、衍生品定价和投资决策等金融活动。关于具体的预测方法，国内外学者在其发表的学术论文上对该预测方法有较为清楚的介绍（Corsi，2009；Rossi and Fantazzini，2015；Patton and Sheppard，2015；魏宇等，2015；马锋等，2015；文凤华等，2012；唐勇和张世英，2006；陈国进和王占海，2010；龙瑞等，2011；张小斐和田金方，2011；吴恒煜等，2015）。

2.3.2　波动率迭代预测方法说明

波动率迭代预测方法是一种用于评估波动率模型预测能力的方法。它通过将历史数据分为训练样本和测试样本，利用训练样本来估计模型参数，并使用这些参数来预测测试样本中的波动率。然后，将预测的波动率作为新的观测值添加到训练样本中，重新估计模型参数，并再次预测下一个测试样本中的波动率。这样就可以进行多次迭代，得到一系列样本外预测值，从而评估模型的预测准确度。这种技术的应用广泛，可以帮助投资者和金融机构更好地理解和管理风险。其具体步骤如下。①数据准备。包括收集所需的历史数据，通常是金融资产的价格或收益率数据。这些数据将用于估计模型参数和验证预测准确性。②选择适合预测波动率的模型。例如，常用的模型包括 ARCH 模型和 GARCH 模型。这些模型能够捕捉金融市场中存在的波动率聚集和波动率反转现象。③使用历史数据来估计模型的参数。这可以通过最大似然估计等方法来实现。参数估计的目标是找到最能拟合历史数据的模型参数，以便能够更准确地预测未来的波动率。④模型拟合。通过将参数代入模型，可以得到对历史波动率的预测。这些预测可以用于评估模型的拟合能力和预测准确性。为了验证模型的预测能力，需要保留最后一部分历史数据作为样本外数据。这些数据不参与参数估计和模型拟合，而是用于进行样本外预测。使用估计的模型和参数，可以预测样本外数据的波动率。⑤将预测的波动率与实际观测值进行比较，评估模型的预测准确性，这可以通过计算预测误差、均方根误差等指标来实现。评估结果帮助判断模型的有效性，并为进一步的改进提供指导。综上，根据评估结果，可以对模型进行调整和改进。这可能包括调整模型的参数、改变模型的形式或选择其他模型。然后，重新进行参数估计、模型拟合和预测计算的迭代过程。通过不断迭代和改进，可以提高对未来波动率的预测准确性。总之，波动率样本外迭代预测技术是一种基于历史数据的预测方法，通过估计模型参数和进行样本外预测来预测金融市场的波动率。这种技术可以帮助投资者和金融机构更好地理解和管理风险，提高投资决策的准确性。

值得特别说明的是，迭代窗口方法和滚动窗口方法最大的区别是：迭代窗口方法不会舍弃每一个可用的观测值，窗口长度是逐渐增加的，而滚动窗口方法的估计窗口长度是固定的。本书后续章节所有涉及"波动率滚动预测方法说明"和

"波动率迭代预测方法说明"均按以上步骤进行相应处理，唯一不同的是实证分析中样本内和样本外的数据长度有所差异。

2.4　预测效果评价

预测模型不仅要体现模型的拟合能力，而且要体现模型对未来的预测能力。其中，损失函数可以作为模型评价的常用指标，但这些指标过于简单，有时所得结论未必可靠。因此，本节重点对模型预测效果评价的方法做介绍，以增加模型评价本身的可靠性。

2.4.1　M-Z 回归方法

Mincer 和 Zarnowitz（1969）提出了 M-Z 回归方法（Mincer-Zarnowitz regression），该方法适用于预测模型中的参数估计和检验。该方法的主要应用场景是在宏观经济学中的经济预测模型中，用来评估预测变量和实际变量之间的关系，或者评估预测模型的准确性。

M-Z 回归方法基于以下假设：第一，经济预测模型中的预测变量和实际变量之间存在线性关系；第二，预测误差项服从正态分布且具有同方差特征；第三，预测变量和实际变量之间的误差性具有零均值。该回归方程形式如下：

$$\sigma^2_{t+1} = \alpha + \beta\hat{\sigma}^2_{t+1} + u_{t+1} \qquad (2\text{-}1)$$

其中，$\hat{\sigma}^2_{t+1}$ 为波动率预测值；σ^2_{t+1} 为波动率真实值的代理变量；u_{t+1} 为误差项。可以通过观察回归方程系数及调整 R^2 等指标来判断模型预测效果的好坏，α 越接近 0，β 越接近 1，调整 R^2 越大，则模型的预测能力越好。综上，M-Z 回归方法的优点是简单、直观，并且可以用来评估预测模型的准确性。然而需要注意的是，在实际应用中，可能还需要对回归模型进行进一步的修正和检验，以便更准确地评估预测模型的性能。

2.4.2　损失函数评价法

目前对模型预测评价的标准并没有一致性结论，为此，根据 Hansen 和 Lunde（2006）的建议，选取多种评价指标，从而提高模型优劣综合评定的准确性，本节选取了一系列损失函数评价指标，分别是 MSE（mean squared error，均方误差）、MAE（mean absolute error，平均绝对误差）、HMSE（heterogeneous mean squared error，异质均方误差）、HMAE（heterogeneous mean absolute error，异质平均绝对误差）、QLIKE、R2LOG（R-squared logarithm，R 平方对数），具体如下：

$$\text{MSE} = n^{-1}(\sigma_t^2 - \hat{\sigma}_t^2)^2 \tag{2-2}$$

$$\text{MAE} = n^{-1}\sum_{t=1}^{n}|\sigma_t^2 - \hat{\sigma}_t^2| \tag{2-3}$$

$$\text{HMSE} = n^{-1}\sum_{t=1}^{n}(1 - \hat{\sigma}_t^2 / \sigma_t^2)^2 \tag{2-4}$$

$$\text{HMAE} = n^{-1}\sum_{t=1}^{n}|1 - \hat{\sigma}_t^2 / \sigma_t^2| \tag{2-5}$$

$$\text{QLIKE} = n^{-1}\sum_{t=1}^{n}(\log(\sigma_t^2) + \hat{\sigma}_t^2 / \sigma_t^2) \tag{2-6}$$

$$\text{R2LOG} = n^{-1}\sum_{t=1}^{n}\left[\log\left(\frac{\hat{\sigma}_t^2}{\sigma_t^2}\right)\right]^2 \tag{2-7}$$

其中，n 为得到的估计值个数；σ_t^2 和 $\hat{\sigma}_t^2$ 分别为波动率的真实值和预测值。一般来说，各项损失函数的值越小，模型预测的准确性越高。而不同于上述的损失函数，Patton（2011）提出了衡量波动率代理量稳健的损失函数族，其形式如下：

$$L(\sigma_t^2, \hat{\sigma}_t^2; b)\begin{cases} \dfrac{1}{(b+1)(b+2)}(\sigma_t^{2b+4} - \hat{\sigma}_t^{2b+4}) - \dfrac{1}{b+1}\hat{\sigma}_t^{2b+4}(\sigma_t^2 - \hat{\sigma}_t^2), & b \notin \{-1,-2\} \\[2mm] \sigma_t^2 - \hat{\sigma}_t^2 + \hat{\sigma}_t^2 \log\left(\dfrac{\sigma_t^2}{\hat{\sigma}_t^2}\right), & b = -1 \\[2mm] \dfrac{\sigma_t^2}{\hat{\sigma}_t^2} - \log\left(\dfrac{\sigma_t^2}{\hat{\sigma}_t^2}\right) - 1, & b = -2 \end{cases} \tag{2-8}$$

其中，b 为尺度参数。当 $b<0$ 时，损失函数给予被低估的波动率惩罚，而 $b>2$ 时，损失函数给予被高估的波动率惩罚，特别地，$b=0$ 对应的是 MSE 损失函数，$b=-2$ 对应的是 QLIKE 损失函数。

2.4.3　SPA 检验法

Hansen 和 Lunde（2005）提出了一种更为正式的检验方法，即 SPA 检验法。他们的研究指出，与损失函数法相比，SPA 检验法对模型的判别能力更强，得出的结论更具有稳健性。其具体的检验过程如下。

首先，假设有 $J+1$ 种不同的波动模型，并记为 $M_j(j=0,1,\cdots,J)$，波动模型 M_j 的样本外预测值记为 $\hat{\sigma}_{j,m}^2$，其中 $m=H+1,H+2,\cdots,H+M$。其次，对于每个预测值，我们都可以计算出五种稳健损失函数值，记为 $L_{i,j,m}$，其中 $i=1,2,3,4,5$。若 M_0 表示 SPA 检验的基准模型，则对于其他的 $j=1,2,\cdots,J$ 种波动模型，可以计算其相对于基准模型 M_0 的相对损失函数值，记为 $X_{j,m}=L_{i,0,m}-L_{i,j,m}$。最后，为了分析基准模型 M_0 预测能力在 $J+1$ 种不同的波动模型中是不是最好的，可以定义以下的零假设 H_0：与其他模型 $M_j(j=0,1,\cdots,J)$ 相比，基准模型 M_0 的预测能力最好。

这一假设检验的统计量可以表示为以下形式：

$$U = \max \frac{\sqrt{M}\,\bar{X}_j}{\hat{\omega}_{jj}},\ j=1,2,\cdots,J \tag{2-9}$$

其中，$\bar{X}_j = M^{-1}\displaystyle\sum_{m=H+1}^{H+M} X_{j,m}$；$\hat{\omega}_{jj} = \mathrm{Var}\left(\sqrt{M}\,\bar{X}_j\right)$。

为了得到检验统计量的分布状况及其显著性 p 值，可以采用自举法（bootstrap）。首先，为了取得一个长度为 M 的 $X_{j,m}$ 新样本，可以从 $\{X_{j,m}\}$ 的集合中随机抽取一个新的子样本，子样本的长度为 M。其次，重复该过程 B 次，得到 B 个长度为 M 的 $X_{j,m}$，记为 $X_{j,m}(j=1,2,\cdots,B)$。每一个样本的均值表示如下：

$$\bar{X}_j = M^{-1}\sum_{m=H+1}^{H+M} X_{j,m} \tag{2-10}$$

最后，可以得到统计量 U^i，统计量 U 的显著性检验 p 值为 $p=B^{-1}\displaystyle\sum_{i=1}^{B} I\left\{U^i>U\right\}$，若 SPA 检验的 p 值越大（越接近于 1），则表明越不能拒绝零假设，即与其他模型 $M_j(j=0,1,\cdots,J)$ 相比，基准模型 M_0 的预测能力最好。

2.4.4　MCS 方法

上述 SPA 检验法因为采用了自举法而具有更加优异的判别能力，结论更加可靠。然而，SPA 检验法需要事先选定基准模型以判断其他模型是否优于基准模型，这样会造成与对照组多重比较的问题。因此，针对这一问题，Hansen 等（2011）提出了 MCS 方法。与 SPA 检验法相比较，MCS 方法具有明显优势，即 MCS 方法不需要事先选定一个基准模型，并且允许数据中存在异常值，允许存在多个最优模型等。鉴于此优势，MCS 方法在波动率评价时得到了国内外学者（Hansen et al.，2011；Laurent et al.，2012；Rossi and Fantazzini，2015；魏宇等，2015；马锋等，2015；吴恒煜等，2015）的广泛注意和应用。具体检验方法如下。

假定有 m_0 个波动率模型，将这些模型看成单一的元素统一放在集合 M_0 中，则标记集合 $M_0=\{1,2,\cdots,m_0\}$。每个模型、每个预测值和每个损失函数都有其对应的损失函数值，$L_{i,m,t}$ 为模型 m 第 t 天的损失函数 L_i 的损失函数值，因此在 M_0 中，任意两个波动率模型 u,v 都可以计算出相应的损失函数，记作 $d_{i,uv,t}$。

$$d_{i,uv,t}=L_{i,u,t}-L_{i,v,t} \tag{2-11}$$

MCS 方法的检验过程是从波动率模型集合 M_0 中剔除预测能力较差的模型。因此，在每一次检验中，零假设都是任意两个波动率模型具有相同的预测能力，即

$$H_{0,M}：E(d_i,uv,m)=0，\text{对于所有模型} u,v\in M\subset M_0 \tag{2-12}$$

$H_{0,M}$ 为 MCS 的原假设，即两两模型之间的预测效果没有显著差异。在模型信度集检验的第一步取 $M=M_0$。如果在给定的显著水平 α，拒绝原假设，则预测效果较差的波动率模型将会从集合中予以剔除，这一过程一直持续到不再有波动率模型从集合中剔除掉。对于幸存的（surviving）波动率模型，我们定义为 $\hat{M}^*_{1-\alpha}$，也就是说该集合含有一种或者多种预测效果较优的波动率模型。否则就利用剔除准则将拒绝原假设的模型从 M 中剔除。随后，重复上一步骤，直到不再出现拒绝原假设的情况，最后剩余在集合 $\hat{M}^*_{1-\alpha}$ 中的模型即为 $1-\alpha$ 的置信水平最优预测模型。但是，上述的剔除检验仍存在不足，即每次在进行零假设检验时，需要计算一次检验统计量。为解决这一问题，本节按照 Hansen 等（2011）的建议，采用区间统计量（range statistic）和半二次统计量（semi-quadratic statistic）[①]，其定义分别为

$$T_R=\max_{u,v\in M}\frac{|\bar{d}_{i,uv}|}{\sqrt{\text{var}(d_{i,uv})}} \tag{2-13}$$

$$T_{SQ}=\max_{u,v\in M}\frac{(\bar{d}_{i,uv})^2}{\text{var}(\bar{d}_{i,uv})} \tag{2-14}$$

$$\bar{d}_{i,uv}=\frac{1}{M}\sum_{m=H+1}^{H+M}d_{i,uv,m} \tag{2-15}$$

[①] 除以上两种方法外，还有最大偏差（maximum deviation）、偏差（deviation，from common average）、最大 t 值（max t）统计量等，具体内容可以参考 Hansen 等（2011）的研究。

其中，$\bar{d}_{i,uv}$ 为模型 u 和 v 波动率预测值的相对损失函数值的平均值。如果计算出来的统计值大于给定显著水平 α 的临界值，则表明拒绝原假设，即模型应不包含于幸存的波动率模型集 $\hat{M}_{1-\alpha}^{*}$。由于区间统计量和半二次统计量的真实分布非常复杂，为此，为了获得它们的检验统计值及对应的 p 值，Hansen 等（2011）采用自举法，这一点类似于 SPA 检验法。

2.4.5　样本外 R^2 检验法

R_{OOS}^{2} 表示 RV 预测模型的均方预测误差（mean square forecasting error, MSFE）相对于基准模型的 MSFE 减少的百分比，计算公式为

$$R_{\text{OOS}}^{2} = 1 - \frac{\sum_{k=1}^{q}\left(\text{RV}_{m+k} - \widehat{\text{RV}}_{m+k}\right)^{2}}{\sum_{k=1}^{q}\left(\text{RV}_{m+k} - \widehat{\text{RV}}_{m+k,\ \text{bench}}\right)^{2}} \qquad (2\text{-}16)$$

其中，RV_{m+k}、$\widehat{\text{RV}}_{m+k}$ 和 $\widehat{\text{RV}}_{m+k,\ \text{bench}}$ 分别为第 $m+k$ 天的真实值、目标模型的预测值和基准模型的预测值。m 和 q 分别为初始样本内周期和样本外周期的长度。显然，如果 R_{OOS}^{2} 的值大于 0，则目标模型的预测将优于基准模型。为了进一步确定其统计显著性，我们根据 Clark 和 West（2007）的统计检验计算 MSFE 调整后的统计量。更具体地说，Clark 和 West（2007）的统计检验了零假设，即基准模型的 MSFE 小于或等于预测模型的 MSFE；而备择假设是基准模型的 MSFE 大于预测模型的 MSFE。CW 统计量的定义如下：

$$f_t = \left(\text{RV}_t - \widehat{\text{RV}}_{t,\text{bench}}\right)^{2} - \left(\text{RV}_t - \widehat{\text{RV}}_{t,\text{model}}\right)^{2} + \left(\widehat{\text{RV}}_{t,\text{bench}} - \widehat{\text{RV}}_{t,\text{model}}\right)^{2} \qquad (2\text{-}17)$$

其中，RV_t 为真实值；$\widehat{\text{RV}}_{t,\text{bench}}$ 为基准模型的预测值；$\widehat{\text{RV}}_{t,\text{model}}$ 为竞争模型的预测值；f_t 为累计误差。

通过 f_t 对常数进行回归，我们可以方便地得出 Clark 和 West（2007）进行 MSFE 调整的统计量，是该常数的 t 统计量。此外，单边（上尾）检验的 p 值是使用标准正态分布导出的。

2.4.6　DoC 检验法

受 Degiannakis 和 Filis（2017）的启发，本节将 DoC 检验法（Pesaran and Timmermann，2009）作为第六个预测效果评价方法。Degiannakis 和 Filis（2017）

指出，DoC 检验法对于资产配置和交易策略尤为重要。DoC 方向检验可以判断波动率预测值的变动方向与真实值是否一致。DoC 定义为

$$P_t = \begin{cases} 1, & RV_t > RV_{t-1} \text{且} \widehat{RV}_t > RV_{t-1} \\ 1, & RV_t < RV_{t-1} \text{且} \widehat{RV}_t < RV_{t-1} \\ 0, & \text{其他} \end{cases} \quad （2\text{-}18）$$

其中，P_t 为一个虚拟变量，如果预测模型正确预测了 t 天的波动方向，则取 1，否则取 0，如式（2-18）所示。DoC 比率可表示为 $DoC_n = \dfrac{\sum\limits_{t=1}^{N} p_{t,n}}{N}$。其中，$N$ 为样本外长度，DoC 比率反映正确预测波动率变化方向的预测结果所占比例。同时，需利用 Pesaran 和 Timmermann（1992）的非参数检验方法检验目标模型的 DoC 比率小于 0.5 的零假设。

2.4.7　DM 检验法

DM 检验法一般用于检验目标模型的预测误差与基准模型相等的零假设。DM 检验法的统计方法如下：

$$DM_{\text{model}} = \frac{\dfrac{1}{P} \sum\limits_{i=1}^{P} \left(L_{\text{model},i} - L_{\text{benchmark},i} \right)}{\text{Var}\left(L_{\text{model}} - L_{\text{benchmark}} \right)} \quad （2\text{-}19）$$

其中，L_{model} 为目标模型的损失序列；$L_{\text{benchmark}}$ 为基准模型的损失序列；$L_{\text{model},i}$ 为目标模型在第 i 个预测时间点的预测误差；$L_{\text{benchmark},i}$ 为基准模型在第 i 个预测时间点的预测误差；$\text{Var}\left(L_{\text{model}} - L_{\text{benchmark}} \right)$ 为两个模型损失序列差的方差。小于 0 的 DM 检验数表明目标模型有高于基准模型的样本外预测精度。

2.4.8　CW 检验法

CW 检验法主要对目标模型的均方误差（mean square error，MSE）不小于基准模型的零假设进行检验。该检验方法的备择假设是目标模型的 MSE 小于基准模型。CW 检验数通过计算得到，其中：

$$f_t = \left(RV_t - \widehat{RV}_{t,\text{bench}} \right)^2 - \left(RV_t - \widehat{RV}_{t,\text{model}} \right)^2 + \left(\widehat{RV}_{t,\text{bench}} - \widehat{RV}_{t,\text{model}} \right)^2 \quad （2\text{-}20）$$

第3章　GARCH族模型对国际原油市场的波动研究

3.1　概　　述

　　原油作为生产和生活中不可或缺的重要资源,与各国的经济增长和居民生活水平密切相关。近年来,由于供需不平衡和国际政治因素的影响,国际油价频繁波动,形势复杂多变。例如,2003年伊拉克战争导致原油出口受阻,市场供应紧张,油价不断攀升。2008年次贷危机爆发后,发达国家对原油的需求急剧下降,导致油价一度跌至34美元/桶,跌幅超过70%(2008.07～2008.12)。2014年,美国通过页岩油革命成为全球最大的原油生产国,为了争夺市场份额,OPEC增加原油产量,导致国际油价再次大幅下跌,一度跌至30美元/桶以下。2020年,OPEC与俄罗斯就原油减产保价协议的谈判破裂,同时新冠疫情的暴发,导致全球经济活动减缓,油价再次受到极大冲击,原油期货价格甚至出现历史上首次负油价,为每桶-37.63美元。这一现象不仅揭示了原油市场的极端不确定性,也反映了全球经济体系对于外部冲击的脆弱性。随着全球经济的一体化,原油不再仅仅是能源的载体,其金融属性日益凸显。原油价格的波动性不仅仅局限于原油市场,还会通过金融市场传导至股票市场和其他能源市场。这种传导效应不仅对各国的宏观经济产生直接影响,也在一定程度上挑战了国家经济政策的制定和执行。因此,更好地理解和预测原油市场的波动对于维护国家经济的稳定性至关重要。

　　波动率和方差是金融领域中关键的统计概念,用于衡量资产价格或投资组合的风险。方差通常被定义为一组数据与其平均值之差平方的平均值。在金融上,它代表着资产价格相对于平均值的离散程度,是衡量价格波动性的一种常用指标。波动率则是方差的平方根,更直观地表示价格波动的幅度,是投资者对市场波动性关注的核心。准确估计和预测资产的波动率和方差对于风险管理、期权定价以及资产配置等金融决策至关重要。传统计量经济学模型中,通常假定无条件方差和条件方差都为常数,但在实际情况中,方差倾向于随时间而变化,并且倾向于以集群的形式出现。这种现象被称为"异方差"，即小的方差之后往往是小的变化，大的方差之后仍然是大的变化。特别是对于股票、利率、汇率等金融时间序列或国内生产总值、通货膨胀率等一些经济指标，条件方差不变的假设并不能很好地描述这些数据的动态变化趋势。Engle（1982）提出了方差的滞后回归函数，其服从均值为零，条件方差随时间变化，而非条件方差则保持恒定的过程。Engle 利用ARCH 模型研究了英国通货膨胀的波动性，并发现它能够准确且有效地描述波动性。因此，ARCH 模型被广泛应用于金融数据分析中。

随着 ARCH 模型的推广，Bollerslev（1986）提出了 GARCH 模型，以捕捉和刻画金融资产收益序列的波动特征。GARCH 模型作为一种广泛应用于金融领域的随机时序模型，在研究和预测金融短期数据方面发挥着重要作用，尤其在捕捉和预测金融市场波动性方面表现出色。通过对时间序列的异方差结构进行刻画，GARCH 模型能够准确地反映市场的动态特征。这为金融从业者提供了有力的工具，帮助他们更好地理解和应对市场的波动，从而做出更明智的决策。在建立GARCH 模型时，可以通过引入预定变量或外生变量，进一步提高模型的适用性，使其更好地解释收益率波动的来源。因此，GARCH 模型不仅在学术研究中有着广泛的应用，同时也在实际金融决策中发挥着重要的作用。与 ARCH 模型相比，GARCH 模型能够更灵活地捕捉时间序列中的异方差结构。在一定条件下，GARCH 模型可以转化为无限阶的 ARCH 模型，与无限阶（或高阶）的 ARCH 模型相比，GARCH 模型的结构更为简洁。因此，GARCH 模型可以用来替代高阶的ARCH 模型，这使得它在金融和经济数据分析中具有更广泛的适用性。

随着金融资产价格序列的特征不断被揭示，大量研究者对 GARCH 模型进行扩展，以刻画金融资产厚尾特征、波动聚集效应、非对称（non-symmetry）效应及杠杆效应等。在 GARCH 模型基础上，国内外学者构造了一系列 GARCH 族模型，如 EGARCH 模型（Nelson, 1991）、GJR-GARCH 模型（Glosten et al., 1993）、TGARCH 模型（Zakoian, 1994）、IGARCH 模型（Engle and Bollerslev, 1986）等。GARCH 模型也常运用于其他研究领域，Guo 等（2014）讨论了在交通数据中违反恒定条件方差假设的 GARCH 模型，Campbell 和 Diebold（2005）将GARCH 模型用于温度预测。此外，原油作为重要的生产投入要素，与各国经济发展密切相关，其金融属性越来越强，与股票市场、商品市场和汇率市场之间存在着不可忽视的联动性。动态条件相关 GARCH（dynamic conditional correlation GARCH，DCC-GARCH）模型（Bollerslev, 1990）和 BEKK-GARCH模型（Engle and Kroner, 1995）为扩展后的多变量模型，它们能对不同市场（变量）的联动关系进行刻画，被广泛用于研究不同金融市场的动态变化关系。国际原油市场通常会受到多个因素的影响，如供求关系、地缘政治等。这些变量通常都为低频的，然而油价波动通常都为高频。Engle 等（2013）为了解决宏观经济与金融市场波动率不同频的问题，提出了 GARCH-MIDAS 模型，其将波动率分解为短期和长期波动成分，充分利用了混频数据中的有用信息，为本书分析宏观经济变量对原油波动率的影响提供了依据。

在随后的章节中，我们将深入探讨 GARCH 族模型的构建理论基础以及在国际原油市场中的实际应用。我们将按照以下步骤展开讨论。首先，我们将着眼于 GARCH 模型的前身——ARCH 模型。我们会详细解释 ARCH 模型的数学原理和基本框架，特别是其如何从异方差着手捕捉金融时间序列的聚集性特征。其次，我们将深入研究 GARCH 模型，这是 ARCH 模型的进一步发展。除此之外，我们还会介绍针对波动率常见特性的扩展模型，如长记忆性和非对称性。这一部分将帮助读者更好地理解 GARCH 模型的广泛应用。再次，我们将聚焦于这些模型在国际原油市场中的具体应用。通过实例和案例的详细展示，我们将说明这些模型在解释和预测原油市场波动性方面的实际效果。这有助于读者将理论知识与实践案例相结合，更好地将 GARCH 族模型应用于自己的研究或实际问题处理中。最后，在详细介绍 GARCH-MIDAS 模型的构建及应用后，我们将对 GARCH 族模型的局限性进行客观评述。本章旨在帮助读者在使用 GARCH 族模型时具备客观的判断，了解其适用范围和潜在限制。

3.2　模型介绍

3.2.1　ARCH 模型介绍

在金融学应用领域中，分析师们通常会对时间序列进行建模。其中，因变量通常是投资组合的收益率，方差则代表了这些收益率的风险水平。通过简单地观察收益率，我们也能发现某些时间段的风险高于其他时间段，也就是说，某些时间段的误差项（error term）的规模要明显高于其他时间段。需要注意的是，时间序列中的点并不是随机分布，而是存在一定的自相关性（autocorrelation）。例如，上证指数的收益率回报总是呈现出波动聚集性（volatility clustering）的特点，即在高波动之后更有可能出现高波动，低波动之后更有可能出现低波动，这种情况在统计学中被称为异方差，其违背了最小二乘法中的同方差假设，会造成模型的估计偏误。

如何基于历史信息来预测未来收益率的均值和方差，这是金融学研究的一个重要问题。传统的时间序列模型如自回归滑动平均模型（autoregressive moving average model，ARMA）主要对股票收益率的一阶矩进行建模，考虑序列本身的自相关性（autoregression，AR）和偏相关性（moving average，MA），但其未对序列的波动（方差）进行研究。关于时间序列的方差计算，一个简单的方法是采用历史平均法，即假设未来收益率的方差等于过去 22 天误差项平方的均值，该方法有两大诟病，一是没有对最近的交易日给予更多的权重，二是没有考虑超过一个月以上的交易日。Engle（1982）提出的 ARCH 模型则是将这些权重看作需要估计的参数。该模型旨在从时间序列中寻找最优的参数，从而得到条件方差。ARCH 模型将波动率定义为条件标准差 σ_t，ARCH（q）具体表达式为

$$e_t = \sigma_t \varepsilon_t \tag{3-1}$$

$$\sigma_t^2 = \alpha_0 + \alpha_1 e_{t-1}^2 + \alpha_2 e_{t-2}^2 + \cdots + \alpha_q e_{t-q}^2 \tag{3-2}$$

其中，q 为滞后阶数；ε_t 为零均值单位方差的独立同分布白噪声；e_t 为残差，$e_t = r_t - E(r_t | r_{t-1})$。$\varepsilon_t$ 服从均值为 0，方差为 1 的正态分布，ε_t 还常取标准 t 分布和广义误差分布。需要注意的是，e_t 前后不相关，但不独立。$\alpha_0 > 0$，$0 < \alpha_j < 1$ 且 $0 < \sum \alpha_j < 1$，这是为了使方差有限。该模型反映出扰动项的方差是过去不同时刻方差的函数，即当前一时刻的方差变大，那么此刻的方差也会变大；若以前时刻的方差变小，那么此刻的方差也会变小。反映在金融市场上，就是过去价格波动变大，那此刻价格波动也会变大；过去价格波动变小，此刻价格波动也会变小。从上面的模型中可以看出，噪声的方差是过去有限项噪声值平方的回归，这也反映了金融时间序列波动的"集聚性"。一个简单的 ARCH（1）过程可以定义为

$$e_t = \sigma_t \varepsilon_t \tag{3-3}$$

$$\sigma_t^2 = \alpha_0 + \alpha_1 e_{t-1}^2 \tag{3-4}$$

一般采用极大似然法对 ARCH 模型进行估计，当 $\varepsilon_t \sim N(0,1)$，$e_t \sim N(0, \sigma_t^2)$，此时条件概率密度函数可以写为

$$f(e_t | \alpha_i) = \frac{1}{\sqrt{2\pi}\sigma_t} \exp\left(-\frac{e_t^2}{2\sigma_t^2}\right) \tag{3-5}$$

极大似然函数为

$$L(e_t | \alpha) = \sum_{t=1}^{T} \log f((e_t | \alpha)) = \frac{T}{2} \log(2\pi) - 2\sum_{t=1}^{T} \log(\sigma_t) - \sum_{t=1}^{T} \frac{e_t}{\sigma_t} \tag{3-6}$$

其中，$\sigma_t^2 = \alpha_0 + \alpha_1 e_{t-1}^2 + \alpha_2 e_{t-2}^2 + \cdots + \alpha_m e_{t-m}^2$ 为 α 的函数，给定一组 α，即可求波

动率。

实际操作中，可以采用拉格朗日乘子（Lagrange multiplier，LM）检验检验残差是否存在 ARCH 效应，并确定滞后的阶次。LM 检验的原假设为残差序列的平方是齐次的，即残差序列之间不存在相关性，当 LM 检验统计量的 p 值大于显著性水平 α，则接受原假设，否则，认为残差序列非齐次，残差序列之间存在相关性。

ARCH 模型实质上是残差序列的 q 阶移动平均，具有截尾性，其只适用于短期自相关。实际情况中，金融市场时间序列通常具有长期自相关性，这时 ARCH（q）的滞后阶数过多，需要估计过多的参数，在样本有限的情况下，参数估计的效率就会降低，有时甚至会出现估计参数为负的情况。Engle（1983）提出施加固定的滞后结构来解决该问题，但这种人为赋予参数特定的线性递减权重不具有说服力。

3.2.2　GARCH 模型介绍

Bollerslev（1986）对 ARCH 模型进行推广，得到了 GARCH 模型。其与 AR 模型推广至 ARMA 模型的思想有许多相似之处。ARMA 模型主要对均值进行建模，由自回归模型和移动平均模型组成，自回归模型包含了一系列的均值滞后项，而移动平均模型是误差滞后项的函数。类似地，GARCH 模型对方差进行建模，其在 ARCH 模型基础上，增加了异方差函数的 q 阶自相关性。GARCH 模型包含了过去残差平方的加权平均，并且随着时间间隔变长其权重在不断衰减。与 ARCH 模型相比，GARCH 模型更加简洁，能更灵活地捕捉时间序列中的异方差结构，可以替代高阶 ARCH 过程，从而具有更大的适用性。

GARCH 模型认为预测方差（下一期的方差）通常由三部分构成，过去的样本方差、条件方差和当期的新信息，即误差项。GARCH（q,p）可以写为

$$e_t = \sigma_t \varepsilon_t \tag{3-7}$$

$$\sigma_t^2 = \alpha_0 + \sum_{i=1}^{q} \alpha_i e_{t-i}^2 + \sum_{j=1}^{p} \beta_j \sigma_{t-j}^2 \tag{3-8}$$

其中，$\varepsilon_t \sim (0,1)$；$\alpha_0 > 0$，$\alpha_i > 0$，$\beta_j > 0$；$0 < \sum_{i=1}^{q} \alpha_i + \sum_{j=1}^{p} \beta_j < 1$，以保证无条件方差是有限的。GARCH（$p,q$）中的 p 是指自回归滞后多少项（也称 GARCH 项）；q 指的是移动平均滞后项（也称 ARCH 项），有时需要有多个滞后的模型才能得到更好的方差预测值。当 $p=0$，该模型则为 ARCH 模型。当 $p=q=0$，则是一个简单的白噪声过程。在使用长时期跨度数据，如长达几十年的日度数据或一年的每小时数据时，这种高阶模型通常很有用。通过添加额外的滞后项，这类模型允许信

息的快速和慢速衰减。引入滞后算子，该模型可以写为

$$\sigma_t^2 = \alpha_0 + A(L)\varepsilon e_t^2 + B(L)\sigma_t^2 \qquad (3\text{-}9)$$

若 $1 - B(L) = 0$ 在单位圆之外，则

$$\sigma_t^2 = \frac{\alpha_0}{1 - B(1)} + \frac{A(L)}{1 - B(L)}e_t^2 = \frac{\alpha_0}{1 - \sum_{i=1}^{p}\beta_i} + \sum_{i=1}^{\infty}\delta_i e_{t-i}^2 \qquad (3\text{-}10)$$

其中，$\delta_i = \sum_{j=1}^{n}\beta_j\delta_{i-j}$。

GARCH（1,1）是波动率模型系列中最简单、最稳健的模型。然而，该模型可以通过多种方式进行扩展和修改。GARCH（1,1）可以写为

$$\sigma_t^2 = \alpha_0 + \alpha_1 e_{t-1}^2 + \beta_1\sigma_{t-1}^2 \qquad (3\text{-}11)$$

其中，$\alpha_1 + \beta_1 < 1$。

与 ARCH 模型一致，一般采用极大似然估计法来寻找合适的参数集。极大似然函数可以表示为残差序列的联合概率密度函数：

$$L(\alpha, \beta | Y, X) = \prod_{t=1}^{n}\left[\left(2\pi\sigma_t^2\right)^{-0.5}\exp\left(-e_t^2\left(2\sigma_t^2\right)^{-1}\right)\right] \qquad (3\text{-}12)$$

其中，$Y_t = X_t' + \epsilon_t$。X_t' 为来自总体的样本；ϵ_t 为残差。

3.2.3　考虑非对称性的 GARCH 扩展模型（EGARCH、GJR-GARCH 模型）

ARCH/GARCH 模型中 σ_t^2 对 e_{t-1} 的关系是基于 e_{t-1}^2，都忽略了收益率变化方向的信息，只关注了收益率变化幅度。然而，有证据表明实际情况并非如此，特别是对于股票市场指数和原油市场指数，市场下跌造成的波动性似乎比市场上涨造成的波动性更高。目前国内外关于股票价格波动非对称性的研究很多，但对于原油价格波动非对称性的研究较少。因此，本节用 EGARCH 模型和 GJR-GARCH 模型研究了原油波动数据的非对称性波动特征。

Nelson（1991）提出 EGARCH，并指出 GARCH 模型的参数限制过于严格，而该模型中的参数并无太多限制。GARCH 模型的条件方差是直接对 σ_t^2 进行的假设，而 EGARCH 是针对 $\log\left(\sigma_t^2\right)$ 的假设，EGARCH(1,1) 的表达式为

$$\log\left(\sigma_t^2\right) = w + \alpha\varepsilon_{t-1} + \gamma\left(\left|\varepsilon_{t-1}\right| - E\left|\varepsilon_{t-1}\right|\right) + \beta\log\left(\sigma_{t-1}^2\right) \qquad （3\text{-}13）$$

其中，γ 为波动率的杠杆效应，$\varepsilon_t \sim \mathrm{IID}(0,1)$。如果 ε_t 来自具有形状参数 $\nu > 1$ 的高斯或广义误差分布，那么 EGARCH 模型是平稳的。然而，如果 ε_t 来自具有形状参数 $\nu \leq 1$ 的偏 t 分布或广义误差分布，那么只有在 $\gamma \leq -|\alpha|$ 时，EGARCH 模型才是平稳的。该模型的一个优势在于，它没有为了确保方差为正而施加的限制。

Glosten 等（1993）提出了在 GARCH 模型的基础上构建出带指示性函数的条件方差模型——GJR-GARCH 模型，该模型认为负向和正向冲击对股票波动率的影响是不一样的，即所谓的"非对称性"，该模型也是 GARCH 族模型里面的"明星模型"，GJR-GARCH(1,1)的表达式为

$$\sigma_t^2 = w + \alpha r_{t-1}^2 + \beta\sigma_{t-1}^2 + \gamma r_{t-1}^2 I(r_{t-1} < 0) \qquad （3\text{-}14）$$

其中，$I(\cdot)$ 是指示函数，即满足其括号内的条件时，取值为 1，反之为 0。$\varepsilon_t \sim \mathrm{IID}(0,1)$，当 $\gamma < 2(1 - \alpha - \beta)$ 时模型是平稳的。γ 是非对称杠杆系数，其可以捕捉波动率的不对称性。正向冲击引起的市场上升和负向冲击引起的市场下降对条件方差的影响不同，即市场上升对条件方差的冲击为 α，市场下降对条件方差的冲击为 $\alpha + \gamma$。若 $\gamma < 0$，则说明杠杆效应削弱了资产价格的波动；若 $\gamma > 0$，则说明杠杆效应增强了资产价格的波动。

3.2.4　考虑长记忆性的 GARCH 扩展模型（IGARCH、FIGARCH 模型）

现有研究表明，原油波动率的变化通常受过去的影响，扰动项的自相关系数会呈现典型的双曲率衰减特征，表现出长记忆的性质。与其他模型如 ARMA 模型不同，其自相关函数迅速衰减至零（呈负指数形式），也不同于 GARCH 模型的自相关函数那样持续影响。实际上，收益率序列的一个显著特征是，收益率绝对值及收益率平方的自相关形式通常表现出极为缓慢的衰减。GARCH 模型通常假设方差是过去方差的滞后回归函数，其变化权重随时间而衰减，因此难以准确刻画原油波动率的长记忆性质。

1. IGARCH 模型

IGARCH 模型由 Engle 和 Bollerslev（1986）提出，其引入了单整合过程来描述金融资产收益的长记忆过程，表达式为

$$\varepsilon_t = \sigma_t z_t, \sigma^2 = \omega + \sum_{i=1}^{p}\alpha_i \varepsilon_{t-i}^2 + \sum_{j=1}^{q}\beta_j \sigma_{t-j}^2 \qquad (3\text{-}15)$$

其中，σ_t 为随机误差项；z_t 为均值为 0、方差为 1 的白噪声过程。当 $\alpha+\beta=1$ 时，方差呈现单整合过程，显示出长记忆性。系数之和被限制为 1，外生变量可以很容易地反映在 GARCH 模型的各种规范中，只需添加 $x_t\vec{\beta}$。

国内外学者均在该模型的基础上，应用、扩展和改进模型，以解决各类金融时间序列建模问题。Aloui 和 Mabrouk（2010）利用 IGARCH 模型研究了全球主要股市指数之间的均值和波动率溢出。结果表明，在全球金融危机期间，股市之间存在显著的双向波动率传导。Kasman 等（2011）采用 IGARCH 模型研究了中国、印度、俄罗斯和美国股市之间的波动率传导效应，实证结果支持波动率从美国向其他新兴市场的单向传导假说。Arouri 等（2011）采用 IGARCH 模型检验了黄金和原油价格波动率之间的溢出效应。研究发现，原油市场的波动率冲击并没有传导至黄金市场，但黄金市场的波动率冲击会显著影响原油市场。方杰（2018）使用 IGARCH 模型、半参数方法和 Kupiec 检验，采用沪深 300 指数的日收益率序列计算并检验了相应的 VaR（value at risk，在险价值）。结果表明，基于 IGARCH 模型的半参数方法能够精确地刻画我国股票市场的市场风险。王吉培等（2009）建立基于三种不同分布的 IGARCH 模型对国际油价的走势进行刻画，引入非参数投影寻踪回归模型的理论方法，对多维数据进行投影降维分析，结果表明基于 IGARCH 的投影寻踪回归具有较强的模型拟合能力。

以上文献表明，IGARCH 模型在描述金融资产波动率的长记忆性特征方面表现出色，能广泛应用于分析金融市场之间的联动和溢出效应。

2. FIGARCH 模型

为了弥补 GARCH 模型在非高度参数化下只能描述短期记忆的缺点，Baillie（1996）假设波动率的自相关函数按照双曲线形式衰减，提出了能采用更少参数、覆盖更长记忆的 FIGARCH（p,d,q）模型，其中 d 为描述长记忆性的分整参数，p 和 q 类似于滞后阶数。FIGARCH（$1,d,1$）模型形式如下所示：

$$h_t = \omega_2 + \left(1 - \beta_2 L - (1-\varphi L)(1-L)^d\right)u_t^2 + \beta_2 h_{t-1} \qquad (3\text{-}16)$$

其中，L 为滞后算子，且模型假定：$\omega_2 > 0$，$0 \leqslant \beta_2 \leqslant \varphi+d$，$0 \leqslant d \leqslant 1-2\varphi$。这样能保证 $0 \leqslant d \leqslant 1$，可以充分描述波动率的长记忆性程度。当 $d=0$ 时，FIGARCH 模型等同于 GARCH 模型，模型无法刻画长记忆性；当 $d=1$ 时，FIGARCH 模型等同于 IGARCH 模型，假定了波动率的永久记忆性。

基于 FIGARCH 模型，国内外学者进行了模型的应用，以解决金融时序问题。Maheshchandra（2012）使用 FIGARCH 模型研究了印度股票市场的波动率特征。结果发现，2008 年全球金融危机导致了股市波动率的显著结构变化，波动率持续性加强。Vivian 和 Wohar（2012）基于 FIGARCH 模型研究了商品期货市场的波动率聚集和溢出效应，发现大部分商品期货市场存在显著的波动率持续性。

郭金利（2006）采用沪、深两市的指数数据考察了考虑长期记忆的 FIGARCH 模型、不考虑长期记忆的 GARCH 模型和 IGARCH 模型对市场波动性的拟合效果和预测能力。实证结果表明 FIGARCH 模型在拟合效果和预测能力方面都要优于其他两个模型。王燕（2013）选取中国深圳证券交易所地产股和金融股为研究对象，利用 FIGARCH 模型，探讨中国地产股对金融股股波动及收益的影响。结果表明，我国地产股整体行情指数的波动风险和收益对金融股股票均具有显著的正向影响。以上文献表明，FIGARCH 模型可为金融市场参与者提供一种规避风险的工具，以便更好地辨识和预防损失的发生。

3.2.5　考虑结构突变的 GARCH 扩展模型（MMGARCH 模型）

根据 Klein 和 Walther（2016）的研究，MMGARCH（mixture memory GARCH，混合记忆 GARCH）模型的主要思想是通过引入一个伯努利随机变量序列，将GARCH（1,1）和 FIGARCH（1,d,1）模型结合，因此能反映油价波动率中的结构变化和长记忆性。MMGARCH 模型形式如下：

$$r_t = \mu_t + u_t, u_t = \varepsilon_t \sqrt{h_t}, h_t = Z_t h_{1,t} + (1 - Z_t) h_{2,t} \tag{3-17}$$

其中，μ_t 为残差项，$t = 1, \cdots, n$；$h_{1,t} = \omega_1 + \alpha_1 u_{t-i}^2 + \beta_1 h_{2,t-1}$ 表示 GARCH 模型，$h_{2,t} = \omega_2 + \left(1 - \beta_1 L - (1 - \varphi L)(1 - L)^d\right) u_t^2 + \beta_2 h_{2,t-1}$ 表示 FIGARCH 模型。

为了满足模型的非负性和严格平稳性的假定，MMGARCH 模型引入 Bollerslev 和 Ole Mikkelsen（1996）的处理方法，将其中的 FIGARCH 部分（$h_{2,t}$）表述为类似 ARCH（∞）的形式，如下所示：

$$h_{2,t} = \omega_2 + \left(1 - \beta_2 L - (1 - L)^d\right) u_t^2 + \beta_2 h_{2,t-1} = \frac{\omega_2}{1 - \beta_2} + \sum_{j=1}^{\infty} \delta_j u_{t-j}^2 \tag{3-18}$$

其中，δ_j 为 FIGARCH 权重，由 FIGARCH 参数计算得出。

国内外学者在采用该模型的基础上，应用、扩展和改进模型，以解决各类金融时间序列建模问题。Klein 和 Walther（2016）通过将 MMGARCH 模型与其他离散波动率模型（GARCH、EGARCH、APARCH、FIGARCH、HYGARCH 和

FIAPARCH）进行比较。结果表明，MMGARCH 在改变波动率水平和长记忆方面的动态方法优于上述模型。Zhang 等（2019a）使用三种单一机制 GARCH（即 GARCH、GJR-GARCH 和 EGARCH）和两种机制转换 GARCH［即 MMGARCH 和 MRS-GARCH(Markov regime switching GARCH, 马尔可夫机制转换 GARCH）］模型估计和预测原油价格波动。结果表明，纳入机制转换的表现并不明显优于单一机制 GARCH 模型。Zeghdoudi 和 Amrani（2021）将 MMGARCH 模型用于对非线性时间序列进行建模，MMGARCH 模型有两个混合分量。MMGARCH（1,1）模型在道琼斯指数和纳斯达克指数中的实证表现表明了其能力。张跃军等（2021）采用考虑结构断点的 GARCH 族模型和 MMGARCH 模型对 WTI 和 Brent 油价波动率进行预测建模，研究发现同时动态捕捉结构变化和长记忆性特征的 MMGARCH 模型对油价波动率的预测性能优于其他相关模型。综上所述，MMGARCH 模型在风险管理中的应用非常出色，因为其可以灵活地适应方差变化和冲击。

3.2.6　考虑不同市场动态关系的多变量 GARCH 模型（DCC-GARCH 模型、BEKK-GARCH 模型）

作为现代工业的关键原材料，原油被广泛应用于各个产业，其价格波动不仅波及了产业链上的各个环节，更深刻地影响了国民经济的各个层面，是全球经济运行的关键因素。随着国际金融一体化的不断深化和原油衍生品市场的发展，资本和各种要素在世界范围内不断流动和周转，以实现最优配置，国际原油市场呈现出金融化的趋势，其影响逐渐从实体经济扩散到资本市场。具体来说，对于股票市场，原油是重要的生产投入要素，其价格上涨会引起上市公司的原成本增加，对宏观经济造成影响，从而影响股票市场。例如，20 世纪 90 年代能源危机期间，美国股票市场资本总额大幅下跌。2020 年受新冠疫情冲击，美国股市熔断四次，而后 WTI 原油价格也跌至负数。另外，原油市场和股票市场受到共同因素的影响，比如宏观经济指标、地缘政治不确定性和投资者预期，这些因素的变化会引起两个市场的变动。此外，市场传染理论指出，金融市场中的一次剧烈波动可能引发其他市场的波动，从而导致各个市场之间的关联性增加。Jones 和 Kaul（1996）发现原油价格的变动可以通过现金流影响美国股票市场的价格变化。Miller 和 Ratti（2009）通过分析 1971～2008 年的国际原油和股票市场数据，指出 1999 年前后原油价格和实际股票价格之间的关系发生了变化，原油和股票的长期负向关系在 20 世纪初瓦解。Ding 等（2022）分析了国际原油市场对中国股市投资者情绪的传染效应，原油价格波动导致了投资者情绪的负向变化。

原油作为重要的大宗商品，对其他大宗能源商品市场如天然气也有重要影响。

随着原油的不断紧缺和价格持续上升，许多国家积极寻找替代能源，天然气作为重要的清洁能源，其价格波动与原油供需情况密切相关。Aloui 等（2014）发现原油和天然气市场在牛市期间往往紧密结合在一起，但在熊市期间则完全不相关。原油市场还可以通过影响宏观经济情况影响其他非能源大宗商品市场如农产品的价格变化。Dahl 等（2020）发现在金融和经济动荡时期，原油和农产品之间的信息流动是不对称和双向的。黄金作为重要的避险资产，其受国际形势和经济状况影响较大，从这个层面来说黄金与原油之间也存在着信息传递。Coronado 等（2018）指出黄金、原油和股票三个市场中普遍存在因果关系。国际原油产品通常都以美元计价，随着原油市场的发展和国际金融一体化的加深，其与汇率市场之间也存在联动关系。Wen 等（2018）发现原油价格是美元汇率的非线性格兰杰原因，反之亦然。

单变量 GARCH 模型只能针对一个资产的波动率进行分析，在金融市场中，投资者通常更关注不同资产的动态变化，而不是仅仅关注个别资产，这促使学者们对 GARCH 模型进行多变量扩展。多变量 GARCH 模型遵循与单变量 GARCH 模型相同的结构，但它使联合分析和预测成为可能，它们不仅包含了单变量的波动特性，而且很好地描述了不同变量间的相互关系。所以，多变量 GARCH 模型为分析金融市场的相互影响提供了有力的工具。早期的多变量 GARCH 模型，如常数条件相关系数 GARCH 模型（constant conditional correlation GARCH，CCC-GARCH），其假设不同时间序列中的协方差是静态的，不能反映不同市场、不同指数的时变性和动态相关性。基于此，本小节引入 DCC-GARCH 模型和BEKK-GARCH 模型，其能捕捉各市场之间的动态变化，并对动态相关系数进行估计，在研究各市场间的波动溢出方面得到广泛应用。

1. DCC-GARCH 模型

Bollerslev（1990）提出了 CCC-GARCH 模型，它是一个多元时间序列模型，具有时变条件方差和协方差，相关性系数不变的特点。该模型解决了方差协方差矩阵的正定性，即如果条件方差都是正值并且相关系数矩阵为正定的，那么方差协方差矩阵也将是正定的。但在金融市场中，相关系数往往具有时变性，这使得CCC-GARCH 模型的假设不具有现实意义。作为 CCC-GARCH 模型的扩展，Engle和 Sheppard（2001）提出了 DCC-GARCH 模型，该模型假定相关系数是时变的，再利用时变的方差以及时变的相关系数得到时变的协方差。DCC-GARCH 模型结合了单变量模型的灵活性，直接对条件相关性进行参数化估计，具体过程可以分为两步，第一步是一系列的单变量估计，第二步是相关性估计。具体形式如下：

$$H_t = D_t R_t D_t \tag{3-19}$$

$$R_t = \mathrm{diag}(Q_t)^{-\frac{1}{2}} \times Q_t \times \mathrm{diag}(Q_t)^{-\frac{1}{2}} \qquad (3\text{-}20)$$

$$Q_t = (1 - \alpha - \beta)\overline{Q_t} + \alpha\left(u_{t-1}u'_{t-1}\right) + \beta Q_{t-1} \qquad (3\text{-}21)$$

其中，D_t 为条件波动率的对角矩阵；u_t 为标准化残差；$\overline{Q_t}$ 为 u_t 的无条件协方差矩阵；R_t 为动态系数且为正定矩阵；Q_t 为 H_t 的标准化收益；α 为冲击程度；β 为冲击持续性。通常采用极大似然函数对参数进行估计。已有大量学者采用该模型研究不同市场之间的动态关系。李博阳等（2023）将股票、外汇、货币、债券、商品、黄金和房地产市场等七大金融市场纳入统一的 DCC-GARCH 模型和溢出指数模型框架，对其风险溢出效应展开全面分析，证明了金融市场间存在非对称效应。王佳等（2020）将马尔可夫时变概率与 DCC-GARCH 模型相结合，比较了不同模型中沪深 300 指数期货和现货的最优套期保值比率。

2. BEKK-GARCH 模型

目前另一种得到广泛研究的多变量 GARCH 模型是 BEKK-GARCH 模型，其由 Engle 和 Kroner（1995）提出，常被用来解释股票收益率和其他市场的动态关系。其表达式为

$$H_t = C'C + A'\varepsilon_{t-1}\varepsilon'_{t-1}A + B'H_{t-1}B \qquad (3\text{-}22)$$

其中，$H_t = \begin{pmatrix} \sigma_{11,t}^2, & \sigma_{12,t} \\ \sigma_{21,t}, & \sigma_{22,t}^2 \end{pmatrix}$ 为 t 时刻的条件协方差矩阵；ε_{t-1} 为残差滞后矩阵，代表新信息冲击。矩阵 A 的副对角代表 ARCH 项系数，B 代表 GARCH 项系数。该模型也在金融市场得到了广泛应用。侯懿洳等（2021）应用 BEKK-GARCH 模型研究了中国原油期货市场、WTI 原油期货市场和 Brent 原油期货市场之间的价格联动性，结果发现 WTI 和 Brent 是影响中国原油期货价格的重要因素。张跃军和李书慧（2020）基于 BEKK-GARCH 模型探究了投资者关注度对国际原油价格波动的影响，发现投资者关注度在 5% 显著性水平上对国际原油价格波动有单向溢出效应。

3.3 案例分析——GARCH 族模型

3.3.1 样本选择

采用 WTI 原油现货 1986 年 1 月至 2023 年 12 月月度对数收益率数据，共计

456 个观测值［数据来源于 EIA（Energy Information Administration，美国能源信息署），美国能源信息署网站 https://www.eia.gov］。

1. 正态性检验

正态性检验是统计学中用于检验一个数据集是否符合正态分布的方法。其中，Shapiro-Wilk 检验是一种常用的正态性检验方法，通过计算统计量 W 来评估数据是否服从正态分布。Shapiro-Wilk 检验的原假设是数据集符合正态分布。该检验的核心思想是基于样本数据的排序值和回归系数的计算，以获得 W 统计量。W 的取值范围在 0 和 1 之间，W 值越接近于 1，表明样本数据和正态分布拟合得越好。

在进行 Shapiro-Wilk 检验时，通常会计算出 W 统计量的值，并与事先设定的显著性水平进行比较。如果 p 值大于显著性水平（通常是 0.05），则不能拒绝原假设，即数据在统计上表现出与正态分布一致的特征。相反，如果 p 值小于显著性水平，则拒绝原假设，说明样本数据不服从正态分布。

本章通过 W 检验来评估数据是否服从正态分布，由正态性检验的结果得知 W 统计量为 0.65，而 p 值远小于通常的显著性水平（小于 2.2×10^{-16}）。这表明我们可以拒绝原假设，即拒绝数据符合正态分布的假设。显著的 p 值揭示了数据在正态性方面存在显著差异。在金融市场的情境下，这种非正态性并不罕见，通常是因为数据中存在重尾分布、波动性聚集等特点。

2. 平稳性检验

时间序列分析的前提是序列平稳，平稳包括严平稳和弱平稳，实际应用中的平稳一般指序列具备弱平稳性，即序列的均值为常数，且序列中任意两个值的协方差只依赖于两个值之间的时间间隔。时间平稳是序列预测的基础，只有序列满足平稳要求，才有可能根据历史数据预测后续数据。

DF（Dickey-Fuller）检验和 ADF（augmented Dickey-Fuller，增广迪基–富勒）检验是常用于检验序列平稳性的两种方法（Yung and Bentler，1994）。接下来将介绍这两种检验方法的基本原理。首先，考虑以下三种回归模型，它们的区别在于第一个模型没有截距项，第二个模型包含截距项但不包含趋势项，第三个模型包含截距项和趋势项，具体的形式如下：

$$y_t = \rho y_{t-1} + \varepsilon_t \qquad (3-23)$$

$$y_t = a + \rho y_{t-1} + \varepsilon_t \qquad (3-24)$$

$$y_t = a + \delta_t + \rho y_{t-1} + \varepsilon_t \qquad (3-25)$$

其中，y_t 为时间序列；ρ 为系数；ε_t 为误差项，独立同分布于均值为零、方差为

2σ 的正态分布；a 为截距项，δ_t 为时间趋势。判断时间序列的平稳性基于 ρ 的取值。若该值小于 1，则时间序列 y_t 是平稳的；若该值等于 1，则时间序列为随机游走模型，是非平稳的序列，但其一阶差分是平稳的；若该值大于 1，则 y_t 是发散的。

DF 检验考虑了上述形式的一阶差分，因此上述三种模型可以改写为

$$\Delta y_t = \gamma y_{t-1} + \varepsilon_t \tag{3-26}$$

$$\Delta y_t = a + \gamma y_{t-1} + \varepsilon_t \tag{3-27}$$

$$\Delta y_t = a + \delta_t + \gamma y_{t-1} + \varepsilon_t \tag{3-28}$$

其中，$\gamma = \rho - 1$，则判断序列是否平稳的标准从检验 ρ 是否为 1 转变为检验 γ 是否为 0。然而，上述模型仅在假设序列为 AR(1) 的情况下成立，没有考虑高阶滞后项。因此，接下来引入 ADF 检验，对应的三种模型如下：

$$\Delta y_t = \gamma y_{t-1} + \sum_{i=1}^{l} \beta_i \Delta y_{t-i} + \varepsilon_t \tag{3-29}$$

$$\Delta y_t = a + \gamma y_{t-1} + \sum_{i=1}^{l} \beta_i \Delta y_{t-i} + \varepsilon_t \tag{3-30}$$

$$\Delta y_t = a + \delta_t + \gamma y_{t-1} + \sum_{i=1}^{l} \beta_i \Delta y_{t-i} + \varepsilon_t \tag{3-31}$$

其中，l 为滞后阶数，ADF 检验使用 t 统计量进行检验，若 t 统计量的值小于相应的临界值，则表明时间序列是平稳的。

在本章中使用 ADF 检验来验证序列的平稳性，如果序列不满足平稳性检验，就对序列进行差分处理，直到序列通过平稳性检验为止。通过 ADF 单位根检验，对 WTI 原油现货月度对数收益率的时间序列进行分析。表 3-1 为 ADF 单位根检验结果，其表明时间序列的一阶差分在统计上是显著平稳的。ADF 统计量为 -9.19，低于 1% 显著性水平下值，拒绝存在单位根的假设。残差的统计信息显示接近正态分布，平均值接近零，标准差为 0.17。回归方程的 R^2 值为 0.5852，表明约 58.52% 的方差得到了解释。WTI 原油现货月度对数收益率的时间序列在水平上是平稳的。

表 3-1　ADF 单位根检验结果

t 值	p 值	1%置信区间	5%置信区间	10%置信区间
-9.19	0.0001[***]	-3.98	-3.42	-3.13

***表示在 1% 水平下显著

3. 自相关检验

在时间序列分析中，进行自相关检验是一项关键的步骤，其主要目的是验证序列中是否存在自相关性。自相关性指的是序列中相邻观测值之间的相关关系，它可能是由序列内部未被捕捉到的模式或趋势导致的。在建立时间序列模型时，假设通常是基于残差项之间的独立性，因此通过自相关检验，可以验证这一假设是否成立。

本章对序列进行自相关检验，默认阶数为 20 阶。使用 Ljung-Box 自相关检验结果，发现 p 值均为 0，所以可以认为序列都存在高度自相关。数据符合建立 GARCH 模型的要求。

在本章中，采用对数收益率序列作为待分析序列，由收益率计算公式可知，收益率序列本身就是对价格序列的差分，因此大部分收益率序列可能自身就具备平稳性，这也符合 ADF 检验运算的结果。检验结果表明，WTI 原油现货收益率的月度对数收益率序列平稳，满足建模条件，无须再进行差分处理。

3.3.2　GARCH 模型

完成了平稳性检验和自相关检验，还需要对序列进行异方差检验，即 ARCH 效应。只有序列存在显著的 ARCH 效应时，才能使用 GARCH 模型进行建模。若检验不存在显著的 ARCH 效应，则不能使用 GARCH 模型进行建模。假设 LM 的统计量服从卡方分布，对残差的一到五阶进行检验，检验结果如表 3-2 所示：对 WTI 原油现货月度对数收益率序列检验 ARCH 效应，结果高度显著，说明存在 ARCH 效应。

表 3-2　ARCH 效应检验结果

滞后阶数	LM 统计量	p 值
1	12.46	0.0001***
2	14.51	0.0001***
3	16.58	0.0003***
4	19.65	0.0001***
5	14.92	0.0004***

***表示在 1%水平下显著

一到五阶的残差所对应的 p 值均接近于零，拒绝原假设，说明滞后回归方程的所有系数等于零的概率是非常小的，即存在 ARCH 效应，因此可以使用 GARCH 模型进行建模。

　　本章应用 GARCH 族模型进行数据拟合，正常情况下，GARCH 模型需要进行多次拟合，并根据赤池信息量准则（Akaike information criterion，AIC）、贝叶斯信息量准则（Bayesian information criterion，BIC）等信息值进行定阶。Hansen 和 Lunde（2003）基于 IBM 股票数据对比了 300 多种 GARCH 模型的样本外预测能力后，认为高阶 GARCH 模型并不能表现出比 GARCH(1,1)更好的样本外预测能力。因此本节使用 GARCH(1,1)进行拟合并估计参数。拟合时选用 456 个样本，从 1986 年 1 月到 2023 年 12 月收益率序列。

　　WTI 原油现货月度对数收益率序列的 GARCH(1,1)模拟结果如表 3-3 所示。

表 3-3　GARCH(1,1)模型参数估计

参数	估计	标准误	t 值	p 值
mu（均值方程截距项）	0.0124	0.0041	3.031	0.0024[***]
omega（条件异方差常数项）	0.0038	0.0008	4.832	0.0001[***]
alpha1（一阶自回归系数）	0.9052	0.1250	7.239	0.0001[***]
beta1（一阶移动平均系数）	0.2779	0.0486	5.715	0.0001[***]

***表示在 1%水平下显著

　　拟合结果表明，GARCH(1,1)模型对时间序列数据的拟合效果较好。各参数的标准差较小，表明参数估计相对稳定，尤其是均值方程和 GARCH 模型的截距项和常数项。方差方程中的参数和小于 1，符合 GARCH 模型的要求。AIC 和 BIC 值为负，且较大，说明该模型相对于其他模型在解释数据方差方面更为优越。因此，该 GARCH(1,1)模型是一个有效的时间序列模型，适用于数据的建模和预测。

　　图 3-1 为 GARCH 模型波动率时间序列，其中 x 轴表示年份，y 轴表示波动率。

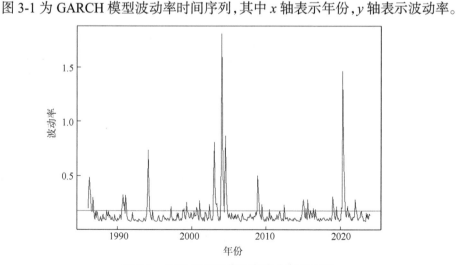

图 3-1　WTI 原油现货月度波动率走势图

图中可以观察到波动率的变化趋势,并且添加了一条水平线,其高度等于时间序列的标准差,即 0.1720。这条水平线有助于直观地比较模型拟合的波动率与数据实际的标准差,从而评估模型对市场波动性的拟合效果。在实际应用中,波动率的准确预测对于风险管理和投资决策至关重要。

GARCH 模型拟合的波动率序列呈现出一定的变化趋势,初期的波动率相对较低,后期呈现出一些高峰,显示出异方差的动态性。在某些时间点,波动率显著增加,可能反映了特殊事件或市场冲击。此外,波动率序列可能显示出一些周期性的波动,与市场季节性或其他周期性因素可能有关。此外,波动率在不同的时间段内表现出不同的阶段性,可能与市场周期或金融产品特定的行为有关。需要注意的是,波动率的动态性对于风险管理和投资决策至关重要。深入研究波动率序列有助于更全面地理解市场的波动性,为投资者提供更准确的风险评估,对于学术研究和实际投资具有重要意义。

样本标准差值为 0.1720,GARCH 模型计算的对数收益率无条件标准差为 0.1768,无条件标准差表示在不考虑过去观测值的情况下,模型估计的未来波动性水平。模型计算的无条件标准差与样本标准差很接近,说明 GARCH(1,1)模型在对数据的波动性进行建模时具有良好的拟合效果。

预测区间通常用来评估模型对未来观测值的不确定性。如图 3-2 所示,对数收益率的取值基本都在预测区间之内,表明模型在对波动性的估计上是比较准确的。

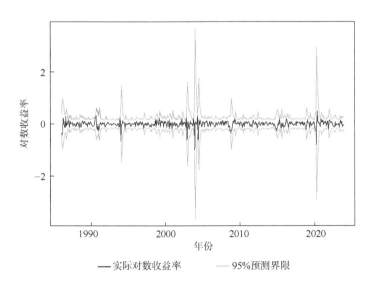

图 3-2　WTI 原油现货月度波动率的逐点 95%预测界限

3.3.3　IGARCH 模型

表 3-4 显示了 WTI 原油现货月度对数收益率的 IGARCH(1,1)模型参数估计结果。具体如表 3-4 所示。

表 3-4　IGARCH(1,1)模型参数估计

参数	估计	标准误	t 值	p 值
mu	0.0132	0.0042	3.1180	0.0018***
omega	0.0045	0.0017	2.5055	0.0122**

***、**分别表示在 1%、5%水平下显著

IGARCH(1,1)模型的拟合结果显示出对金融时间序列的有效捕捉。均值方程的截距项（mu）的估计值为 0.0132，标准误为 0.0042，t 统计量为 3.1180，p 值为 0.0018，表明均值方程的截距项在统计上显著。条件异方差常数项 omega 估计为 0.0045，标准误差为 0.0017，模型拟合表现得相当出色。

对于模型的稳健性检验，采用了多种统计检验，包括加权 Ljung-Box 检验（weighted Ljung-Box test）、加权 ARCH LM 检验（weighted ARCH LM test）、Nyblom 稳定性检验（Nyblom stability test）以及 Sign Bias 检验（Sign Bias test）。加权 Ljung-Box 检验用于检测时间序列中自相关性是否显著，加权 ARCH LM 检验用于检测时间序列中是否存在条件异方差（ARCH 效应），Nyblom 稳定性检验用于评估时间序列模型参数的稳定性，Sign Bias 检验用于检测 GARCH 模型中的杠杆效应。这些检验结果表明，模型的残差序列在统计上不存在显著的自相关性和异方差性，同时通过 Sign Bias 检验的多个方面也验证了模型的拟合性能。此外，模型的拟合效果也得到了信息准则的支持。

总体而言，IGARCH(1,1)模型在描述金融时间序列的波动性方面表现出良好的拟合效果和稳健性，为进一步的风险管理和预测提供了可靠的基础。

3.3.4　EGARCH 模型

表 3-5 显示了 WTI 原油现货月度对数收益率的 EGARCH(1,1)模型参数估计。具体如下。

表 3-5　EGARCH(1,1)模型参数估计

参数	估计	标准误	t 值	p 值
mu	0.0076	0.0041	1.8578	0.0632*
omega	−1.0963	0.2395	−4.5785	0.0001***

续表

参数	估计	标准误	t 值	p 值
alpha1	−0.1644	0.0615	−2.6700	0.0076***
beta1	0.7159	0.0567	12.6330	0.0001***
gamma1	0.9661	0.0859	11.2475	0.0001***

***和*分别表示在 1%和 10%水平下显著

　　EGARCH(1,1)模型的估计结果如表 3-5 所示，模型对金融时间序列的拟合效果较为出色。其中，均值方程的截距项（mu）估计值为 0.0076，其标准误为 0.0041，t 统计量为 1.8578，p 值为 0.0632，这表明均值方程的截距项在 10%水平上显著。

　　条件方差方程的估计结果显示，模型捕捉到了时间序列的异方差性质。参数 omega 的估计值为−1.0963，标准误为 0.2395，t 统计量为−4.5785，p 值远小于 0.01，表明该项在统计上显著。模型对波动率的敏感性由参数 alpha1 和 beta1 表示，估计值分别为−0.1644 和 0.7159，表明波动率的调整较为灵敏，对过去的波动率和残差的影响较为显著。此外，参数 gamma1（杠杆效应系数）的估计值为 0.9661，表示波动率的杠杆效应在模型中也得到了很好的捕捉。

　　在模型的稳健性检验方面，通过加权 Ljung-Box 检验、加权 ARCH LM 检验等统计量的显著性检验，模型的残差序列表现出较好的拟合性能。模型的拟合效果也得到了信息准则的支持，显示该 EGARCH(1,1)模型相对于数据具有较好的解释力和预测性能。因此，该模型在捕捉金融时间序列的波动性方面展现出了良好的优势。

　　如图 3-3 所示，WTI 原油现货月度对数收益率在整个观察期内表现出变化趋势，初期的几个月呈现相对较高的波动，之后趋于平稳。在观察期内，尤其是在 2008 年（金融危机）和 2020 年初（新冠疫情）出现了显著的异常值，表明这些时期市场波动显著增加。此外，整体趋势显示，波动率自 2005 年以来略有上升，这一时期也存在一些短期波动。然而，需要注意的是，波动率的变化可能受到宏观经济事件或市场冲击的影响。这个初步的分析提供了对金融市场波动特征的整体认识，为进一步分析提供了基础。

3.3.5　GJR-GARCH 模型

　　表 3-6 显示了 WTI 原油现货月度对数收益率的 GJR-GARCH(1,1)模型参数估计结果。

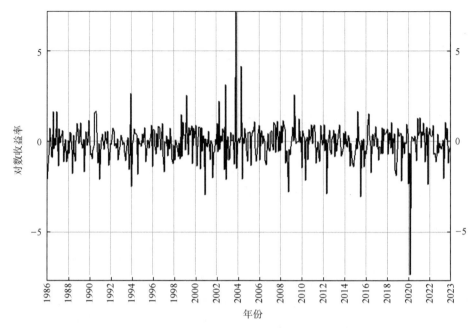

图 3-3　WTI 原油现货标准化残差时间序列图

表 3-6　GJR-GARCH(1,1)模型参数估计

参数	估计	标准误	t 值	p 值
mu	0.0073	0.0047	1.9962	0.0459**
omega	0.0045	0.0008	5.6655	0.0001***
alpha1	0.4891	0.0934	5.2360	0.0001***
beta1	0.2427	0.0462	5.2568	0.0001***
gamma1	0.5345	0.1955	2.7344	0.0062***

***、**分别表示在 1%、5%水平下显著

对于 GJR-GARCH(1,1)模型的拟合结果（表 3-6），我们可以进一步深入分析。首先，在均值方程中，截距项（mu）的估计值为 0.0073，在 5%水平下显著。波动率方程中，omega 项的估计值为 0.0045，代表模型的长期波动率水平，在 1%水平下显著，说明序列存在显著的异方差效应。alpha1 和 beta1 分别为 0.4891 和 0.2427，它们分别对应了对正收益和负收益的波动率反应，均在 1%水平下显著。

在模型诊断方面，通过加权 Ljung-Box 检验未能拒绝序列的自相关性，说明模型在捕捉序列的自相关性方面表现较好。然而，加权 Ljung-Box 检验和加权 ARCH LM 检验在一些滞后阶数上未能拒绝原假设，这可能表明模型在描述序列波动率的动态特征上存在一定的不足。需要关注模型是否适应序列的长期记忆效应以及是否存在遗漏的信息。检验发现统计显著的正向偏差，可能表明模型在对市场冲击做出反应时存在一定的偏差。这提示我们需要对模型进行进一步优化，可能考虑引入更多的信息或使用更复杂的模型结构。

其次，模型的拟合效果通过信息准则得到验证，这些准则都支持该模型在一定程度上对数据的拟合。综上所述，对 GJR-GARCH(1,1)模型的分析有助于理解金融时间序列的波动率动态特征，但在实际应用中，仍需要进一步优化和验证模型的有效性。

3.4　GARCH 模型扩展：GARCH-MIDAS 模型

在用于研究原油波动率预测的各种模型中，由 Bollerslev（1986）提出的 GARCH 模型因其具有简洁和直观的波动性聚类优势在现有文献中尤为流行。因此，在评估原油波动性预测时，GARCH 模型及其扩展已被用作基准模型（Wei et al.，2010；Beckers et al.，2017）。

然而，在不同频率下使用 GARCH 族模型时存在显著的预测精度差异（Ghysels et al.，2006），传统的 GARCH 族模型严格地限于使用相同频率的数据，因此不适合研究长期金融市场波动性的主要驱动因素。相比之下，与传统预测模型相比，GARCH-MIDAS 模型具有更卓越的预测性能（Engle et al.，2013），GARCH-MIDAS 模型的显著优点在于，它可以将传统 GARCH 模型的总条件方差分解为两部分：由标准 GARCH 过程捕获的高频短期波动率和 MIDAS 回归过程捕获的低频长期波动率。因此，该模型可以克服随着时间推移而发生的由金融变量采样频率不同引起的复杂性。凭借这种优势，GARCH-MIDAS 模型在金融预测研究中被广泛使用（Asgharian et al.，2013；Conrad et al.，2018；Borup and Jakobsen，2019）。

由 Black（1976）首次提出的非对称效应表明资产收益率和波动率对好消息和坏消息的反应不同。不对称波动率意味着负偏的回报分布，即它可以帮助解释一些大损失的概率。原油收益率往往呈尖峰厚尾的特性，收益率残差对收益率存在非对称影响，具体来说，原油市场在受到负向冲击时比受到正向冲击会有更剧烈的波动。因此在预测原油波动性时，一些研究考虑了 GARCH 族模型中的非对称效应。相关结果表明，非对称 GARCH 族模型似乎比对称 GARCH 族模型表现更好（Alberg et al.，2008；Miron and Tudor，2010）。然而，关于 GARCH-MIDAS 模型的非对称效应对原油市场的影响，文献研究并不充分。因此，本章将扩展标准的 GARCH-MIDAS 模型，同时考虑短期和长期波动成分的非对称效应。

基于上述分析可以看到，尽管 GARCH-MIDAS 模型能弥补 GARCH 族模型只能使用同频数据的缺点，但标准的 GARCH-MIDAS 模型仍然缺乏捕获非对称效应的能力，因此本章将针对 GARCH-MIDAS 模型进行研究并扩展。

3.4.1 GARCH-MIDAS 模型

原油市场的波动不仅受到其自身的影响，还与 GDP、通货膨胀率和失业率等宏观经济指标密切相关，然而这些宏观经济变量往往是与原油波动频率不同的月度和季度数据。传统的 ARCH 和 GARCH 族模型仅能使用相同频率的数据，无法灵活处理不同频率的经济变量。因此，Engle 等（2013）把标准 GARCH 模型与 Ghysels 等（2007）提出的 MIDAS 模型相结合，提出了 GARCH-MIDAS 模型，该模型具有一个长期随机成分。其中，收益序列被建模为高频变量，而外生变量被建模为低频变量。在长期成分中与外生变量的联系是通过所谓的 beta 加权方法得到。如果外生变量是平稳的，那么长期波动性也是平稳的。Engle 等（2013）提出的 GARCH-MIDAS 模型可以描述为以下过程。

假设第 t 月第 i 天的收益为

$$r_{i,t} = \mu + \sqrt{\tau_t g_{i,t}} \varepsilon_{i,t}, \quad \forall i = i, \cdots, N_t \qquad (3\text{-}32)$$

其中，μ 为常数项，往往假设 $E_{i-1,t}(r_i, t)$ 等于常数 μ，$E_{i-1,t}(\ )$ 为条件期望；N_t 为第 t 月交易日的总数；$\varepsilon_{i,t} | \Phi_{i-1,t} \sim N(0,1)$，$\Phi_{i-1,t}$ 为（$t-1$）天的信息集合。该模型在 GARCH 模型的基础上将条件方差分为短期波动与长期波动两个部分。$g_{i,t}$ 为短期波动；τ_t 为长期波动。$g_{i,t}$ 假定为服从 GARCH（1,1）过程

$$g_{i,t} = (1 - \alpha - \beta) + \alpha \frac{(r_{i-1,t} - \mu)^2}{\tau_\varepsilon} + \beta g_{i-1,t} \qquad (3\text{-}33)$$

其中，$\alpha > 0, \beta > 0, \alpha + \beta < 1$，同时 Engle 等（2013）指出 $E(g_{i,t}) = 1$。

长期波动 τ_t 常通过 MIDAS 模型中的加权函数平滑 RV 来表示：

$$\log(\tau_t) = m + \theta \sum_{k=1}^{K} \varphi_k(\omega_1, \omega_2) \text{RV}_{t-k} \qquad (3\text{-}34)$$

$$\text{RV}_t = \sum_{i=1}^{N_t} r_{i,t}^2 \qquad (3\text{-}35)$$

其中，K 为低频变量的最大滞后阶数；RV 为月度的已实现波动率；k 为滞后阶数，用一个月里的日收益率平方和表示。$\varphi_k(\omega_1, \omega_2)$ 是基于 beta 函数的权重方程，由

下式表达：

$$\varphi_k\left(\omega_1,\omega_2\right)=\frac{(k/K)^{\omega_1-1}(1-k/K)^{\omega_2-1}}{\displaystyle\sum_{j=1}^{K}(j/K)^{\omega_1-1}(1-j/K)^{\omega_2-1}}\qquad(3\text{-}36)$$

其中，设 ω_2 等于 1，使得 φ 是 ω_1 的单调函数。

3.4.2　非对称 GARCH-MIDAS 模型

尽管 GARCH-MIDAS 模型能弥补 GARCH 族模型只能使用同频数据的缺点，但由于标准的 GARCH-MIDAS 模型缺乏对非对称效应捕获的能力，因此本节将会对 GARCH-MIDAS 模型的长期项和短期项进行改进，使得它们能够捕获股市波动的非对称效应，其中短期项通过改变 GARCH 过程来实现，而长期项则对 RV 进行分解。

1. 考虑非对称的短期项

由于 GARCH-MIDAS 模型的短期项是一个标准的 GARCH 过程，而在 GARCH 族模型中如 EGARCH、GJR-GARCH 等均能捕获非对称效应，因此只需要将短期项中的标准 GARCH 过程换成 EGARCH 或 GJR-GARCH 等即可。又由于 GJR-GARCH 对于描述收益率的非对称效应有更好的效果，因此本节选用 GJR-GARCH 过程对 GARCH-MIDAS 模型的短期项进行改进。使用 GJR-GARCH(1,1) 对短期分量的过程进行建模，如下所示：

$$g_{i,t}=\left(1-\alpha-\beta-0.5\gamma\right)+(\alpha+1_{\left\{r_{i-1,t}<0\right\}})\gamma\frac{\left(r_{i,t}-u\right)^2}{\tau_t}+\beta g_{i-1,t}\qquad(3\text{-}37)$$

其中，u 为收益率 $r_{i,t}$ 的均值；$1_{\left\{r_{i-1,t}<0\right\}}$ 是一个指标函数，如果 $r_{i-1,t}<0$，该函数的值为 1，否则为 0。显然，该式通过设置不对称项 $1_{\left\{r_{i-1,t}<0\right\}}$ 来区分正回报和负回报。改进后的短期项具有 GJR-GARCH 的优点，对正向冲击和负向冲击有着不同的响应。

2. 考虑非对称的长期项

对于长期不对称效应，受 Patton 和 Sheppard（2015）研究的启发，本节通过在长期项的 MIDAS 回归中加入非对称变量来改进标准的 GARCH-MIDAS 模型，从而使其能够捕获非对称效应。具体来说，本节将 RV 分解成已实现半方差，并将其作为解释加入 MIDAS 回归项中，改进后的长期项如下：

$$\tau_i = m + \theta^- \sum_{k=1}^{K} \varphi_k(w) \mathrm{RS}_{i-k}^- + \theta^+ \sum_{k=1}^{K} \varphi_k(w) \mathrm{RS}_{i-k}^+ \quad\quad (3\text{-}38)$$

其中，$\mathrm{RS}_{i-k}^- = \sum_{j=1}^{N'} r_{i-j}^2 1_{\{r_{i-j}<0\}}$ 为负已实现半方差，$\mathrm{RS}_{i-k}^+ = \sum_{j=1}^{N'} r_{i-j}^2 1_{\{r_{i-j}>0\}}$ 为正已实现半方差。如果 θ^- 比 θ^+ 大，表明负的半方差对原油市场的长期波动产生的影响大于正的半方差；相反，如果 θ^+ 较大，说明正的半方差对原油市场的长期波动的影响大于负的半方差。

3.5　GARCH-MIDAS 模型在国际原油市场中的应用

3.5.1　变量选取

在本节中，我们选取了 Brent 原油和 WTI 原油价格作为被解释变量，以美元/桶为单位，代表国际油价水平。为了全面衡量原油市场的各个方面，我们引入了多个关键指标。首先，我们选择了美国芝加哥期权交易所原油波动率指数，该指数由美国芝加哥期权交易所推出，用以度量原油市场的恐慌情绪和波动情况。为进一步衡量市场的地缘政治风险，我们采用了地缘政治风险指数（geopolitical risk index，GPR），该指数由 Caldara 和 Iacoviello（2022）提出。这一指标通过统计每月报刊中关于地缘政治相关报道的篇数，为我们提供了对地缘政治风险的客观度量。其次，我们引入了全球经济政策不确定性指数（global economic policy uncertainty index，GEPU），由 Baker 等（2016）提出的该指数通过统计每月报刊中关于经济不确定性报道的篇数，以量化全球经济的经济政策不确定性。为了更全面地理解原油市场的供需情况，我们选择了美国原油产量（crude oil production，Pro）和美国原油消费量（U.S. product supplied for crude oil and petroleum products，Con）这两个关键指标，单位为千桶/日。此外，我们选取了美国原油库存（U.S. stocks of crude oil and petroleum products，Inv）代表原油库存水平，同样以千桶/日为单位。

为了获取这些数据，我们从雅虎财经下载了美国原油波动率指数的日度数据，而地缘政治风险指数和全球经济政策不确定性指数则从经济政策不确定性网站获取。至于 Brent 原油价格、WTI 原油价格、美国原油产量、美国原油消费量和美国原油库存，这些数据均来自美国能源信息署。其数据覆盖了从 2007 年 6 月 1 日至 2023 年 9 月 23 日的日度数据，月度数据区间为 2007 年 6 月至

2023 年 9 月。

3.5.2　描述性统计

本节对两种原油价格（WTI 原油价格和 Brent 原油价格）和影响原油价格波动的因素进行描述性统计分析，结果如表 3-7 所示。其中原油价格为日度数据，样本区间为 2007 年 6 月 1 日至 2023 年 9 月 23 日，其他月度数据的样本区间为 2007 年 6 月至 2023 年 9 月。数据均为原始数据。

表 3-7　原油价格和不同外生变量的描述性统计结果

变量	均值	标准差	偏度	峰度	Jarque-Bera 统计量	$Q(5)$	$Q(20)$
WTI	0.00	0.03	−2.32	92.79	1 461 331.34***	100.04***	262.35***
Brent	0.00	0.03	−4.20	148.93	3 766 600.32***	30.60***	156.60***
OVX	38.87	16.81	3.25	19.86	3 390.62***	210.79***	253.94***
GPR	95.79	27.64	3.81	25.29	5 417.40***	177.03***	213.54***
GEPU	174.33	73.06	0.84	0.08	22.66***	623.08***	1 539.81***
Pro	265 072.36	81 901.57	0.01	1.64	15.05***	2 852.19***	2 852.19***
Inv	15.88	0.13	0.41	−0.86	11.63***	79.68***	298.95***
Con	593 301.22	32 342.37	−0.87	5.33	69.14***	208.814***	258.43***

注：本表展示了两种原油价格序列和六个解释变量的描述性统计结果。Jarque-Bera 统计量检验时间序列是否服从正态分布。$Q(5)$ 和 $Q(20)$ 表示 Ljung-Box 检验结果，检验时间序列的自相关性

***表示在 1%水平下显著

根据表中报告的偏度和峰度，可以发现所有时间序列的分布都具有显著的尖峰和有偏特点。Jarque-Bera 统计量拒绝了正态性分布的原假设。$Q(5)$ 和 $Q(20)$ 则表明所有时间序列都具有显著的自相关特征。由于原油产量和消费量的数量级过大，直接进行模型估计容易造成偏误，因此本书在实证分析中对原油产量和消费量取对数。

3.5.3　单因素 GARCH-MIDAS 模型

原油价格波动与原油供需变化和地缘政治等因素密切相关，本节基于式（3-37），构建基于外生变量波动率的 GARCH-MIDAS 模型。对影响因素的波动率进行简单计算，本节使用自回归模型来模拟各影响因素的波动趋势，根据 AIC 选择最优滞后阶数，并根据自回归模型的残差平方得到波动率的代理变量，改进后的长期项由 RV 和外生变量共同组成，具体表达式为

$$\tau_i^{(rw)} = m_i^{(rw)} + \theta_1 \sum_{k=1}^{K} \varphi_{1k}\left(w_{11}, w_{12}\right) \mathrm{RV}_{i-k}^{(rw)} + \theta_2 \sum_{k=1}^{K} \varphi_{2k}\left(w_{21}, w_{22}\right) X_{i-k}^{(rw)} \qquad (3\text{-}39)$$

其中，$\varphi_{1k}\left(w_{11}, w_{12}\right)$ 和 $\varphi_{2k}\left(w_{21}, w_{22}\right)$ 为 MIDAS 权重函数；$X_{i-k}^{(rw)}$ 为滞后 k 期的外生变量波动率，本书采用原油产量、原油库存、原油消费量、地缘政治风险指数、全球经济政策不确定性指数和原油波动率指数作为外生变量。K 表示外生变量波动率的最大滞后阶数，本书设定 $K=3$。θ_1 和 θ_2 分别反映了月度原油 RV 和外生变量对波动率长期成分的影响。

表 3-8 报告了基于 GARCH-MIDAS 混频模型的 WTI 原油价格波动率估计结果，其中 α 和 β 均显著，且 $\alpha + \beta < 1$，满足模型约束条件，这说明 WTI 原油的短期波动存在集聚效应。θ_2 的值反映了外生变量的波动对原油市场波动率的影响。当 θ_2 显著为正，说明该变量的波动会增加原油市场的波动，反之，当 θ_2 显著为负，说明该因素的波动会降低原油市场的波动。ω_2 则表示混频波动率模型的最优估计权重。

表 3-8　基于 GARCH-MIDAS 混频模型的 WTI 原油价格波动率估计结果

变量	OVX	GPR	GEPU	Pro	Inv	Con
μ	0.000 4[*]	−0.000 2	0.000 6[**]	0.0005[**]	−0.000 6[**]	0.000 6[**]
	(0.099 5)	(0.403 7)	(0.021 0)	(0.013 0)	(0.010 3)	(0.020 6)
α	0.060 4[***]	0.102 4[***]	0.103 5[***]	0.064 7[***]	0.070 3[***]	0.065 3[***]
	(0.000 0)	(0.000 0)	(0.000 0)	(0.000 0)	(0.000 0)	(0.000 0)
β	0.840 1[***]	0.897 6[***]	0.879 0[***]	0.935 3[***]	0.9297[***]	0.934 7[***]
	(0.000 0)	(0.000 0)	(0.000 0)	(0.000 0)	(0.000 0)	(0.000 0)
θ_1	−4.635 3[***]	2.952 1[**]	2.724 5[***]	3.623 3[***]	2.224 8[*]	2.528 6[***]
	(0.000 0)	(0.014 7)	(0.002 8)	(0.000 0)	(0.053 5)	(0.011 7)
θ_2	0.059 0[***]	0.028 2[***]	0.003 8[***]	−2.670 2[***]	−2.225 0[*]	−2.689 5[***]
	(0.000 0)	(0.000 0)	(0.000 0)	(0.000 1)	(0.055 4)	(0.003 0)
ω_1	49.976 0	5.516 9	14.367 0	6.592 3	6.393 5	5.891 1
	(0.402 5)	(0.200 3)	(0.294 6)	(0.129 8)	(0.306 2)	(0.292 6)
ω_2	49.997 0	6.637 0	49.973 0	5.146 7	4.229 7	6.640 3
	(0.035 8)	(0.000 0)	(0.578 0)	(0.009 6)	(0.064 3)	(0.092 3)
m	−9.875 9	−18.005 0	−7.950 2	−0.567 5	−0.270 9	−0.292 9
AIC	−19 277.8	−18 771.3	−19 089.0	−28 030.0	−18 789.2	−19 268.9
BIC	−19 227.2	−18 720.7	−19 038.5	−27 976.4	−18 738.7	−19 218.4

***、**、*分别表示在 1%、5% 和 10% 水平上显著

美国原油波动率指数使用 ETF（exchange traded fund，交易所交易基金）期权进行计算，其不仅反映了历史波动率信息，还反映了未来波动率信息，准确地度量了原油市场的价格不确定性。原油波动率指数的 θ_2 为正且在 1% 水平上显著，这说明原油波动率指数的增加会引起原油市场波动的长期成分增加，引起原油市场价格的大幅上涨或下跌。

地缘政治风险指数反映了处于不同地理位置的国家在政治、经济、文化之间产生冲突从而带来的不确定性因素，其通常与战争、恐怖主义等突发性事件有关。从数值和显著性来看，θ_2 在 1% 水平上显著为正，这说明地缘政治风险的增加会促进原油价格波动的增加。

全球经济政策不确定性指数反映了宏观层面（如产出、需求和收入等）和经济政策（如财政政策、货币政策等）两方面的不确定性。全球经济政策不确定性指数的 θ_2 在 1% 水平上显著为正，这说明经济政策不确定与原油价格波动是正向变化的。从数值来看，美国原油波动率指数的影响大于地缘政治风险指数，大于全球经济政策不确定性指数。

美国原油产量、美国原油消费量和美国原油库存反映了原油的供需关系，从 θ_2 的显著性来看，美国原油产量和原油消费量在 1% 上是显著的，而美国原油库存在 5% 水平上显著。影响程度由大到小依次为：美国原油消费量、美国原油产量和美国原油库存。

表 3-9 报告了不同因素对 Brent 原油价格波动率的估计结果。各变量的参数基本都显著，说明分别加入原油波动率指数、地缘政治风险指数、全球经济政策不确定性指数、美国原油产量、美国原油库存和美国原油消费量都有助于 GARCH-MIDAS 模型预测原油价格波动率。

表 3-9　基于 GARCH-MIDAS 模型的 Brent 原油价格波动率估计结果

变量	OVX	GPR	GEPU	Pro	Inv	Con
μ	0.000 3	0.000 4	$-0.001\,1^{***}$	$0.000\,6^{***}$	$0.000\,7^{***}$	$0.000\,7^{***}$
	(0.336 7)	(0.145 1)	(0.000 0)	(0.003 9)	(0.003 9)	(0.003 4)
α	$0.041\,7^{***}$	$0.081\,9^{***}$	$0.362\,2^{***}$	$0.067\,3^{***}$	$0.065\,1^{***}$	$0.065\,1^{***}$
	(0.000 0)	(0.000 0)	(0.000 0)	(0.000 0)	(0.0000)	(0.000 0)
β	$0.924\,2^{***}$	$0.912\,8^{***}$	$0.637\,8^{***}$	$0.932\,7^{***}$	$0.934\,9^{***}$	$0.934\,8^{***}$
	(0.000 0)	(0.000 0)	(0.000 0)	(0.000 0)	(0.000 0)	(0.000 0)
θ_1	$-1.298\,9^{*}$	$2.678\,2^{***}$	$5.696\,3^{**}$	$3.059\,9^{***}$	$2.119\,5^{***}$	$1.939\,6^{***}$
	(0.011 3)	(0.000 2)	(0.041 6)	(0.000 0)	(0.001 4)	(0.009 7)

变量	OVX	GPR	GEPU	Pro	Inv	Con
θ_2	0.054 0***	−0.000 4	−0.427 2***	−1.926 2**	−2.020 0**	−2.493 7**
	(0.000 0)	(0.808 2)	(0.000 0)	(0.020 6)	(0.052 3)	(0.022 7)
ω_1	45.874 0	49.985 0	5.812 2**	6.976 0*	6.216 9	6.210 5
	(0.702 2)	(0.254 1)	(0.037 0)	(0.077 9)	(0.205 2)	(0.258 1)
ω_2	49.976 0***	24.977 0	1.001 0***	5.289 5	1.008 5***	6.310 0*
	(0.000 0)	(0.950 9)	(0.000 0)	(0.125 6)	(0.000 0)	(0.083 8)
m	−9.873 4	−7.116 3	−21.309 0	−0.564 1	−0.644 7	−0.325 6
AIC	−19 809.5	−18 771.3	−17 427.7	−19 792.4	−19 799.3	−19 794.5
BIC	−19 758.9	−18 720.7	−17 377.1	−19 741.9	−19 748.8	−19 743.9

***、**、*分别表示在 1%、5%和 10%水平上显著

3.6 GARCH 族模型的局限

GARCH 族模型是对方差进行建模的模型。它们可以捕捉时间序列方差的变化，适用于对表现出波动聚集性的序列建模。已有大量学者针对波动率的其他特征进行建模，但 GARCH 族模型仍存在一些局限性。第一，GARCH 族模型在建模过程中需要对误差项的分布进行假设。这一点在实际应用中可能带来挑战，因为很难准确选择一个适当的分布。误差项的实际分布可能因市场状况的变化而异，而 GARCH 族模型对于分布的敏感性可能导致在某些情境下的预测不准确。第二，GARCH 族模型需要估计大量的参数，包括自回归项和条件异方差项。这使得模型的拟合相对复杂，而当样本数据有限时，估计这些参数可能导致模型的过度拟合，从而影响其在未来数据上的泛化能力。过度拟合的模型可能对噪声过于敏感，使得其在未知数据上的表现不佳。第三，GARCH 族模型的种类繁多，对于初学者来说，很难确定哪种模型是最适合的研究对象。每个模型都有其适用的场景和假设，选择一个合适的 GARCH 模型需要深入了解其特点和适用范围。对于没有经验的研究者或初学者而言，可能会在模型选择上感到困扰，导致建模过程出现困难和不确定性。综上所述，尽管 GARCH 族模型在金融领域得到广泛应用，但在使用时需要谨慎考虑其局限性。研究者在应用这些模型时应当充分认识到它们的局限性，并结合具体问题和数据情境，选择合适的建模方法，以确保对波动性的准确建模和预测。

3.7　小　　结

本章开展了 GARCH 族模型在国际原油市场波动研究中的应用分析。我们系统介绍了 GARCH 模型的理论基础,包括 ARCH 模型、GARCH 模型以及相关扩展模型。ARCH 模型从异方差的角度捕捉金融时间序列的波动聚集特征;而 GARCH 模型则在此基础上考虑了波动率的时变性和长期相关性。通过引入非对称性、结构变化和长记忆性等要素,我们扩展了 GARCH 模型以更准确地描述复杂的市场波动。此外,借助 DCC-GARCH 和 BEKK-GARCH 等多变量模型,我们分析了不同市场之间的动态联动关系。GARCH-MIDAS 模型创新性地将 GARCH 模型与 MIDAS 回归相结合,实现了对混频数据的建模。

在理论铺垫的基础上,我们选择了 WTI 原油价格月度对数收益率作为样本,对 GARCH(1,1)、IGARCH(1,1)、EGARCH(1,1)以及 GJR-GARCH(1,1)等模型进行了实证检验。结果表明,这些模型都能有效捕捉样本数据的波动聚集和异方差特征。尤其是非对称模型如 EGARCH 和 GJR-GARCH,更好地反映了市场对消息冲击的不同反应。为了考虑样本外数据,我们构建了 GARCH-MIDAS 模型,选择 WTI 原油和 Brent 原油价格作为被解释变量,并引入了多个相关指数,如地缘政治风险指数、全球经济政策不确定性指数、原油波动率指数等。单因素 GARCH-MIDAS 模型结果表明,这些指数的波动显著影响原油波动率,验证了模型的解释能力。

本章的模型检验为理解和预测原油市场波动提供了有力工具。GARCH 族模型的应用为我们揭示了复杂的市场波动机制,有助于投资者更好地管理风险。同时,我们也注意到了这些模型的局限,如对误差项分布的敏感性,以及参数估计中的困难,以上因素可能影响模型的预测准确性和泛化能力。

总体来说,本章全面阐释了 GARCH 族模型在国际原油市场研究中的广泛应用。通过严谨的理论框架、灵活的模型构建和细致的实证检验,我们加深了对原油价格波动形成机制的理解,为风险管理和政策制定提供了重要参考,为后续研究奠定了坚实的基础。未来可考虑引入机器学习和深度学习方法,探索更优的预测模型。另外,可扩大样本范围,考察新兴市场的影响。从市场微观结构的视角分析交易行为也具有重要意义。我们期待后续研究能在本章的基础上,开展更深入的原油市场动态机制研究。

第4章 HAR-RV 族模型对国际原油市场波动的研究

4.1 概 述

国际原油市场的波动深刻地影响着全球经济的脉搏，其贯穿于世界各国的经济体系和人民的日常生活，有着不可忽视的作用。原油价格的不断波动不仅在宏观层面引发了重大的经济影响，同时也在微观层面对个体和企业的财务状况产生深远的影响。这一市场的动荡不仅仅是价格波动的结果，更是全球经济、能源政策、地缘政治等多重要素的交织反映。原油价格波动的经济影响不仅仅表现为成本上涨或下跌，更深层次地涉及通货膨胀、国际贸易平衡、货币政策等多个方面。原油价格的上涨可能导致生产成本上升，从而引发通货膨胀压力；而价格的下跌则可能降低生产者的收入，对国家贸易收支和货币汇率产生影响。这种经济连锁反应使得投资者不得不对市场走势保持高度敏感，以便调整其投资组合，降低风险。全球金融市场同样深受原油市场波动的影响，原油市场的不确定性常常引发投资者的情绪波动和金融市场波动。原油价格波动可能直接决定着能源公司的盈亏，从而对股票市场和能源行业产生重大影响。金融市场的震荡也会牵动其他行业，进而影响到整个经济体系的稳定性。

投资者、学者和政策制定者对原油市场波动的关注不仅仅源于其对经济和金融的直接影响，更涉及国家安全、可持续发展和环境保护等多方面的综合考量。对原油市场波动率的研究成为金融学领域的重要议题，旨在深入了解市场行为、制定科学的政策措施，以维护全球经济的稳定和可持续发展。这一关键市场的波动率研究将为未来的金融决策提供更为精准和可靠的依据，有助于建立更具弹性和韧性的国际经济体系。

在波动率研究初期，主要采用 GARCH 模型和 SV 模型对低频的波动率进行预测。随着计算机技术的高速发展，高频和超高频数据逐渐涌现，其蕴含更为丰富的市场信息，学术界开始积极开展基于高频数据的市场波动性研究。特别是 1998

年，Andersen 和 Bollerslev（1998）提出了 RV，为在高频数据条件下构建非参数波动率预测模型提供了理想的工具。大量研究表明，RV 是对真实市场波动率的无偏估计，因此对 RV 的预测研究成为近年来波动率相关研究的热点。对 RV 建模和预测的研究主要可以归纳为两类。一类是在传统 GARCH 模型的框架下，将 RV 作为解释变量纳入 GARCH 族模型，旨在改善原有模型的预测精度。另一类是利用 RV 的对数形式，构建了 ARFIMA 模型已实现波动率模型。

　　然而，对于原油市场这样一个具有高度复杂性和不确定性的市场来说，以上提到的模型都存在各自的不足和缺陷。比如，GARCH 族模型的条件方差是前期条件方差的函数，对波动率进行长期性预测时可能会因为前期条件方差存在异常值导致预测结果不够稳定。另外，为了保证条件方差的非负性，GARCH 族模型对参数设置了非负约束条件，限制了模型的灵活性。SV 族模型假定方差服从随机过程而不是前期值的函数，相较于 GARCH 族模型在波动序列的稳定性和长期波动性预测方面表现更好。然而，SV 族模型通常涉及对随机波动性的估计，这可能导致计算上的复杂性和相对较长的运行时间。尤其是在使用高阶模型或进行大规模参数估计时，计算成本可能会很高。相比之下，ARFIMA 模型已实现波动率模型计算方便，对波动率刻画和预测效果较好，但模型自身缺乏明确的经济解释，且在构建差分算子过程中可能损失大量观测值，导致市场信息损失。

　　2009 年，Corsi 提出了一种波动率模型，该模型通过考虑不同市场参与者的行为，将波动率分解为不同成分的加性级联结构。这一层叠式模型被称为 HAR-RV 模型。该模型具有独特的层级结构，将任意时刻的波动率构建为日度、周度和月度波动率的线性组合。HAR-RV 模型的构建原理源于金融市场的异质性，认为市场参与者在禀赋、风险特征、制度约束和信息处理能力等多方面存在差异，导致了不同投资者对同一市场消息的反应是不一致的，从而会对市场价格和波动造成不同的影响。HAR-RV 模型的独到之处在于考虑了每个市场主体的不同交易时间范围。从直观上看，对于长期投资者而言，短期波动率的影响相对较小；而对于短期投资者而言，长期波动率仍然具有重要性，因为它会对投资机会产生影响。尽管 HAR-RV 模型在形式上并非长记忆模型，且结构相对简单，但其独特之处在于在保持模型简洁性的同时，能够准确地捕捉金融数据中观察到的主要经验特征，并且能够有效地再现波动率中存在的长记忆性。这使得 HAR-RV 模型成为金融领域研究中的重要工具，为深入理解市场波动率提供了有力的框架。

　　HAR-RV 模型的提出为解决先前模型存在的一系列问题带来了新的希望。相对于传统的低频模型，如 GARCH 族和 SV 族模型，HAR-RV 模型是基于高频数据计算的 RV 构建的。这使得模型能够更准确地反映市场瞬时的波动性，相较于一般的时间序列模型更为灵活。此外，由高频数据计算的日波动率相对于低频数据能更好地刻画尖峰厚尾的特征。与 ARFIMA 模型及短记忆模型相比，HAR-RV模型不仅具有估计简便的特点，还表现出较强的预测能力。值得注意的是，HAR-RV 模型考虑了异质性波动率，即在不同时间尺度上的波动率。通过利用短期（日度）、中期（周度）和长期（月度）的历史波动率信息，HAR-RV 模型能够更全面地反映不同时间尺度上的市场波动情况，有助于更准确地捕捉金融市场的复杂性，刻画波动率的长记忆性。总体而言，HAR-RV 模型以其简洁而直观的方式成功捕捉了波动率的持续性，因此它已成为波动率预测领域中最受欢迎的基准模型，并广泛应用于最近的波动率研究中。

许多学者在国际原油市场波动率研究中广泛采用 HAR-RV 族模型。例如，Haugom 等（2014）基于 HAR-RV 模型，将 RV 与隐含波动率及其他解释性市场变量结合在一个预测模型中。作为隐含波动率的代理，他们使用了由美国芝加哥期权交易所发布的原油波动率指数。模型中引入的市场变量包括成交量、未平仓量、日收益、买卖价差以及期货曲线的斜率。研究结果表明，当考虑隐含波动率和其他解释性市场变量时，HAR-RV 模型在拟合 RV 时间序列方面取得了显著的改善，这说明结合隐含波动率和其他市场变量能够有效提高对 WTI 期货市场波动率的预测能力。在 Sévi（2014）的研究中，通过利用日内数据的信息，根据已实现方差的正或负（半方差）部分及其连续或不连续部分（跳变），预测了 1～66 天范围内原油的波动率。结果显示，独立考虑平方跳跃分量、连续分量、符号跳跃以及两个符号的已实现半方差有助于提高预测回归的拟合度。然而，在面临预测伪样本外实验中已实现方差的挑战时，简单的 HAR-RV 模型提供的结果至少与更复杂的模型一样出色，而且通常更为优越。综合上述分析可见，HAR-RV 族模型在国际原油市场的波动率研究中展现出卓越的优势。

在接下来的章节中，我们将深入探讨 HAR-RV 模型的构建及其在国际原油市场中的应用。首先，将对 HAR-RV 模型的基本原理和数学框架进行详细解释，揭示该模型如何从高频数据中捕捉 RV 的异质性特征，并展示其在不同时间尺度上进行建模的机制。其次，我们将重点介绍 HAR-RV 模型在国际原油市场中的实证应用。通过对市场历史数据的深入分析，展示 HAR-RV 模型在预测原油价格波动率方面的优越性。最后，我们也将对 HAR-RV 模型的局限性进行客观评述，以全面了解该模型在应对市场波动率预测挑战方面的潜在限制。通过深入研究HAR-RV 模型的构建和应用，我们期望为读者提供对 HAR-RV 模型在预测原油市场波动率方面的深刻理解，并为未来相关研究和决策提供有益的参考。

4.2　HAR-RV 模型介绍

本节深入探讨了 HAR-RV 模型的构建及其理论基础，该模型在捕捉市场波动特征方面具有独特的优势。首先，我们回顾了该模型的理论基础，即异质市场假说，这一金融经济学理论在解释市场波动和价格形成中扮演着关键角色。异质市场假说强调市场参与者的异质性，通过对不同时间尺度的波动性成分进行建模，提供了深刻的市场行为解释框架。其次，我们详细介绍了 HAR-RV 模型的构建过程，Corsi（2009）根据 Müller 等（1993）的异质市场假说，将市场参与者划分为短期、中期和长期交易者，构建了日度、周度和月度 RV。这一模型的独特之处在于通过引入不同时间尺度的波动率，更全面地捕捉了市场波动的动态特征。

4.2.1　理论基础

RV 模型构建的理论依据是 Müller 于 1993 年提出的异质市场假说（heterogeneous market hypothesis），该假说是金融经济学中的一个理论，对于解释市场波动和价格形成过程发挥着关键作用。根据异质市场假说，市场参与者在信息获取、判断和行为方面存在差异，导致市场呈现出异质性。在这一理论框架下，交易者表现出不同的特征和策略，产生买卖压力之间的不平衡，进而影响市场的交易量和价格。异质市场假说强调投资者在信息、技能、风险偏好和预期等方面存在多样性，因此对市场情况的解读和反应也各不相同。这种多样性不仅基于个体差异，还受到市场结构和制度的影响。例如，机构投资者和散户投资者可能在信息获取和交易策略上存在差异，同时其行为也受到各自市场环境的塑造。核心观点在于，市场上的异质性是由投资者间相互作用的不同行为和策略造成的。这种异质性可能引发投资者交易策略和预期的差异，从而推动市场价格波动和不确定性的增加。

具体来说，异质市场假说试图解释波动性和市场之间存在强烈正相关的实证观察。在同质市场框架中，假设所有参与者相同，存在的代理人越多，价格就越快地趋向于所有代理人都同意的真实市场价值。因此，波动率与市场存在和活动之间应该呈负相关。然而，在异质市场中，不同的参与者可能对价格持不同看法，并在不同的市场情境下做出交易决策，从而引起波动。代理人的异质性可能由多种原因引起，包括禀赋、信息程度、先验信念、制度约束、地理位置、风险概况等方面的差异。在这里，本章将重点讨论源于时间范围差异的异质性。一般而言，金融市场由交易频率不同的参与者组成。在交易频谱的一端，有交易商、做市商和日内投机者，他们的日内交易频率非常高；在另一端，有央行、从事货币对冲的养老基金等商业组织，其交易频率较低。每个参与者对新闻的反应时间取决于其时间范围和特征交易频率。基本思想是，具有不同时间范围的主体对事件的感知、反应不同，从而引起不同类型的波动成分。简单来说，可以确定三种主要的波动率成分：短期波动率，由每日或更高交易频率的参与者引起；中期波动率，通常由投资组合经理每周重新平衡其头寸组成；长期波动率，由具有一个或多个月特征的参与者引起。这种异质性的存在导致了市场中不同时间范围的波动率成分的交互影响。

研究在不同时间范围内测量的波动率之间的相互关系有助于揭示不同市场成分的动态变化关系。波动率可以描述市场参与者的行为。在异质市场假说中，不同的市场主体具有不同的时间跨度和交易频率，这导致它们对相同消息的反应存在差异，从而产生不同类型的波动。Müller 等（1993）提出了一个新的经验事实，即粗略定义的波动率可以预测精细定义的波动率。Zumbach 和 Lynch（2001）通过绘制波动率一阶差分与 RV 之间的相关性水平，展示了波动率的不对称传播。这些相关性反映了特定市场要素对不同时间尺度上波动率变化的响应特征（以诱导波动率的形式）。短线交易者时刻对市场进行分析，并迅速调整头寸。相比之下，长期交易者不必每分钟都观察市场变化，他们采用粗略的时间网格来分析波动率。这暗示短期交易者可能更关注粗略波动率，用以预测趋势并制定交易策略，而微小的波动则不太可能对长期交易者的策略产生影响。因此，不同的波动时间网格揭示了不同市场主体的动态。异质市场假说为解释市场行为和价格形成提供了重要框架，强调了市场参与者之间的差异性和信息不对称的存在，这有助于我们更全面地理解市场波动和价格形成机制。

4.2.2　基于高频数据的 RV 度量

高频数据一般被定义为以较小的时间间隔采集的数据，采集频率通常以小时、分钟甚至秒为单位。相对应地，低频数据的采集频率一般以日、周、月、年为单位。高频数据的产生与计算机和通信技术的发展密不可分。随着计算机的更新换代，数据记录和储存的成本大大降低，高频数据也逐步运用到金融计量学的相关研究中。高频数据之所以成为现阶段研究的热点，主要是因为相对于低频数据，它包含了更多的市场信息。通常认为金融市场上的信息会连续不断地影响资产价格的波动状况。因此，数据的采集频率越高，市场上的信息丢失就越少，这使得高频数据成为研究的焦点。回溯相关文献，可以看到对金融高频时间序列的研究热潮兴起于 20 世纪 90 年代中后期。在这个时期，Andersen 和 Bollerslev（1998）等代表人物首次提出了基于高频数据的 RV 的概念，并将其运用到高频时间序列数据的研究中。他们的开创性工作极大地扩展了金融高频数据的研究领域,许多学者对金融高频数据的统计特征进行了人量的理论研究。通过研究高频数据的统计特征,学者们可以更好地利用这些数据进行相关实证研究。在高频数据中,最重要的统计特征之一是日内效应。这一效应表现在高频数据在一天内不同时刻出现的稳定性差异。通过研究日内效应,我们可以了解不同时间段内市场的行为模式和价格波动情况。这对于投资者和交易员来说是非常有价值的信息,可以帮助他们制定更有效的交易策略。可以明确的是,高频数据在金融研究中具有重要的地位和作用。通过对高频数据的研究,我们可以更好地理解市场行为和价格波动,为投资决策提供更准确的信息和依据。随着技术的不断进步,高频数据的应用将会越来越广泛,为金融领域的研究和实践带来更多的机遇和挑战。

在对高频数据的统计特征进行了大量理论研究的基础上,学者们开始关注利用高频数据进行时间序列波动性的实证研究。在高频数据出现之前,对于时间序列波动性的研究主要集中在 ARCH 模型和 SV 模型上。然而,高频数据的出现使得在低频数据条件下无法直接观测到的波动率得以被观测。以 Andersen 和 Bollerslev(1998)提出的 RV 指标为基础,许多学者提出了高频数据下的波动率预测模型,并通过实证研究验证了其在波动率预测方面的优势。在对 RV 的相关研究中,解决微观结构噪声对波动率预测的影响成为学术界关注的核心问题。微观结构噪声可以理解为由市场交易的实际情况带来的高频时间序列数据在统计意义上偏离真实信息的干扰。在早期基于低频数据的研究中,这个问题基本被忽略。然而,随着高频数据的出现,数据采集频率的不断提高使得微观结构噪声的影响变得更加严重。为了解决这个问题,许多学者进行了大量的研究。由于微观结构噪声在理论上无法完全消除,并且抽样频率的提高会进一步增加微观结构噪声的影响,因此确定一个合理的数据样本采集频率变得尤为重要。在尽可能减少 RV 估计误差的情况下,降低微观结构噪声对波动率估计的影响成为众多学者研究的热点问题。学者们致力于发展新的方法和技术,以减少微观结构噪声对波动率估计的影响。这包括使用更精确的数据处理技术、开发更复杂的模型和算法,以及考虑市场微观结构的特征等。

Andersen 和 Bollerslev(1998)提出的 RV 的估计指标在金融高频时间序列中具有重要的理论和实际意义。相比于低频数据下无法直接观测到的波动率,RV 的刻画方法不需要构建复杂的参数估计模型,计算过程简便。此外,RV 在统计意义上是积分波动的一致估计量,因此被广泛应用于基于高频数据条件下的波动率序列的相关研究。然而,RV 本身存在一定的缺陷。它未能很好地解决由微观市场噪声引起的测量误差,因此在统计意义上并不是一个对积分波动稳健的估计量。为了克服这一缺陷,一些学者提出了对 RV 估计量的改进方法,其中包括调整的已实现波动率、赋权已实现波动率和已实现极差波动率等估计量。这些改进方法在一定程度上丰富了对已实现波动率的刻画方法，并提高了对 RV 估计的有效性。这些改进方法的引入为研究者提供了更准确和可靠的工具，以更好地理解和预测金融市场的波动性。

在国际原油市场中，准确地估计和预测原油的波动率对于风险管理和相关衍生产品的设计至关重要。原油价格的波动性直接影响着能源市场、经济发展和全球金融市场的稳定性。当高频数据出现后，基于高频数据的波动率预测模型的原油价格相关研究也成为学术界的研究热点。相比于传统的低频数据，高频数据以更短的时间间隔记录市场价格和交易量等信息，能够更准确地反映市场的瞬时变化。原油市场的波动性往往受到各种因素的影响，如供需关系、地缘政治风险、天气变化等。通过运用高频数据，我们可以更及时地捕捉到这些因素对原油价格波动的影响，从而更准确地预测原油的波动趋势。随着 RV 的提出，Andersen 等（2001b）将其运用到了对欧元/美元和日元/美元的汇率市场波动率的预测中，并将基于 RV 构建的 RV 预测模型和传统的 GARCH 模型和 SV 模型进行了比较，发现 RV 预测模型相比于传统的低频数据下的波动率预测模型的预测效果要更好。最近的相关研究则将重点放在了对资产价格短时间内出现大幅波动，即跳跃现象的研究上。诸多学者的实证研究都表明这种短期的跳跃过程对于金融资产波动率的预测有着十分重要的意义。例如，Andersen 等（2007a）对汇率、股指回报率和债券收益率的实证分析表明，波动率跳跃部分非常重要，但持久性明显低于连续部分，并且将粗略的跳跃走势与平滑的连续走势分开会导致显著的结果。

原油市场的波动性对于投资者和交易商来说是一个重要的风险指标。通过准确地估计和预测原油的波动率，投资者可以更好地制定风险管理策略，包括头寸管理、对冲策略和衍生产品的设计。高频数据的运用使得波动率预测模型更加灵活和敏感，能够更好地捕捉到市场的短期波动和风险事件，从而提供更准确的风险度量和风险控制工具。投资者和交易商可以根据预测的波动率水平和趋势来选择合适的交易策略，如波动率交易、趋势跟踪和套利策略等。高频数据的运用使得交易者能够更及时地调整交易策略，抓住市场的瞬时机会，提高交易的效率和盈利能力。此外，原油市场的波动性不仅会影响到能源市场和相关产业，还会对全球金融市场产生溢出效应。通过准确地估计和预测原油的波动率，监管机构可以更好地评估市场风险，采取相应的监管措施，维护金融市场的稳定性。

4.2.3　模型的构建

在 Müller 等（1993）提出的异质市场假说的基础上，Corsi（2009）将交易者分为短期交易者、中期交易者和长期交易者,分别对应 HAR-RV 模型中的日度 RV、周度 RV 以及月度 RV。IIAR-RV 模型的表达式如下:

$$RV_{t+1} = \beta_0 + \beta_d RV_t + \beta_w RV_{w,t} + \beta_m RV_{m,t} + \varepsilon_{t+1} \tag{4-1}$$

其中,RV_t、$RV_{w,t}$ 和 $RV_{m,t}$ 分别为日度、周度和月度的 RV。周度 RV 和月度 RV 分别是 RV 的周平均和月平均。参考国外市场,取每周的交易天数为 5 天,每月交易天数为 22 天。因此,周度 RV 和月度 RV 的具体计算公式如下:

$$RV_{w,t} = \frac{1}{5}\left(RV_t + RV_{t-1} + RV_{t-2} + RV_{t-3} + RV_{t-4}\right) \tag{4-2}$$

$$RV_{m,t} = \frac{1}{22}\left(RV_t + RV_{t-1} + RV_{t-2} + \cdots + RV_{t-20} + RV_{t-21}\right) \tag{4-3}$$

这一模型的创新之处在于其对市场中不同时间尺度的波动率进行考量,通过引入周度和月度波动率,更全面地捕捉了市场波动的多维特征,从而使其在描述市场波动行为方面具有独特的优势。值得注意的是,HAR 模型的估计相对简单,一旦构建了日、周、月波动分量,就可以通过普通最小二乘回归轻松估计 HAR 模型。这不仅为研究者提供了一个便捷而有效的工具,而且具有良好的解释性,有助于研究者深入解读市场波动的本质。总体而言,HAR 模型为金融市场波动率的研究提供了一个强大的工具,不仅在学术领域奠定了方法论基础,同时也为实际风险管理和决策制定提供了可靠的支持。

4.3　HAR-RV 模型的扩展

Corsi(2009)提出的 HAR-RV 模型在高频金融数据波动率建模方面具有显著的贡献,并在学术界得到了广泛应用。然而,随着对金融市场的深入研究,学者们逐渐认识到 HAR-RV 模型在捕捉市场特征和预测未来波动率方面的局限性。为了克服这些限制,许多学者在 HAR-RV 模型的基础上进行了拓展与改进,以提高波动率的预测精度。总的来说,这些扩展可以归纳为以下三个主要方向。

4.3.1　基于金融市场波动率特征的扩展

近年来,随着金融市场的不断发展和数据的不断积累,对于高频数据的研究变得越发深入。在探讨金融资产日内高频收益率时,学者们逐渐认识到在近似连续的时间内,可能会出现大幅波动,这被称为"跳跃"现象。大量研究已经证明,在特定 SV 模型的估计以及期权和其他衍生品的定价中,考虑跳跃或不连续成分是十分重要的[①]。Barndorff-Nielsen 和 Shephard（2004）引入了双幂次变差（bipower variation，BPV）的概念，使学者们能够成功计算在跳跃扩散过程下的高频数据波动的跳跃大小。此后，跳跃在 RV 建模和预测方面引起了国内外学者们的广泛关注，同时也衍生出了大量基于跳跃对 HAR-RV 模型进行扩展的模型。

例如，Andersen 等（2007b）发表的研究提出了一种实用的非参数程序，用于测量 RV 的连续样本路径变化和不连续的跳跃部分，并将分离出来的跳跃成分作为解释变量引入了 HAR-RV 模型中，构建了包含跳跃成分的 HAR-RV-J 模型。然而仅通过非负截断分离出来的跳跃成分包含大量的极小正值。因此，Andersen 等将小跳跃视为测量误差或连续样本路径变化过程的一部分，通过 Z 跳跃检验（Huang and Tauchen，2005）来得到显著的跳跃成分，并构建了 HAR-RV-CJ 模型。Corsi 等（2010）的研究指出，当跳跃连续出现时，Huang 和 Tauchen（2005）提出的 Z 统计量无法有效地辨别这类跳跃成分，因而可能将跳跃成分错误地纳入连续成分中，导致模型对未来波动率的影响被低估。为解决这一问题，Corsi 等（2010）采用修正的门限多次幂变差（corrected realized threshold multi-power variation），并提出了基于 C_TZ 统计量的 HAR-RV-TJ 模型。实证研究发现，跳跃对未来波动率具有显著正向影响。Patton 和 Sheppard（2015）在研究中将 RV 分解为正已实现半方差（positive realized semivariance，RS+）和负已实现半方差（negative realized semivariance，RS–），在此基础上构建了符号跳跃变差（signed jump variation）并将其与 HAR-RV 模型相结合形成了 HAR-RV-SJ 模型。实证研究表明，符号跳跃变差在未来波动率方面具有显著的负向影响，且有助于提升波动率模型的拟合度和预测精度。

此外，众所周知，在经历相同程度的正向和负向冲击后，波动率通常对负向冲击的反应更为显著，这就是杠杆效应。金融市场波动率的杠杆效应已然成为一种程序化的现象。基于这一点，Corsi 等（2012）将异质市场假说扩展到了考虑杠杆效应的情境。他们假设已实现的波动率不仅对过去的每日收益，而且对过去的每周和每月收益都表现出不对称的响应。通过综合考虑 RV、杠杆率以及跳跃率的异质性，Corsi 等构建了一个具有连续波动率和跳跃的杠杆异质自回归（leverage heterogeneous auto-regressive with continuous volatility and jumps，LHAR-CJ）模型。Asai 等（2012）同样在 HAR-RV 模型的基础上进行杠杆效应检验，构建了 LHAR-RV 模型，结论与杠杆效应相似。

---

① 例如，Pan（2002）、Chernov 等（2003）、Eraker 等（2003）、Johannes（2004）、Lee 和 Mykland（2008）等的研究。

4.3.2　基于影响波动率的市场因素的扩展

HAR-RV 模型的原始设定仅考虑了不同持有期的 RV 滞后期对波动率的影响，而忽略了诸多可能会对波动率产生显著影响的外部因素。基于此，一些研究致力于通过引入影响波动率的市场因素来扩展 HAR-RV 模型。

例如，Haugom 等（2014）基于 HAR-RV 模型研究了芝加哥期权交易所原油波动率指数在预测 WTI 原油期货市场 RV 方面的信息。此外，他们还调查了其他市场变量，如成交量、持仓量、日回报率、买卖价差以及期货曲线的斜率，以验证它们是否具有超过隐含波动率所蕴含的额外预测能力。Degiannakis 和 Filis（2017）通过引入股票、外汇、大宗商品和宏观四个不同资产类别的变量来扩展 HAR-RV 模型，研究它们的 RV 是不能改善原油波动率的预测。实证结果表明，外生波动的引入提高了 HAR-RV 模型在所有预测水平上的预测精度。

4.3.3　对模型自身参数估计过程的改进

尽管 HAR-RV 模型能够捕捉波动率的长记忆特性，但众多研究指出，随着市场和交易条件的变化，波动率的长记忆性可能会随着时间的推移而变化（Granger and Ding，1996；Alizadeh et al.，2008）。因此，简单的 HAR-RV 模型可能无法有效捕捉到市场状态发生变化或制度转移时的波动动态。一些研究通过将马尔可夫机制转换模型与 HAR 模型相结合，构建了非线性模型，其中包含了状态转移概率矩阵，以更好地刻画波动率动态中的结构性变化和非线性特征。该模型不依赖于人为划分不同状态，而是根据数据特征，以不同的概率在不同机制之间进行状态转换。

例如，Ma 等（2017）构造出一系列包含机制转换的 MS-HAR（Markov switching-heterogenous autoregressive，马尔可夫转换异质自回归）模型，研究结果表明，相较于线性的 HAR 模型，MS-HAR 模型能更有效地拟合波动率动态的非线性特征，因而具有更强的预测能力。吴恒煜等（2015）在中国股票市场上评估了包含跳跃和机制转换的 HAR 模型的预测性能，发现该模型能显著提升波动率的预测准确性。另外，Wang 等（2022）提出了一种具有跳跃驱动的时间变化转移概率（time-varying transition probabilities，TVTP）的马尔可夫转换异质自回归（TVTP-MS-HAR）模型，该模型具备在特定的经济或市场条件下切换转移概率的能力，并且能够推断每个波动性阶段的持续时间。实证结果显示，MS-HAR 与 TVTP 模型在预测性能和经济价值方面均优于其他竞争模型。

综合而言，这些对 HAR-RV 模型的扩展与改进为高频金融数据中波动率的建模提供了更为丰富和准确的工具，进一步推动了波动率预测研究的发展。这些努力不仅有助于提高投资者和决策者对市场风险的认识，还为金融市场的有效运作提供了更为精细的工具和方法。

4.4　案　例　分　析

本章以 HAR-RV 及其典型的扩展模型为例，聚焦于对 WTI 原油价格波动率的深入分析与预测。作为样本外可预测的前提条件，首先进行全样本回归分析。其次，进行了样本外评估，来检验模型在未来波动率预测中的准确性。最后，进行了稳健性检验，验证了模型的鲁棒性和可靠性，以确保研究结论的可信度。

4.4.1　模型简介

在 HAR-RV 模型及 4.3 节中提到的三类扩展模型的基础上，本节分别从每一类别的扩展中选取了几个典型的模型，考察了 Andersen 等（2007b）提出的 HAR-RV-J 和 HAR-RV-CJ 模型、包含芝加哥期权交易所原油波动率指数的 HAR-RV-OVX 模型，以及引入马尔可夫机制转换的 MS-HAR 模型对 WTI 原油价格波动率进行预测。以下是各个模型的具体表达式。

1. HAR-RV 模型

$$\mathrm{RV}_{t+1} = \beta_0 + \beta_d \mathrm{RV}_t + \beta_w \mathrm{RV}_{w,t} + \beta_m \mathrm{RV}_{m,t} + \varepsilon_{t+1} \qquad (4\text{-}4)$$

其中，RV_t 为日度 RV；$\mathrm{RV}_{w,t}$ 为 RV 的周度平均；$\mathrm{RV}_{m,t}$ 为 RV 的月度平均；ε_{t+1} 为随机扰动项，服从正态分布。

2. HAR-RV-J 模型

HAR-RV-J 模型在 HAR-RV 模型的基础上引入了跳跃成分，如式（4-5）所示：

$$\mathrm{RV}_{t+1} = \beta_0 + \beta_d \mathrm{RV}_t + \beta_w \mathrm{RV}_{w,t} + \beta_m \mathrm{RV}_{m,t} + \beta_J J_t + \varepsilon_{t+1} \qquad (4\text{-}5)$$

其中，$J_t = \max\left\{\mathrm{RV}_t - \mathrm{RBV}_t, 0\right\}$，$\mathrm{RBV}_t = u_1^{-2} \sum_{j=2}^{M} \left|r_{t,j}\right| \left\|r_{t,j-1}\right|$，$u_1 = \sqrt{2/\pi}$，$J_t$ 为第 t 天的跳跃部分。

3. HAR-RV-CJ 模型

$$\mathrm{RV}_{t+1} = \beta_0 + \beta_d C_t + \beta_w C_{w,t} + \beta_m C_{m,t} + \beta_{Jd} \mathrm{CJ}_t + \beta_{Jw} \mathrm{CJ}_{w,t} + \beta_{Jm} \mathrm{CJ}_{m,t} + \varepsilon_{t+1} \qquad (4\text{-}6)$$

其中，C_t 为连续样本路径；CJ_t 为显著性跳跃，可以通过以下公式计算得到。

$$C_t = I\left(Z_t \leqslant \Phi_\alpha\right) \cdot \mathrm{RV}_t + I\left(Z_t > \Phi_\alpha\right) \cdot \mathrm{BPV}_t \tag{4-7}$$

$$\mathrm{CJ}_t = I\left(Z_t > \Phi_\alpha\right) \cdot \left[\mathrm{RV}_t - \mathrm{BPV}_t\right] \tag{4-8}$$

其中，$I(\cdot)$ 为指示函数；Z_t 为 Huang 和 Tauchen（2005）提出的 Z 统计量，Φ_α 为标准正态分布在显著水平 α 的临界值。

4. HAR-RV-OVX 模型

为了检验芝加哥期权交易所原油波动率对 WTI 原油波动率的预测能力，本节将芝加哥期权交易所原油波动率指数加入 HAR-RV 模型中，构建了 HAR-RV- OVX 模型。

$$\mathrm{RV}_{t+1} = \beta_0 + \beta_d \mathrm{RV}_t + \beta_w \mathrm{RV}_{w,t} + \beta_m \mathrm{RV}_{m,t} + \beta_{\mathrm{OVX}} \mathrm{OVX}_t + \varepsilon_{t+1} \tag{4-9}$$

5. MS-HAR-RV 模型

MS-HAR-RV 模型引入了马尔可夫机制转换，通过考虑不同市场状态之间的转移概率，更好地捕捉了波动率动态中的结构性变化和非线性特征，其具体表达式如下：

$$\mathrm{RV}_{t+1} = \beta_{0,S_t} + \beta_{d,S_t} \mathrm{RV}_t + \beta_{w,S_t} \mathrm{RV}_{w,t} + \beta_{m,S_t} \mathrm{RV}_{m,t} + \varepsilon_{t+1} \tag{4-10}$$

其中，S_t 为由数据特征驱动的状态，$S_t = 0$ 为低波动状态，$S_t = 1$ 为高波动状态。与 OLS（ordinary least square，普通最小二乘）估计产生预测值不同，机制转换模型的波动率预测值可以计算为

$$\widehat{\mathrm{RV}}_{t+1} = P\left(S_{t+1} = 0 \mid S_t\right) \times \widehat{\mathrm{RV}}_{t+1,0} + P\left(S_{t+1} = 1 \mid S_t\right) \times \widehat{\mathrm{RV}}_{t+1,1} \tag{4-11}$$

其中，$\widehat{\mathrm{RV}}_{t+1,0}$ 和 $\widehat{\mathrm{RV}}_{t+1,1}$ 分别为在低波动和高波动状态下的预测值；$P\left(S_{t+1} = 0 \mid S_t\right)$ 和 $P\left(S_{t+1} = 1 \mid S_t\right)$ 分别为低波动和高波动状态发生的概率。概率转移矩阵可以由马尔可夫链估计得到，两状态的马尔可夫过程被定义为

$$\begin{bmatrix} P^{00} & 1 - P^{00} \\ 1 - P^{11} & P^{11} \end{bmatrix} \tag{4-12}$$

其中，$P^{00} = P\left(S_t = 0 \mid S_{t-1} = 0\right)$ 和 $P^{11} = P\left(S_t = 1 \mid S_{t-1} = 1\right)$。

4.4.2　数据描述

本节以 5 分钟的 WTI 原油期货价格数据为基础，计算了高频 WTI 原油期货波动率。图 4-1 展示了通过日内收益率的平方和计算得到的 WTI 原油 RV 的趋势。

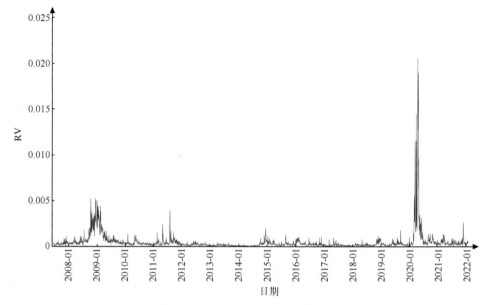

图 4-1　WTI 原油 5 分钟 RV 趋势图

考虑到数据的可得性，本章选择了 2007 年 6 月 19 日至 2022 年 2 月 24 日的数据样本区间。表 4-1 中展示了 WTI 原油已实现波动率（RV）、连续已实现波动率（CRV）、跳跃（J）、显著性跳跃（CJ）以及芝加哥期权交易所原油波动率指数（OVX）的描述性统计结果，包括均值、标准差、偏度、峰度、正态分布检验（Jarque-Bera test）、滞后自相关检验（Ljung-Box test）以及 ADF 单位根检验。

表 4-1　数据描述性统计

变量	MN	SD	SK	KU	Jarque-Bera 统计量	$Q(5)$	$Q(22)$	ADF
RV	0.001	0.007	49.288	2 558.180	795 770 369.664[***]	247.015[***]	319.833[***]	−43.640[***]
CRV	0.001	0.007	49.300	2 558.953	796 251 240.269[***]	246.808[***]	318.779[***]	−43.641[***]
J	0.000	0.000	24.979	804.144	78 817 457.212[***]	2 001.451[***]	2 549.561[***]	−36.239[***]
CJ	0.000	0.000	12.997	235.003	6 787 556.606[***]	3.786[***]	47.607[***]	−54.397[***]
OVX	38.444	18.790	4.750	41.497	220 044.520[***]	12 224.876	37 450.900[***]	−7.017[***]

注：该表汇总了所用数据的描述性统计结果。其中，MN 表示均值，SD 表示标准差，SK 表示偏度，KU 表示峰度，$Q(5)$ 和 $Q(22)$ 分别表示滞后阶数为 5 和 22 的 Ljung-Box 统计量

***表示在 1%的水平上显著

从表 4-1 的结果可以看出，所有变量的偏度和峰度均大于零，表明所有系列都呈现尖峰且右偏的趋势，不符合正态分布。Jarque-Bera 统计量进一步表明，在 1%的显著性水平下，所有变量都拒绝了服从正态分布的零假设，从而进一步验证了所有数据都不符合正态分布。除了 OVX 滞后 5 阶的 Ljung-Box 统计量之外，Ljung-Box 检验的滞后 5 阶和滞后 20 阶的统计量在 1%的显著性水平上均拒绝了无自相关的零假设。此外，ADF 检验在 1%的显著性水平下拒绝了存在单位根的零假设，表明所有数据都是平稳的时间序列，不存在随时间变化的趋势。这是进行时间序列建模的前提条件，为进一步的模型分析提供了可靠的基础。

4.4.3　全样本回归分析

样本内的可预测性是样本外可预测的必要条件。本节首先对 HAR-RV、HAR-RV-J、HAR-RV-CJ、HAR-RV-OVX、MS-HAR-RV 五个模型进行全样本回归分析。表 4-2 展示了样本内回归估计结果。

表 4-2　样本内回归估计结果

系数	HAR-RV	HAR-RV-J	HAR-RV-CJ	HAR-RV-OVX	MS-HAR-RV
$\beta_{0,S_0}/\beta_0$	-0.540^{***}	-0.394^{***}	-0.736^{***}	-3.270^{***}	-0.516^{***}
β_{0,S_1}	—	—	—	—	-0.717^{**}
$\beta_{d,S_0}/\beta_d$	0.397^{***}	0.402^{***}	0.389^{***}	0.376^{***}	0.396^{***}
β_{d,S_1}	—	—	—	—	0.309^{***}
$\beta_{w,S_0}/\beta_w$	0.399^{***}	0.415^{***}	0.389^{***}	0.323^{***}	0.302^{***}
β_{w,S_1}	—	—	—	—	0.610^{***}
$\beta_{m,S_0}/\beta_m$	0.143^{***}	0.138^{***}	0.135^{***}	0.080^{***}	0.249^{***}
β_{m,S_1}	—	—	—	—	-0.026
β_J/β_{Jd}	—	-182.629^{***}	-90.031	—	—
β_{Jw}	—	—	426.527	—	—
β_{Jm}	—	—	2194.018^{**}	—	—
β_{OVX}	—	—	—	0.404^{***}	—
P^{00}	—	—	—	—	0.933^{***}
P^{11}	—	—	—	—	0.675^{***}

注：表中为五个模型的全样本回归参数估计结果。S_0 表示低波动状态下的参数估计；S_1 表示高波动状态下的参数估计；P^{00} 和 P^{11} 表示转移矩阵的概率值

***、**分别表示在 1%、5%的水平上显著

根据表 4-2 中的结果，可以得出以下几个结论。①无论是 HAR-RV 模型还是

其扩展模型，日度已实现波动率（RV）、周度已实现波动率（RVW）以及月度已实现波动率（RVM）均在1%的显著性水平上显著为正，这表明RV具有长记忆性特征。此外，估计系数均为正，表明日度、月度以及周度RV对WTI原油未来的波动具有正向影响。②HAR-RV-J模型的跳跃成分在1%的显著性水平上为负，说明跳跃成分对WTI原油波动率有显著的负向影响。③HAR-RV-CJ模型中，日度跳跃成分的估计系数为负，周度跳跃成分的估计系数为正，但均不显著，月度跳跃成分的估计系数在5%的显著性水平上为正。这表明日度和周度跳跃成分对WTI原油波动率没有显著影响，月度跳跃成分对WTI原油波动率有显著的正向影响。④对于包含马尔可夫机制转换的MS-HAR-RV模型，仅有高波动状态下的月度RV的回归系数不显著，这表明长期波动率在高波动状态下对WTI原油波动率没有影响。⑤通过比较P^{00}和P^{11}数值的大小，可以发现P^{00}大于P^{11}，这表明低波动率相较高波动率有更高的持续性。

4.4.4　样本外评估

在波动率预测研究中，样本外预测能力的检验是至关重要的，因为它能够客观反映市场参与者真实关切的模型对未来波动率的预测准确性。为了获取模型的样本外预测值，要将整体样本划分为样本内和样本外两个区间。在样本内参数估计阶段，本章将初始样本内区间定为2007年6月19日至2015年12月30日（包含1699个观测值），以确保在参数估计时有足够充分的数据支持。样本外预测区间则为2016年1月4日至2022年2月24日。本章基于滚动时间窗方法获取样本外预测值。

为了评估模型的预测能力，本章参考Campbell和Thompson（2008）的研究，采用样本外R^2检验，对各个模型的预测能力进行检验。该检验主要用于评估与基准模型（HAR-RV模型）相比预测模型的MSFE降低的百分比。R^2_{OOS}统计量大于零则表示预测模型的预测能力优于基准模型。此外，本章还采用Clark和West（2007）提出的MSFE-adjusted模型，进一步检验预测模型的均方误差与基准模型相比，是否在统计意义上产生了显著的改进。对于样本外R^2检验的详细介绍，请参考本书第2章。

表4-3总结了以HAR-RV模型为基准的其他四个预测模型的样本外R^2检验结果。根据表中的结果可以得出以下结论。首先，从总体来看，四个模型的R^2_{OOS}统计量均显著大于零，并在10%的显著性水平上均是显著的。这表明在HAR-RV模型中引入跳跃、显著性跳跃、芝加哥期权交易所原油波动率指数以及马尔可夫机制转换，均能够有效提升HAR-RV模型对WTI原油波动率的预测性能。其次，

观察到在四个模型中，HAR-RV-OVX 模型的 R^2_{OOS} 统计量最大，为 35.911%，之后是 MS-HAR-RV 模型（28.301%）、HAR-RV-J 模型（25.609%）以及 HAR-RV-CJ 模型（20.833%）。这说明 HAR-RV-OVX 模型在对 WTI 原油波动率的预测方面具有最强的性能。

表 4-3　基于样本外 R^2 检验的样本外预测评估结果

模型	R^2_{OOS}/%	MSFE-adjusted	p-value
HAR-RV	—	—	—
HAR-RV-J	25.609	1.294	0.098
HAR-RV-CJ	20.833	1.701	0.044
HAR-RV-OVX	35.911	1.896	0.029
MS-HAR-RV	28.301	1.337	0.091

注：本表报告了样本外 R^2 检验的样本外预测评估结果。正的样本外 R^2 统计量表明预测模型优于基准模型，R^2_{OOS} 统计量的显著性是基于 Clark 和 West（2007）的 MSFE-adjusted 统计量来计算的。样本外预测区间为 2016 年 1 月 4 日至 2022 年 2 月 24 日

4.4.5　稳健性检验

1. 基于不同预测窗口大小的样本外评估

Inoue 和 Rossi（2017）的研究强调了在实际应用中选择不同的窗口大小可能导致完全不同的样本外预测结果。为了确保主要研究结果的稳健性，我们在本节中采用了不同的窗口大小重新计算预测值，并对这些预测模型在样本外的表现进行了评估。样本内的时间区间为 2007 年 6 月 19 日至 2016 年 12 月 29 日，共包括 1899 个观测值；而样本外的时间区间则为 2017 年 1 月 3 日至 2022 年 2 月 24 日，用于评估模型在未观测到的数据上的泛化能力。通过采用不同的窗口大小，我们能够观察到模型在不同时间段内的表现，并检测其对新数据的适应能力，以确保我们的主要研究结论在不同时间框架下的可靠性和稳健性，并为实际应用中的决策提供更可靠的指导。

表 4-4 展示了样本内长度为 1899 的样本外 R^2 检验结果。从表中结果可以看出，该结果与表 4-3 中的结果基本一致。具体来说，通过改变预测窗口长度，所有模型的 R^2_{OOS} 统计量仍然保持正值，说明所有模型的预测能力均比基准模型（HAR-RV 模型）的预测能力强。除此之外，即使在不同的预测窗口长度下，预测能力最强的模型仍然是 HAR-RV-OVX 模型，R^2_{OOS} 统计量高达 29.665%。这一结果进一步证实了主要研究结果在不同预测窗口下的一致性，强调了研究结果的稳健性。总体而言，表 4-4 的结果进一步巩固了我们在表 4-3 中观察到的结论，

确保我们的研究结果不仅在特定条件下成立，在不同的时间窗口中同样具有普适性和可靠性。

表 4-4　基于不同预测窗口大小的样本外 R^2 评估结果

模型	R^2_{OOS}/%	MSFE-adjusted	p-value
HAR-RV	—	—	—
HAR-RV-J	22.943	1.318	0.094
HAR-RV-CJ	18.998	1.709	0.044
HAR-RV-OVX	29.665	2.064	0.020
MS-HAR-RV	22.912	1.384	0.083

注：本表报告了基于不同预测窗口大小的样本外 R^2 检验结果。正的样本外 R^2 统计量表明预测模型优于基准模型，R^2_{OOS} 统计量的显著性是基于 Clark 和 West（2007）的 MSFE-adjusted 统计量来计算的。样本外预测区间为 2017 年 1 月 3 日至 2022 年 2 月 24 日

2. 基于 MCS 检验的样本外评估

模型的样本外表现会受到不同评估方法的影响，Hansen 等（2011）提出的 MCS 检验是另一种常用的样本外评估方法。因此，本节基于 MCS 检验对各个模型的预测能力进行评估。参考 Ma 等（2019）的研究，本节采用了 QLIKE 和 MSE 两种不同的损失函数，其具体表达式如下：

$$\text{QLIKE} = n^{-1} \sum_{t=m+1}^{m+n} \left[\ln\left(\widehat{\text{RV}_t}\right) + \frac{\text{RV}_t}{\widehat{\text{RV}_t}} \right] \tag{4-13}$$

$$\text{MSE} = n^{-1} \sum_{t=m+1}^{m+n} \left(\text{RV}_t - \widehat{\text{RV}_t} \right)^2 \tag{4-14}$$

其中，RV_t 为 WTI 原油 RV 的真实值；$\widehat{\text{RV}_t}$ 为由预测模型产生的 RV 的预测值；m 和 n 分别为样本内周期长度和样本外周期长度。

此外，本节还采用了区间统计量（T_R）和半二次统计量（T_{SQ}）对模型进行评价。相应的统计量表示如下：

$$T_R = \max_{u,v \in M} \frac{\left| \bar{d}_{i,uv} \right|}{\sqrt{\text{var}\left(d_{i,uv} \right)}} \tag{4-15}$$

$$T_{SQ} = \max_{u,v \in M} \frac{\left(\bar{d}_{i,uv} \right)^2}{\sqrt{\text{var}\left(d_{i,uv} \right)}} \tag{4-16}$$

其中，$\overline{d}_{i,uv} = n^{-1}\sum_{t=1}^{n}d_{i,uv,t}$，表示 u 和 v 模型在 t 时关于损失函数 i 的差异。T_{R}、T_{SQ} 大于给定的临界值，则拒绝某两个模型具有相同的预测能力的零假设。相应地，MCS 检验的 p 值越大，表明模型的预测性能越好。本节设定 MCS 检验的显著性水平为 0.25，简言之，当预测模型的 MCS 检验的 p 值超过 0.25 时，该模型可以被包含在模型信度集中。模型信度集中的模型表现出更出色的预测性能。

表 4-5 详细展示了各个模型在 MSC 检验下的样本外表现。从表中可以观察到，在 QLIKE 和 MSE 两种损失函数下，除了 HAR-RV 模型外，其他四个模型的 p 值均大于 0.25。这说明，除了 HAR-RV 模型之外，其他模型在预测方面表现出较强的能力。特别值得注意的是，HAR-RV-OVX 模型在两种损失函数下的 p 值均为 1，表明其在预测能力方面表现最为强大。这一结果与主要研究结果完全一致，强调了主要研究结果在采用不同的样本外评估方法下的稳健性。

表 4-5　基于 MCS 检验的样本外评估结果

模型	QLIKE		MSE	
	T_{R}	T_{SQ}	T_{R}	T_{SQ}
HAR-RV	0.065	0.158	0.360	0.168
HAR-RV-J	0.539	0.447	0.360	0.263
HAR-RV-CJ	0.539	0.572	0.360	0.263
HAR-RV-OVX	**1.000**	**1.000**	**1.000**	**1.000**
MS-HAR-RV	0.902	0.902	0.360	0.263

注：本表汇总了 MCS 检验的样本外评估结果。表格中的数值表示各个预测模型在 MCS 检验中的 p 值，这些数值通过区间统计和半二次方程计算得出。p 值的大小与模型预测性能正相关，即 p 值越大，模型预测能力越强。本书设定显著性水平为 0.25，因此当 p 值大于 0.25 时，可认为相应的模型在性能上明显优于其他模型。每一列中最大的 p 值用粗体和下划线表示，表明该模型的预测能力最强

4.4.6　进一步分析

1. 高低波动状态下的样本外预测表现

在本节中，我们深入研究了各个模型在高低波动状态下的预测表现，以揭示模型的预测性能如何受市场条件显著影响。我们根据样本外区间内股票波动率真实值的中位数，将波动率划分为高波动率和低波动率两类。具体而言，当股票波动率大于波动率中位数（即 $RV_t > RV_t^m$）时，我们将其归类为高波动率；而当股票波动率小于波动率中位数（即 $RV_t < RV_t^m$）时，我们将其归类为低波动率。

这一分类方法有助于更精细地分析模型在不同市场条件下的表现。通过比较高低波动状态下的样本外预测结果，我们能够深入了解模型在不同风险水平下的

适应能力，并为投资者、决策者提供更具体的市场参考。这种方法有助于揭示模型在应对市场波动性变化时的鲁棒性和效果，为实际应用提供更为细致和实用的信息。

表 4-6 展示了各个模型在高低波动状态下的样本外 R^2 检验结果。从整体来看，各模型在高波动状态下的预测效果明显优于低波动状态下的效果。在高波动时期，所有模型的 R^2_{OOS} 统计量均显著大于零，凸显了这些模型在面对市场波动率上升时的卓越表现。其中，HAR-RV-OVX 模型的 R^2_{OOS} 统计量最大，达到 36.035%，其次分别是 MS-HAR-RV 模型、HAR-RV-J 模型和 HAR-RV-CJ 模型。相较之下，在低波动时期，模型的表现均略差，HAR-RV-CJ 模型和 HAR-RV-OVX 模型的 R^2_{OOS} 统计量显著为正，表现相对稳定，而 HAR-RV-J 模型和 MS-HAR-RV 模型的 R^2_{OOS} 统计量为负，表示在低波动时期的预测效果相对较弱。其中，HAR-RV-OVX 模型在低波动时期的 R^2_{OOS} 统计量仍然最大，为 4.947%，强调了该模型在市场波动率相对较低时依然保持较强的预测性能。

表 4-6　不同波动状态下的样本外评估结果

模型	R^2_{OOS}/%	MSFE-adjusted	p-value
高波动时期			
HAR-RV	—	—	—
HAR-RV-J	25.715	1.294	0.098
HAR-RV-CJ	20.904	1.701	0.045
HAR-RV-OVX	36.035	1.897	0.029
MS-HAR-RV	28.427	1.337	0.091
低波动时期			
HAR-RV	—	—	—
HAR-RV-J	−0.620	−0.093	0.537
HAR-RV-CJ	3.253	2.359	0.009
HAR-RV-OVX	4.947	2.949	0.002
MS-HAR-RV	−3.018	−1.326	0.908

注：本表报告了不同波动状态下的样本外 R^2 检验结果。使用样本外区间股票波动率真实值的中位数将波动率划分为高波动率和低波动率，若波动率大于中位数则为高波动率，若波动率小于中位数则为低波动率。正的样本外 R^2 统计量表明预测模型优于基准模型，R^2_{OOS} 统计量的显著性是基于 Clark 和 West（2007）的 MSFE-adjusted 统计量来计算的

总体而言，这些研究结果强调了各模型在高波动时期表现出对 WTI 原油波动率有显著的预测能力，然而在低波动时期，模型的预测能力普遍减弱。不过，HAR-RV-CJ 模型和 HAR-RV-OVX 模型在低波动时期仍然保持相对强劲的预测表

现，特别是 HAR-RV-OVX 模型在高低波动时期均展现出最强的预测能力。

2. 新冠疫情期间的样本外预测表现

Jeon 等（2020）的研究强调了危机事件可能对预测效果产生的重要影响。在这一背景下，本节深入研究了各个预测模型在危机时期的样本外表现。自 2020 年起，新冠疫情在全球范围内暴发，对世界造成了破坏性的冲击（Wang et al.，2020）。因此，我们将进一步探讨新冠疫情暴发后这一危机时期 WTI 原油市场波动率的可预测性。考虑到自 2020 年 1 月以来，新冠疫情大规模暴发对原油市场造成了短期的动荡，本节选取了 2020 年 1 月 2 日至 2022 年 2 月 24 日的数据作为新冠疫情时期的研究时段。在这个时段内，我们将深入分析各个预测模型对 WTI 原油波动率的预测表现，以更全面地了解危机时期市场的动态和模型的应对能力。这不仅有助于加深对新冠疫情期间原油市场行为的理解，还为未来类似危机事件下的预测和决策提供有益的经验。

表 4-7 详细展示了新冠疫情期间各预测模型的样本外 R^2 检验结果。通过对这些数据的分析，我们可以得出在新冠疫情时期，所有模型对 WTI 原油波动率的预测能力普遍显著。R^2_{OOS} 统计量的显著正值表明这些模型成功捕捉到了疫情时期原油市场的波动率。尤其值得关注的是，HAR-RV-OVX 模型在所有模型中表现最为卓越，其 R^2_{OOS} 统计量高达 36.539%，这暗示着 HAR-RV-OVX 模型在考虑到疫情影响的情况下，对 WTI 原油波动率的预测表现最为强大，其次是 MS-HAR-RV 模型，其 R^2_{OOS} 为 28.870%，紧随其后的是 HAR-RV-J 模型（26.051%）以及 HAR-RV-CJ 模型（21.221%）。这一研究结果不仅提供了对新冠疫情期间原油市场行为的深入理解，同时也强调了 HAR-RV-OVX 模型在危机时期预测 WTI 原油波动率方面的卓越性能。

表 4-7　新冠疫情期间的样本外表现

模型	R^2_{OOS}/%	MSFE-adjusted	p-value
HAR-RV	—	—	—
HAR-RV-J	26.051	1.293	0.098
HAR-RV-CJ	21.221	1.702	0.044
HAR-RV-OVX	36.539	1.897	0.029
MS-HAR-RV	28.870	1.339	0.090

注：本表报告了新冠疫情期间的样本外 R^2 检验结果。正的样本外 R^2 统计量表明预测模型优于基准模型，R^2_{OOS} 统计量的显著性是基于 Clark 和 West（2007）的 MSFE-adjusted 统计量来计算的

4.5　HAR-RV 模型的局限性

虽然 HAR-RV 模型具有估计简便、能够有效刻画波动率的长记忆和厚尾等典型特征的优点，但同时也存在一些局限性。第一，HAR-RV 模型通过日度、周度和月度 RV 来反映不同投资者对市场的反应，其模型结构表示为 HAR(1, 5, 22)，其中(1, 5, 22)为固定的滞后阶数。然而，研究表明这种固定滞后结构并非最优选择。例如，Audrino 等（2017）利用 LASSO（least absolute shrinkage and selection operator，最小绝对收缩和选择算子）方法检测最优的滞后结构，发现最优的滞后结构可能是时变的，而非固定的。Audrino 和 Knaus(2016)进一步应用聚合 LASSO（group LASSO）方法发现，HAR 模型的滞后结构存在差异，对于不同市场，滞后因子的结构并非固定不变。第二，Ghysels 等（2019）指出 HAR 模型中对中期和长期波动率赋予相同权重［详见式（4-2）和式（4-3）］，缺乏灵活性，难以真实反映投资者在市场交易中的行为。第三，HAR-RV 模型通常假设波动率演变是平稳的，未考虑市场结构可能发生变化的情况。实际市场中，由于多种因素，市场结构可能会发生变化，这可能导致模型的预测能力下降。第四，HAR-RV 模型主要依赖历史波动率数据进行建模，在极端市场条件下，模型可能面临挑战，因为历史波动率可能无法准确反映当前市场状况。

综上所述，尽管 HAR-RV 模型在捕捉波动率长期特征方面表现出色，但其固定滞后结构、相同权重假设以及对市场结构变化的忽视等局限性使得在某些情境下其预测能力受到挑战。

4.6　小　　　结

本章重点关注 HAR-RV 族模型在预测国际原油市场波动率方面的贡献。首先，对 HAR-RV 模型的构建进行了详细介绍。该模型根据异质市场假说，将交易者分为短期、中期和长期交易者，并通过将日度、周度和月度波动率进行线性组合的方式，全面捕捉了市场波动的多维特征。这使得模型在不同时间尺度下能够有效考虑波动率，并为研究者提供简便而有效的波动率估计方法。

其次，本章展示了 HAR-RV 模型的扩展研究，将现有对 HAR-RV 模型的扩展总结归纳为三类：基于金融市场波动率特征的扩展、基于影响波动率的市场因素的扩展以及对模型自身参数估计过程的改进。综合而言，对 HAR-RV 模型的扩展不仅在理论上深化了对金融市场波动的认识，同时也为实证研究提供了更为准确和全面的工具，为金融市场参与者和决策者提供了更可靠的波动率预测信息。未来的研究可以进一步探讨不同扩展方法的比较与融合, 以推动金融市场波动率模型的发展。

　　本章的案例分析以国际原油市场为例, 展示了 HAR-RV 模型及其三类扩展模型在波动率研究中的应用。具体而言, 选取了包含跳跃的 HAR-RV-J 模型、包含显著性跳跃的 HAR-RV-CJ 模型、包含芝加哥期权交易所原油波动率指数的 HAR-RV-OVX 模型, 以及引入马尔可夫机制转换的 MS-HAR-RV 模型, 分别对 WTI 原油价格波动率进行了预测。采用样本外 R^2 检验方法对各个模型的样本外预测表现进行评估, 并对研究结果进行了一系列的稳健性检验, 包括不同窗口大小以及不同预测方法。此外还展示了各个预测模型在高低波动时期和新冠疫情期间的预测表现。这一系列案例展示了 HAR-RV 模型及其扩展模型的强大预测性能和广泛适用性。

　　最后, 本章也对 HAR-RV 模型的局限性进行了讨论。强调了模型中存在的固定滞后结构、相同权重假设以及对市场结构变化的忽视等局限性。这些限制提醒研究者在具体应用中要谨慎考虑这些因素, 以确保模型的准确性和稳健性。未来的研究还可以考虑不同扩展方法的比较与融合, 以推动金融市场波动率模型的发展, 并为投资者和决策者提供更为可靠的市场预测信息。

　　整体而言, 本章通过对 HAR-RV 族模型在国际原油市场波动率研究中的应用进行全面的介绍和分析, 帮助读者全面了解 HAR-RV 族模型及其应用。读者可以从中获取关于金融市场波动率预测的理论知识, 了解不同扩展方法的优势和限制, 并在实践中更好地运用这些模型以制定风险管理策略。这为金融市场相关研究和实践提供了有价值的信息和启示。

第 5 章　混频数据模型对国际原油市场波动的研究

5.1　概　　述

原油的价格波动性对于全球经济具有广泛的影响。油价的变动不仅会直接影响原油生产国和消费国的经济状况，还会通过各种渠道将影响传导到其他行业和市场。因此，深入了解和预测油价的波动特征对于制定政策、规划投资和管理风险至关重要。原油价格波动的特征包括波动的幅度、频率、方向以及与其他经济指标的关联性等。因此，准确地表征和预测油价波动的特征，对于预防和解决能源风险、提高能源安全具有重要意义。同时，对维持资本市场的健康发展具有重要的理论和实践意义（如 Antoniou and Foster，1992；Baum and Zerilli，2016；Hou et al.，2016；Ma et al.，2019；Qiu et al.，2019；Wen et al.，2019）。

传统的预测模型，如 GARCH 及其各种扩展模型，在建模和预测油价波动方面得到广泛应用（参见 Antoniou and Foster，1992；Wei et al.，2010；Pan et al.，2017）。此外，Corsi（2009）提出的 HAR 模型也是一种被广泛应用于油价波动建模和预测的方法。许多学者已经在使用 HAR 模型及其扩展方面取得了相当大的进展。具体而言，Degiannakis 和 Filis（2017）提供了新的证据，证明将来自不同资产类别的外生波动率添加到 HAR-RV 模型中，可以在所有预测范围内优于仅使用 HAR-RV 模型的预测。Ma 等（2017）将两阶段马尔可夫机制转换模型引入 HAR-RV 模型，经验结果显示，相比于没有制度转换的模型，MS-HAR-RV 模型显著提高了可预测性。Ma 等（2018b）提出了几种新的已实现措施，并构建了几种新的 HAR 模型，以探讨原油期货市场波动的影响。他们的样本外结果表明，新提出的模型可以更好地预测原油波动，并且在经济价值上超过了竞争对手。

Krolzig（2001）通过蒙特卡罗实验研究了多元马尔可夫转换过程的预测性能，并将其应用于研究美国经济周期。此外，Clements 和 Krolzig（1998）通过蒙特卡罗模拟和对美国 GNP（gross national product，国民生产总值）的实证研究，探讨了马尔可夫机制转换模型的预测性能。Lahiri 和 Wang（1994）使用马尔可夫机制转换模型来预测美国商业周期的转折点。马尔可夫机制转换模型在预测经济和金融领域中的关键变量的转折点和波动性方面具有一定的优势。通过使用这些模型，研究人员能够更好地理解和预测油价波动以及商业周期的转折点，从而为决策制定者提供更准确的信息和指导。此外，对于油价波动的研究还需要考虑数据的可用性和质量，以及模型的适用性和稳定性。不同时间尺度和频率的数据、高度异质化的市场环境以及金融市场的非线性特征都是需要充分考虑的因素。

随着信息时代的兴起，大数据时代已经成为当今社会的一个显著特征。在经济学传统研究领域中，经济学家在分析和预测经济变量时通常使用同一频率的数据，如季度数据或年度数据。然而，这种方法可能忽略了高频数据中所包含的重要信息，而高频数据往往能够反映经济活动更细微的波动和变化。与此同时，低频数据提供了更长期的趋势和结构性的信息。因此，将不同频率的数据结合起来，可以提供更全面和准确的经济分析和预测。混频数据的研究对于经济学领域具有重要的意义。首先，通过整合多个频率的数据，经济学家可以更好地理解经济系统的动态特征。例如，将高频的日度或周度数据与低频的季度或年度数据相结合，可以更准确地捕捉到经济变量的短期波动和长期趋势。这对于制定宏观经济政策和进行风险管理至关重要。其次，混频数据在经济学研究中具有重要的意义。通过整合不同频率的数据，我们可以更全面地理解经济运行的动态特征，并提高经济预测的准确性。然而，混频数据的分析和建模需要克服一系列的挑战，不断改进方法，以进行更深入的研究。随着技术的进步和数据资源的丰富，混频数据的研究将在经济学领域发挥越来越重要的作用。

在当前经济学研究中，处理混频数据并充分利用其信息成为一个亟待解决的问题。研究混频数据的挑战在于，传统的宏观经济模型通常要求模型等式两边的数据频率一致，这导致高频数据和低频数据很难在同一个模型框架内得到有效融合。高频数据具有更为详细和即时的信息，能对经济变量短期变动进行更为准确的捕捉。然而，高频数据也更容易受到噪声和短期波动的影响，这可能导致在模型估计和分析中产生不稳定性和误导性结果。另外，低频数据更加平滑，能够反映经济变量的长期趋势和结构特征，但却可能无法捕捉到经济变量的短期波动和动态变化。因此，经济学者需要开发新的方法和技术，以处理混频数据并最大限度地利用其信息。一种常见的方法是使用时间序列分析技术，如卡尔曼滤波和状态空间模型，来将高频数据转化为低频数据，以适应模型的频率要求。此外，还可以利用高频数据的特征和信息，构建高频指标或指标组合，作为低频数据的补充，从而提供更全面和准确的经济变量估计。在处理混频数据时，经济学者还需要考虑数据的质量和可靠性，以及不同频率数据之间的对应关系。此外，对于不同经济变量和研究问题，可能需要采用不同的混频数据处理方法和模型框架，以获得更准确和可靠的结果。总之，处理混频数据并充分利用其信息是当前经济学研究中的一项重要任务。研究通过开发新的方法和技术，结合传统的经济模型和现代的数据科学工具，可以更好地应对混频数据的挑战，并提高经济变量估计和预测的准确性和可靠性。这将为经济决策制定提供更全面和精确的基础，促进经济研究的进一步发展。

随着数据计算和计算机技术的迅猛发展，学者们可以更加简单和清晰地获取市场的时间序列数据。这一进展促使了各种类型的数据的出现，如高频数据和混频数据。对于混频数据的计算和模型构建引起了国内外研究学者的广泛关注。为了解决混频数据的问题，过去的研究常常采用同频化处理的方法。这些方法包括依时性加总（Silvestrini and Veredas, 2008）、集成法、跳跃取样或插值法（Chow and Lin, 1971, 1976；赵进文和薛艳, 2009）。然而，传统方法存在一些局限性。首先，同频化处理可能导致信息的缺失，尤其是对于高频数据而言。当将高频数据转化为低频数据时，可能会忽略某些细微但重要的波动和信息。其次，这些方法往往难以应对混频数据中存在的异质性和非线性关系。混频数据可能包含不同频率和不同特征的波动，传统方法往往无法准确捕捉这些复杂的关系，从而在模型的准确性和预测性能上存在不足。最后，同频化处理可能导致忽视样本信息和抹杀数据波动频次等问题，从而在一定程度上人为减少了样本信息的有效利用（高华川和白仲林, 2016；刘汉等, 2017）。因此，对于混频数据的处理和建模需要采用更加先进和适应性强的方法。总之，随着数据计算和计算机技术的不断进步，混频数据的处理和建模成为经济学研究中的重要课题。传统的同频化处理方法存在一定的局限性，因此需要探索更加先进和适应性强的方法来处理混频数据，并提高模型的准确性和预测性能。

在面对混频数据挑战的同时，MIDAS 模型的提出为解决这一问题带来了新的思路。MIDAS 模型最初由 Ghysels 等（2004）提出，它在不同频率的数据之间建立了有效的联系，无须对数据进行同频化处理，从而更好地保留了原始数据的信息。这使得 MIDAS 模型成为处理混频数据的一种有力工具。MIDAS 模型最初主要应用于金融领域，特别是对股票市场的高频数据进行建模。然而，随着对该模型在宏观经济领域的研究不断深入，MIDAS 模型逐渐展现出在宏观经济学中的独特价值。研究者们通过引入因子模型和其他扩展方法，进一步提高了 MIDAS 模型的预测性能。在将 MIDAS 模型引入宏观经济领域的早期研究中，Clements 和 Galvão（2009）是其中的先驱之一。他们在模型中引入了因子模型，取得了较好的预测效果。MIDAS 模型由于能够无损地捕捉原始数据的信息，因此被广泛应用于宏观经济的预测中（郑挺国和尚玉皇, 2013）。

　　MIDAS 模型的独特之处在于其能够处理不同频率的数据，并将它们融合到一个统一的框架中进行建模和预测。这种特性使得它在宏观经济学中具有广泛的应用前景，也在宏观经济学的应用中逐渐得到认可。通过引入因子模型和其他扩展方法，研究者们不断提高 MIDAS 模型的预测性能，并将其应用于宏观经济变量的建模和预测中，为宏观经济研究提供了新的工具和视角。例如，宏观经济领域的经济增长、通货膨胀、利率和就业等重要指标通常以较低的频率发布，如季度或年度数据。然而，市场和其他相关因素的高频数据（如每日或每月数据）可能包含了关于这些指标的重要信息。MIDAS 模型可以将不同频率的数据进行有效的整合，以提高对宏观经济变量的预测能力。

　　混频数据模型是一种利用原始数据的信息构建模型的方法，不对混频数据做任何处理。目前处理混频数据的模型主要包括 MIDAS 模型和向量自回归移动平均（vector autoregressive moving average，VARMA）模型。Ghysels 和 Wright（2009）在高频日数据预测中使用了 MIDAS 模型和卡尔曼滤波，然而，面对外部冲击如新冠疫情等，MIDAS 模型仍然面临一些新的挑战。这些突发事件可能导致宏观经济变量对 GDP 的非线性效应，因此在应用 MIDAS 模型时，如何识别这些非线性效应成为新的研究方向。同时，对于高维混频数据的处理，以及如何更好地应对模型中的异方差问题等，也是未来研究的重要方向。另一个限制是数据可用性对 MIDAS 回归的影响。例如，一些宏观经济数据按月抽样，如价格序列和货币总量，而其他序列按季度或年度抽样，通常是实际活动序列，如 GDP 及其组成部分。以通货膨胀与经济增长之间的关系为例，研究人员可以使用 MIDAS 回归将月度和季度数据结合起来，而不是将通货膨胀序列汇总到季度抽样频率以匹配 GDP 数据。这种方法可以更好地利用可用的数据，并提供更准确的预测和分析。MIDAS 回归还涉及时间聚合的问题。通常，用于研究聚合的数学结构假设潜在的随机过程在连续时间内演化，而数据是在等距的离散时间点上收集的。在连续时间内建立模型对于研究具有吸引力，因为它在独立于采样间隔的离散观测数据上强加了一种结构。

　　混频数据模型提供了一种利用原始数据信息的方法，但在实际应用中仍面临一些挑战。研究人员需要应对非线性效应的识别、处理高维混频数据和异方差问题等新的挑战。此外，数据可用性对 MIDAS 回归的影响也需要考虑。未来的研究可以继续探索这些问题，以进一步改进混频数据模型的准确性和适用性。模型中的异方差问题同样需要关注。异方差指的是数据中方差随时间或其他因素变化的情况。在经济数据中，异方差常常存在，如金融市场中的波动性聚集效应。异方差可能导致预测的不准确性，并对模型的稳健性产生负面影响。因此，需要采用适当的方法来处理异方差，如 GARCH 模型或其他异方差调整技术。这些方法可以帮助更好地捕捉到数据中的波动性模式，并提高模型的预测性能。混频数据模型还可以与其他方法和技术相结合，以进一步提高预测的准确性和稳健性。例如，机器学习和人工智能技术可以用于挖掘数据中的复杂关系和模式，并提供更精确的预测。同时，时间序列分析中的其他模型和方法，如 ARIMA（autoregressive integrated moving average，自回归移动平均）模型、状态空间模型等，也可以与混频数据模型相结合，以充分利用不同模型的优势，提高预测的效果。

首先，MIDAS 模型在宏观经济预测中的应用取得了显著的成就。Marcellino 等（2007）引入了因子模型来增强 MIDAS 模型的性能。他们的研究表明，在短期预测方面，MIDAS 模型表现出优异的性能，并且在许多实际预测中，无限制的 MIDAS 模型的预测效果最好。这些结果表明，MIDAS 模型在宏观经济总量的短期预测中具有显著的优势。Hogrefe（2008）对单频、混频和插值方法在预测修正后的美国 GDP 数据方面进行了比较研究。他发现，在样本外预测中，MIDAS 模型表现最佳。这意味着 MIDAS 模型能够更准确地捕捉到经济数据的动态特征，从而提高了 MIDAS 模型的预测能力。Ghysels 和 Wright（2009）利用 MIDAS 模型和卡尔曼滤波方法，使用高频日数据预测了实际 GDP 增长率、通货膨胀率、短期国库券和失业率。研究结果显示，相比于简单的随机基准预测方法，MIDAS 模型的预测效果更好。这表明 MIDAS 模型在高频数据的预测中具备优势，并能够更准确地反映经济指标的变动。Clements 和 Galvão（2009）采用多领先指标的多变量 MIDAS 模型来预测美国产出。他们的研究结果显示，MIDAS 模型相比于一阶自回归（autoregressive，AR）模型具有明显的优势，预测结果更加准确，这进一步表明了 MIDAS 模型在宏观经济预测中的显著优势。这些研究结果明确地表明，MIDAS 模型在宏观经济预测中具有显著的优势。通过引入因子模型、利用高频数据和结合多领先指标等方法，MIDAS 模型能够提供更准确、更可靠的预测结果，为决策者和研究人员提供有价值的信息，从而帮助其更好地理解和预测宏观经济变量的走势。

另一种处理混频数据的模型是 Zadrozny（1988）提出的用于连续混频时间序列的 VARMA 模型，然后将其推广到用于离散混合时间序列的 VARMA 模型（Zadrozny，1990）。这种模型的基本思想是将低频数据视为具有循环默认值的高频数据。举个例子来说，我们可以将季度数据视为季度末月度数据的值。例如，将 2010 年第一季度的数据视为 2010 年 3 月的数据，而其他月份的数据则视为默认值。基于这种观点，我们可以使用卡尔曼滤波方法来估计混合 VARMA 模型，其中包括状态空间和默认高频数据。在这个模型中，卡尔曼滤波方法被应用于估计未观测状态变量和参数。通过将低频数据与默认高频数据相结合，VARMA 模型能够捕捉到混合频率数据中的动态关系和波动性。这种方法的一个重要优势是能够利用高频数据的信息来填补低频数据的缺失，从而提供更准确的估计和预测。它还允许我们在混合频率数据集中进行更精细的时间分析，并且可以适应不同的时间间隔和数据频率。混合 VARMA 模型为处理混频数据提供了一种灵活且有力的工具。它在管理科学与工程领域中的应用具有重要意义，可以用于经济学、金融学和其他相关领域中的时间序列分析、预测和决策制定。通过充分利用混频数据的特点，这种模型有助于我们更好地理解和解释复杂的经济和社会现象。

其次，在过去的研究中，Marsilli（2014）首次将稀疏惩罚函数 LASSO 与 MIDAS 模型结合，开发了 MIDAS-LASSO 模型，并将其应用于预测美国季度 GDP 增长率。实证结果表明，该模型能够有效地利用混频数据的信息，通过降维、参数估计和变量选择等手段提高了预测精度。随后，Siliverstovs（2017）将弹性网络（elastic net）与无约束混频数据抽样（unrestricted MIDAS，U-MIDAS）模型相结合，构建了 MIDASSO（MIDAS with LASSO）模型，并将其应用于预测瑞士季度实际 GDP 增长率。研究结果显示，MIDASSO 模型的预测精度优于基准模型。为了进一步提高模型的性能，Uematsu 和 Tanaka（2019）将 LASSO、SCAD（smoothly clipped absolute deviation）惩罚函数和 MCP（model compliance program）惩罚函数与 U-MIDAS 模型相结合，构建了惩罚无约束混频数据抽样（penalized unrestricted MIDAS，P-U-MIDAS）模型，并从理论上证明了惩罚函数应用于高维混合时间序列数据的合理性。然而，当 U-MIDAS 模型处理混频数据时，需要通过多级迟滞运算将高频解释变量转换为频率对齐变量，以匹配低频目标变量。在这种情况下，如果同一解释变量变换后产生的任意频率对齐项对目标变量有重要影响，那么该解释变量就对目标变量具有重要影响。因此，来自同一高频变量的一组低频对齐向量应被视为一个不可分割的整体。然而，基于单变量选择惩罚函数的 P-U-MIDAS 模型倾向于随机选择同一变量的某一频率对齐项，忽略了变量选择的完整性。

为了解决这个问题，Xu 等（2018）结合了基于 U-MIDAS 模型的群体变量选择的 LASSO 组（Yuan and Lin，2006）、SCAD 组（Wang et al.，2007）和 MCP 组（Huang et al.，2012）惩罚函数。他们构建了一种群体惩罚无约束混频数据抽样（group penalized unrestricted MIDAS，GP-U-MIDAS）模型，并将其应用于预测美国季度 GDP 增长率。这种模型在预测 GDP 增长方面取得了良好的结果，并且能够为中央行政和行业层面的决策过程提供重要参考。通过引入不同的惩罚函数并将其与 MIDAS 模型结合，研究人员在宏观经济预测领域取得了显著的进展。这些模型的应用不仅提高了预测精度，还能够从混频数据中选择最相关的变量，为决策者提供更可靠的信息，以支持宏观经济政策和战略的制定。

由于 GDP 计量困难，因此预测 GDP 增长的报告的发布被推迟了几个月，并且需要进行反复修订。这对于政策制定者和市场参与者来说是一个障碍,因为他们需要站在经济变化的前沿,或者至少需要快速做出调整。因此,迫切需要可靠的预测方法,但大多数现有的预测模型无法满足这种需求。这种情况部分是因为现有的预测模型经常忽略数据中的非线性关系,特别是在商业周期模式中。商业周期的存在表明经济活动存在周期性波动,而这种波动往往会影响到 GDP 的增长和变化。忽视这种非线性关系可能导致预测的不准确性,因为经济中的周期性波动在一定程度上是可以预测的。因此,将商业周期模式纳入预测模型是非常重要的,以便更好地捕捉经济变化的动态特征。现有的预测模型还未能充分探索非正式内容中比 GDP 更频繁或延迟更短的发布数据。除了 GDP 之外,还存在许多其他的经济指标和高频数据,如零售销售数据、就业数据、制造业指数等,它们可以提供更实时和详细的关于经济活动的信息。这些数据可能包含了市场情绪、消费者行为、企业活动等方面的信息,对于预测经济变化起着重要作用。因此,将这些非正式数据纳入预测模型中,可以增加模型的准确性和前瞻性,提供更及时的情报。由于 GDP 计量困难,现有的预测模型在应对这一挑战时存在一些限制。为了提供可靠的预测,我们需要考虑到数据中的非线性关系,特别是商业周期模式,并充分利用比 GDP 更频繁或延迟更短的发布数据的非正式内容。这样一来,我们可以更好地捕捉经济变化的动态特征,并为政策制定者和市场参与者提供更准确、实时的预测信息,以应对经济的变化和风险。

为了解决上述问题,经济学领域可以采用多种方法,包括 Hamilton(1989)引入的状态切换模型。这种模型将状态的变化考虑进来,允许模型的参数在经济的不同状态下进行调整。例如,在美国经济中,扩张期和衰退期的经济参数可能存在差异。研究通过在 MIDAS 回归中引入状态切换模型,并结合动态因素分析(可参考 Stock and Watson,2002),可以更好地捕捉经济状态的变化,并提高模型的预测性能。MIDAS 模型是一种能够在同一回归中包含不同频率时间序列的方法,而无须对数据进行转换聚合或插值。这种模型在短期预测中可以利用高频变量的观测结果,即使相应的低频变量数据观测结果尚未可用。MIDAS 模型的优势在于可以更好地捕捉不同频率数据之间的关系,提供更准确的预测和分析结果。

动态因素分析是一种通过总结未观察到的因素在观察变量中的变化来帮助开发大型数据集的信息内容的技术。它通过将数据集中的变化解释为单个因素的影响,而不仅是单个变量,从而捕捉更多的信息,并确保模型的简洁性。动态因素分析可以帮助经济学家从大规模的数据集中提取出有用的信息和模式,进而进行更精确的预测和决策支持。经济学领域可以利用 Hamilton(1989)引入的状态切换模型、MIDAS 模型和动态因素分析等方法来解决复杂经济的问题。这些方法的应用可以提高模型的拟合能力、预测准确性,并为经济学家提供更多的见解和决策支持。

通过使用群体惩罚函数,将同一变量的所有滞后项视为一个不可分割的整体,同时保留或消除滞后项,改善了 P-U-MIDAS 模型变量选择结果分散、随机的缺陷。上述高维混频数据模型可以利用高维混频数据信息实时、短期地预测季度实际 GDP 增长率。然而,2020 年初新冠疫情等重大公共卫生事件给中国经济带来了巨大的外部冲击,这些突发事件将导致宏观经济变量对 GDP 的不同非线性效应。因此,在应用高维混频数据建模时,如何识别经济运行过程中外部环境不稳定导致的可能过渡点的非线性效应? 近年来,Ciuperca(2014)研究了能够识别多个过渡点的阈值回归模型,并利用 LASSO 等惩罚函数对模型进行估计,以达到参数估计和变量选择的双重目的。然而,其仅在解释变量数量较少的情况下验证了所提出模型的优势。为此,Lee 等(2016)提出了一种可以同时进行参数估计、变量选择和过渡点分析的高维阈值回归模型。蒙特卡罗仿真结果表明,该模型在低维和高维数据环境下的预测效果都是最优的。但是,该模型不能直接用于混频数据的分析。

Ghysels 和 Wright(2009)构建了混频模型,该模型可以包含不同频率的数据类型,具有较高的灵活性,可以有效地解决数据频率不一致的问题。同时,MIDAS 模型能够充分捕获现阶段的信息,弥补了由于经济数据公布的滞后而无法及时有效利用信息预测经济变量的不足,进一步提高了相关数据的预测精度。Engle 等(2013)将 MIDAS 模型思想与 GARCH 模型结合,首次设计了 GARCH-MIDAS 模型,把高频波动率合理地划分为长期分量和短期分量,将低频波动率作为表征波动率长期分量的因子,用于关联单因子与长期成分。

波动率的预测一直是金融计量学领域研究的热点与难点,特别是对于原油期货这样的关键性大宗商品,其价格波动的预测对于市场参与者来说具有极高的实用价值。本书中,我们选用了标准 MIDAS 模型作为我们的基准预测工具来预测原油期货价格的波动,并在此基础上构建了 MIDAS-RV(MIDAS-realized volatility,混频数据抽样–已实现波动率)模型,旨在更精确地捕捉原油期货价格的波动特性。MIDAS 模型在预测波动性和提高预测性能方面具有广泛应用(参见 Ghysels and Wright,2009;Ghysels and Sohn,2009;Santos and Ziegelmann,2014;Ma et al.,2019)。

MIDAS 模型在预测波动性方面的优势已被多次验证。Ghysels 等(2006)的开创性工作展示了 MIDAS 模型在提升预测性能方面的显著效果。此后,Santos 和 Ziegelmann(2014)进一步对比了 MIDAS 与 HAR 模型在预测性能上的差异,尽管他们发现两者在统计学上表现相近,但 MIDAS 模型在使用 BPV 和 RPV(realized power variation,实现功率变差)作为回归变量时表现出了更高的准确性,特别是在涉及 RV 模型时。这一发现进一步巩固了 MIDAS 模型在波动性预测领域的地位。

Ma 等（2019）进一步扩展了 MIDAS-RV-CJ 模型，其中包括三个新的跳跃组件，从而显著改进了基准模型的性能。需要注意的是，HAR-RV 模型实际上是从 MIDAS-RV 模型演变而来的，是其一种特例。从直观上看， MIDAS-RV 模型比 HAR-RV 模型更能反映价格异质性，这意味着在实际应用中，MIDAS-RV 模型具有更好的预测性能。Ghysels 等（2006）认为，HAR 模型只是 MIDAS-RV 模型的一种特殊形式。此外，一些研究（如 Audrino and Knaus，2016；Audrino et al.，2019）表明，HAR 模型中每周和每月 HAR 成分的结构不能完全反映价格异质性的特征，滞后顺序的选择可能不是最优的。

到目前为止，很少有研究使用 MIDAS-RV 模型来预测油价波动，尤其是在利用盘中信息的原油期货价格方面。本书旨在填补这一研究空白，探索使用 MIDAS-RV 模型预测油价波动的潜力，并结合原油期货价格的盘中信息，以提高预测的准确性和实用性。通过这项研究，我们希望为原油市场相关的决策制定者和投资者提供更可靠的预测工具，以应对市场风险和波动性。

本章的主要目的是利用多个日间和盘中跳跃测试来研究跳跃对国际原油期货价格波动的影响，并利用马尔可夫机制转换的 MIDAS 模型框架评估各种跳跃对价格波动的可预测性。在跳跃测试方面，我们介绍了几种流行的测试方法，可以分为两类：日间跳跃测试［如 Z 测试（Huang and Tauchen，2005；Barndorff-Nielsen and Shephard，2006；Andersen et al.，2007b）和 C-Tz 测试（Corsi et al.，2010）］以及日内跳跃测试［如 ABD 测试（Andersen et al.，2007b）、LM（likelihood ratio，似然比检验）测试（Lee and Mykland，2008）、SBNS（sample boundary nonparametric，样本边界非参数）测试（Andersen et al.，2010）和 TOD（two-sample overlap of distribution，双样本重叠度）测试（Bollerslev et al.，2013）］。

首先，我们对标准的 MIDAS-RV 模型进行了扩展，得到了六个扩展模型，包括 MIDAS-CJ、MIDAS-TJ、MIDAS-ABD、MIDAS-SBNS、MIDAS-LM 和 MIDAS-TOD。其次，我们将马尔可夫转换机制模型引入该框架及其扩展模型，构建了 MS-MIDAS 及其拓展模型。因此，我们得到了七个 MS-MIDAS 模型，分别是 MS-MIDAS- RV、MS-MIDAS-CJ、MS-MIDAS-TJ、MS-MIDAS-ABD、MS-MIDAS- SBNS、MS-MIDAS-LM 和 MS-MIDAS-TOD。通过这些模型，我们可以研究跳跃对原油期货价格波动的影响，并评估不同模型在预测价格波动方面的性能。这些模型的引入为我们提供了更全面的视角，使我们能够更好地理解和预测原油期货市场的波动性。

通过本章的研究，我们希望能够揭示混频模型对原油期货价格波动的重要性，并为投资者和决策者提供更准确的价格波动预测工具，以帮助他们制定更有效的投资和风险管理策略。

1. MIDAS 模型

使用 MIDAS 模型作为基准模型来预测原油期货价格的 RV，该模型被称为 MIDAS-RV，已在一些现有文献中被应用（例如，Ghysels and Wright，2009；Santos and Ziegelmann，2014；Ma et al.，2019）。MIDAS-RV 模型被定义为

$$RV_{t+1} = \beta_0 + \beta_1 \sum_{k=1}^{k^{\max}} b\left(k, \theta^{RV}\right) RV_{t-k} + \varepsilon_{t+1} \tag{5-1}$$

其中，$k^{\max}$ 为最大滞后阶数；ε_{t+1} 为残差项。与 Ghysels 和 Sohn（2009）的研究一致，将 $k^{\max}$ 设置为 50，权重 $b\left(k, \theta^{RV}\right)$ 可以表示为

$$b\left(k, \theta^{RV}\right) = f\left(\frac{k}{k^{\max}}, \theta_1, \theta_2\right) \Bigg/ \sum_{k=1}^{k^{\max}} f\left(\frac{k}{k^{\max}}, \theta_1, \theta_2\right) \tag{5-2}$$

其中，$f(z, a, b)$ 为不定积分函数的参数，$f(z, a, b) = z^{a-1} (1-z)^{b-1} / \varphi(a, b)$，$\varphi(a, b) = \Gamma(a) \Gamma(b) / \Gamma(a+b)$。根据现有文献（如 Engle et al.，2013；Santos and Ziegelmann，2014；Conrad and Loch，2015），设置加权方案的参数 θ_1 为 1。因此，加权值仅取决于参数 θ_2，该参数应大于 1，以确保非负波动。

2. MIDAS-CJ 模型

Santos 和 Ziegelmann（2014）以及 Ma 等（2019）给出了 MIDAS-CJ 模型。MIDAS-CJ 模型是 MIDAS 模型的一个扩展版本，结合了跳跃成分（jump component），进一步提升了模型在预测波动性方面的能力。该模型包括连续样本路径（CRV_t）和显著跳跃（CJ_t），考虑了包括连续样本路径和跳跃检验两种方法。MIDAS-CJ 模型的核心思想在于将市场中的跳跃成分纳入考虑范围。在金融市场中，价格的跳跃往往由突发事件或重大新闻引起，这些事件可能导致价格出现非连续的、大幅度的变动。因此，将跳跃成分纳入模型可以更好地捕捉这些非连续变化，提高预测的准确性。具体来说，在构建 MIDAS-CJ 模型时，将不同频率的数据（如日度、周度、月度数据等）纳入模型，并通过特定的权重函数来赋予不同频率数据不同的重要性。同时，模型还考虑了跳跃成分，即价格的非连续、大幅度变动。通过捕捉这些跳跃成分，MIDAS-CJ 模型能够更全面地反映市场的动态变化。该模型表达式如下：

$$RV_{t+1} = \beta_0 + \beta_1 \sum_{k=1}^{k^{\max}} b\left(k, \theta^{CRV}\right) CRV_{t-k} + \beta_2 \sum_{k=1}^{k^{\max}} b\left(k, \theta^{CJ}\right) CJ_{t-k} + \varepsilon_{t+1} \tag{5-3}$$

MIDAS-CJ 模型通过引入跳跃成分，能够更好地捕捉市场的非连续变化，从而在预测波动性方面更具优势。通过引入跳跃成分，MIDAS-CJ 模型能够更准确地预测原油价格的波动性，尤其在面对市场极端情况时（Ma et al., 2019）。

总体来说，MIDAS-CJ 模型是一种强大的波动性预测工具，它能够同时处理不同频率的数据并考虑跳跃成分，从而更准确地捕捉市场的动态变化。在原油期货市场等关键性大宗商品市场中，MIDAS-CJ 模型的应用具有广阔的前景，能够为投资者和决策者提供更准确、更可靠的预测信息，帮助他们制定更有效的投资策略和风险管理方案。另外，本节介绍了其他基于不同日间和日内跳跃检验的扩展模型，这些模型只包括两个分量，连续波动率分量和跳变分量，这与 MIDAS-CJ 模型类似。

3. MIDAS-TJ 模型

在 MIDAS-TJ 模型中，跳跃成分的引入是为了捕捉市场中的非连续、大幅度的价格变动。这些跳跃通常是由突发事件、重大新闻或其他非预期事件引起的，对市场的波动性产生显著影响。通过考虑跳跃成分，MIDAS-TJ 模型能够更准确地刻画市场的动态变化，而 C_Tz 检验则是 MIDAS-TJ 模型中用于识别跳跃的关键工具。C_Tz 检验是一种基于统计推断的方法，用于检测时间序列数据中是否存在跳跃点。该检验通过对数据的分布特性进行分析，识别出那些与正常波动水平显著不同的异常点，即跳跃点。在 MIDAS-TJ 模型中，C_Tz 检验被用于从数据中分离出跳跃成分，进而将其纳入模型的构建中。

通过结合 MIDAS 模型与跳跃成分，并利用 C_Tz 检验进行跳跃识别，MIDAS-TJ 模型能够更全面地考虑市场中的不同因素，提供更准确的波动性预测。该模型不仅利用了混频数据的优势，还通过引入跳跃成分捕捉了市场的非连续变化，从而提高了预测的准确性。该模型主要依赖于 C_Tz 检验，包括连续波动率分量和跳变分量。MIDAS-TJ 模型可以表示为

$$RV_{t+1} = \beta_0 + \beta_1 \sum_{k=1}^{k^{\max}} b(k, \theta^{\text{TRV}}) TRV_{t-k} + \beta_2 \sum_{k=1}^{k^{\max}} b(k, \theta^{\text{TJ}}) TJ_{t-k} + \varepsilon_{t+1} \qquad (5-4)$$

其中，TRV_{t-k} 为第 $t-k$ 期的阈值变量；TJ_{t-k} 为第 $t-k$ 期的阈值跳跃。

4. MIDAS-ABD 模型

MIDAS-ABD 模型是 MIDAS 模型的一个变体，它结合了异方差性（heteroskedasticity）、自回归（autoregressive）和分布滞后（distributed lag）的特性，以更好地捕捉时间序列数据中的动态变化。该模型旨在解决金融时间序列数据中存在的异方差性问题，并通过自回归和分布滞后机制来捕捉数据的自相关性

和不同频率成分的影响。

首先，异方差性是金融时间序列数据中的一个重要特征，它指的是不同时间点的波动性存在差异。MIDAS-ABD 模型通过引入异方差项来适应这种变化，使模型能够更好地拟合实际数据的波动性特征。其次，自回归机制是 MIDAS-ABD 模型的另一个重要组成部分。它考虑了时间序列数据中的自相关性，即当前时间点的值受到过去时间点的值的影响。通过引入自回归项，模型能够捕捉这种时间依赖性，并更准确地预测未来的波动性。最后，分布滞后机制是 MIDAS-ABD 模型的另一个关键特性。它允许模型考虑不同频率的数据，并赋予它们不同的权重。这意味着模型可以综合利用高频数据和低频数据的信息，以更全面地反映市场的动态变化。通过适当选择权重函数，MIDAS-ABD 模型可以灵活地处理不同频率数据之间的关系，提高预测的准确性。

MIDAS-ABD 模型定义为

$$
\begin{aligned}
RV_{t+1} = \beta_0 &+ \beta_1 \sum_{k=1}^{k^{\max}} b\left(k, \theta^{RV\_ABD}\right) RV\_ABD_{t-k} \\
&+ \beta_2 \sum_{k=1}^{k^{\max}} b\left(k, \theta^{JV\_ABD}\right) JV\_ABD_{t-k} + \varepsilon_{t+1}
\end{aligned} \tag{5-5}
$$

其中，RV_ABD_{t-k} 为第 $t-k$ 期的连续波动率成分；JV_ABD_{t-k} 为第 $t-k$ 期的跳跃变化量。

5. MIDAS-SBNS 模型

MIDAS-SBNS 模型是一种融合了 MIDAS、RV、跳跃成分和非对称效应的模型。其中，跳跃成分是 MIDAS-SBNS 模型的重要组成部分。在金融市场中，价格的跳跃往往由突发事件或重大新闻引起，这些事件可能导致价格出现非连续的、大幅度的变动。MIDAS-SBNS 模型通过引入跳跃成分，能够更好地捕捉这些非连续变化，从而更准确地预测市场的波动性。

非对称效应是 MIDAS-SBNS 模型考虑的重要因素之一。在金融市场中，正向和负向的冲击往往对市场的波动性产生不同的影响。非对称效应能够捕捉这种差异，并允许模型在预测波动性时考虑这种不对称性。这有助于提高模型在面对不同市场情况时的预测能力。通过结合 SBNS 检验，得到 MIDAS-SBNS 模型如下：

$$
\begin{aligned}
RV_{t+1} = \beta_0 &+ \beta_1 \sum_{k=1}^{k^{\max}} b\left(k, \theta^{RV\_SBNS}\right) RV\_SBNS_{t-k} \\
&+ \beta_2 \sum_{k=1}^{k^{\max}} b\left(k, \theta^{JV\_SBNS}\right) JV\_SBNS_{t-k} + \varepsilon_{t+1}
\end{aligned} \tag{5-6}
$$

6. MIDAS-LM 模型

MIDAS-LM 模型是 MIDAS 模型与长记忆性特性相结合的产物。这种模型旨在捕捉金融时间序列数据中的长期依赖关系，即过去的信息在较长时间内对未来仍具有显著影响。长记忆性是指金融时间序列数据中存在的长期自相关性，即序列中的值在相隔较远的时间点上仍然保持一定的相关性。这种特性在金融市场中尤为常见，尤其是在波动性预测中，过去的信息往往对未来的波动性具有重要影响。

MIDAS-LM 模型通过结合 MIDAS 模型和长记忆性特性，能够更准确地捕捉金融时间序列数据中的动态变化。该模型不仅考虑了不同频率数据的影响，还充分利用了数据中的长期依赖关系，从而提高了波动性预测的准确性。在参数估计方面，MIDAS-LM 模型可能需要采用特定的统计方法和技术，以处理长记忆性带来的复杂性和挑战。例如，分数阶差分（fractional differencing）等方法常被用于估计具有长记忆性特性的时间序列模型。

需要注意的是，虽然 MIDAS-LM 模型在理论上具有诸多优势，但在实际应用中仍需谨慎处理。模型的参数估计可能较为敏感，且计算复杂度可能较高。此外，长记忆性的存在也可能导致模型的稳定性问题，需要仔细评估和检验。该模型取决于 LM 检验，表示为

$$
\begin{aligned}
\mathrm{RV}_{t+1} = \beta_0 + \beta_1 \sum_{k=1}^{k^{\max}} b\left(k, \theta^{\mathrm{RV\_LM}}\right) \mathrm{RV\_LM}_{t-k} \\
+ \beta_2 \sum_{k=1}^{k^{\max}} b\left(k, \theta^{\mathrm{JV\_LM}}\right) \mathrm{JV\_LM}_{t-k} + \varepsilon_{t+1}
\end{aligned}
\tag{5-7}
$$

其中，$\theta^{\mathrm{RV\_LM}}$ 为连续波动率的权重函数；$\mathrm{RV\_LM}_{t-k}$ 为第 $t-k$ 期根据 LM 测试计算的连续波动率成分；$\theta^{\mathrm{JV\_LM}}$ 为跳跃成分的权重函数；$\mathrm{JV\_LM}_{t-k}$ 为第 $t-k$ 期根据 LM 测试计算的跳跃变化量。

7. MIDAS-TOD 模型

MIDAS-TOD 模型则是在 MIDAS 模型的基础上引入了时变（time-varying）或其他特定优化（optimized）特性，以适应金融市场的复杂性和动态性。时变性通常指的是模型的参数或结构会随着时间的变化而变化，以更好地捕捉市场的实时动态。而优化特性则可能涉及对模型参数或结构的优化调整，以提高模型的预测精度和稳健性。该模型使用 TOD 检验，MIDAS-TOD 模型的表达式为

$$
\mathrm{RV}_{t+1} = \beta_0 + \beta_1 \sum_{k=1}^{k^{\max}} b\left(k, \theta^{\mathrm{RV\_TOD}}\right) \mathrm{RV\_TOD}_{t-k}
$$

$$+\beta_2\sum_{k=1}^{k^{\max}}b\left(k,\theta^{\mathrm{JV\_TOD}}\right)\mathrm{JV\_TOD}_{t-k}+\varepsilon_{t+1}\qquad（5-8）$$

8. 马尔可夫机制转换 MIDAS 模型

本章将马尔可夫机制转换模型引入 MIDAS-RV 模型及其扩展模型,然后构建 MS-MIDAS 模型。相应的参数 S_t 取决于离散状态变量,S_t 为滞后期数。根据 Chen (2011)、Shi 和 Ho(2015)、Wang 等(2016)和 Ma 等(2017)的研究,研究还考虑了两种情况,高波动率($S_t=0$)和低波动率($S_t=1$),这代表了现实世界中的不同条件。因此,我们有七个新模型,分别是 MS-MIDAS-RV、MS-MIDAS-CJ、MS-MIDAS-TJ 、 MS-MIDAS-ABD 、 MS-MIDAS-SBNS 、 MS-MIDAS-LM 和 MS-MIDAS-TOD。这些模型的引入允许我们根据不同的状态变量,考虑不同波动率条件下的价格波动性。通过使用马尔可夫转换机制,我们能够更好地捕捉市场中的不确定性和变化,并提高对价格波动的预测能力。

以 MS-MIDAS-CJ 模型为例介绍新模型,该模型的表达式为

$$\mathrm{RV}_{t+1}=\beta_{0,S_t}+\beta_{1,S_t}\sum_{k=1}^{k^{\max}}b\left(k,\theta^{\mathrm{CRV}}\right)\mathrm{CRV}_{t-k}+\beta_{2,S_t}\sum_{k=1}^{k^{\max}}b\left(k,\theta^{\mathrm{CJ}}\right)\mathrm{CJ}_{t-k}+\varepsilon_{t+1}\qquad（5-9）$$

其中,β_{0,S_t}、β_{1,S_t} 和 β_{2,S_t} 为由不同转移概率和 $\varepsilon_{t+1}\sim N\left(0,\sigma_{S_t}^2\right)$ 驱动的状态参数。具体来说,具有常数转移概率矩阵的两个马尔可夫状态表示为

$$P_t=\begin{bmatrix}p^{00} & 1-p^{00}\\1-p^{11} & p^{11}\end{bmatrix}\qquad（5-10）$$

其中,$p^{11}=p(S_t=1\,|\,S_{t-1}=1)$ 和 $p^{00}=p(S_t=1\,|\,S_{t-1}=1)$,MS-MIDAS-CJ 模型可以使用最大似然函数和 Hamilton(1989)的滤波程序以及 Rizzo 和 Battaglia(2016)的遗传算法进行估计。其余的马尔可夫机制转换 MIDAS 模型类似于 MS-MIDAS-RV 模型[①]。

在本书中,我们采用标准 MIDAS 模型作为基准模型来预测原油期货价格的波动,我们将其称为 MIDAS-RV 模型。MIDAS 模型在预测波动性和提高预测性能方面具有广泛应用(参见 Ghysels,2009;Ghysels and Sohn,2009;Santos and Ziegelmann,2014;Ma et al.,2019)。

值得注意的是,Santos 和 Ziegelmann(2014)发现,在大多数情况下,HAR 模型和 MIDAS 模型预测性能在统计学是相等的。然而,他们同时揭示了 MIDAS

---

① 估计 MS-MIDAS-CJ 模型的详细步骤可以参考 Ma 等(2020)的研究。

预测模型中使用 BPV 和 RPV 作为回归变量的准确性优势，尤其在考虑 RV 模型时。

Ma 等（2019）进一步扩展了 MIDAS-RV-CJ 模型，其中包括三个新的跳跃组件，从而显著改进了基准模型的性能。需要注意的是，HAR-RV 模型实际上是从 MIDAS-RV 模型演变而来的，是其一种特例。从直观上看，MIDAS-RV 模型比 HAR-RV 模型更能反映价格异质性，这意味着在实际应用中，MIDAS-RV 模型具有更好的预测性能。Ghysels 等（2006）认为，HAR 模型只是 MIDAS-RV 模型的一种特殊形式。此外，一些研究（如 Audrino and Knaus，2016；Audrino et al.，2019）表明，HAR 模型中每周和每月 HAR 成分的结构不能完全反映价格异质性的特征，滞后顺序的选择可能不是最优的。

5.2　数据及描述性统计

本章从汤森路透（Thomson Reuters）公司的历史数据库中收集原油期货 WTI 2007 年 1 月 1 日至 2018 年 4 月 30 日的 5 分钟高频原油数据。根据现有的研究（Haugom et al.，2014；Ma et al.，2017；Ma et al.，2019），在权衡市场微观结构噪声和估计精度之间时，5 分钟的时间间隔被认为是一个适合的频率。这个时间间隔可以在考虑到市场噪声的同时，提供相对准确的波动率估计。

此外，Liu 等（2015）进行了一项研究，使用了大约 40 个不同资产的波动率估计，他们发现相较于其他频率的估计方法，5 分钟的 RV 表现出相对优越的性能。这表明在估计资产价格的波动率时，5 分钟的间隔可以提供更为准确的结果。

综合这些研究结果，我们可以认为在权衡市场微观结构噪声和估计精度之后，使用 5 分钟的间隔来估计资产价格的波动率是一个合适的选择。这种频率具有相对较好的性能，能够提供可靠的波动率估计。

基于此，本章也采用了 5 分钟的采样频率进行研究。本章的全样本时间从 2007 年 1 月 1 日到 2018 年 4 月 30 日，去掉少量的交易日后获得 2880 个有效交易日。表 5-1 报告了已实现测度成分（如 RV）和跳跃成分（如 CJ、TJ、ABD、SBNS、LM 和 TOD）的汇总统计数据。我们的样本内估计结果显示，当前的高波动性将导致不同模型在第二天的高波动性。此外，当使用 MIDAS 模型的框架时，跳跃对未来原油期货波动有显著的积极影响，但当考虑马尔可夫机制转换模型时，这些影响是混合的。可观察到，在 1% 的显著性水平上，所有变量都是偏斜和尖峰的。此外，Jarque-Bera 统计数据表明，这些序列偏离了正态分布，Ljung-Box 统计数据表明这些序列包含自相关。最后，ADF 检验统计表明，所有变量都是平稳的。

表 5-1　关于已实现测度成分和跳跃成分的统计说明

项目	均值	标准误	偏度	峰度	Jarque-Bera 统计量	$Q(5)$	ADF 检验
RV	2.68	4.10	4.28	23.79	76 468.42[***]	7 580.52[***]	27 773.66[***]
CJ	0.30	1.20	12.83	288.63	10 041 139.64[***]	22.31[***]	83.20[***]
TJ	0.41	1.40	10.61	204.66	5 062 886.26[***]	43.27[***]	164.82[***]
ABD	0.53	1.37	10.56	215.20	5 591 400.56[***]	215.83[***]	739.19[***]
SBNS	0.29	1.25	13.42	313.31	11 825 273.80[***]	16.62[***]	65.75[***]
LM	0.58	1.61	8.64	131.49	2 103 383.24[***]	101.36[***]	377.30[***]
TOD	0.79	1.67	7.91	115.16	1 615 910.34[***]	621.50[***]	2 050.72[***]

注：原始数据（例如，RV 和跳跃成分）乘以 10 000 以便观测。$Q(5)$表示最多五阶序列相关的 Ljung-Box 统计量

[***]表示 1%水平的统计显著性

图 5-1 显示了从 2007 年 1 月 1 日到 2018 年 4 月 30 日的原油期货价格 5 分钟 RV。在全球金融危机期间，原油期货价格达到了整个样本期的最高水平。然而，原油期货价格从 2014 年年中开始大幅下跌，并在 2016 年初左右达到低点。从图 5-1 可发现，在全球金融危机期间，原油期货市场经历了剧烈的动荡。2014 年以后，原油期货价格也出现了明显的高波动。

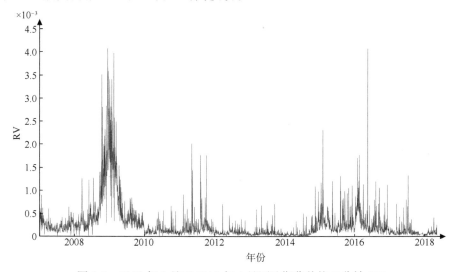

图 5-1　2007 年 1 月至 2018 年 4 月原油期货价格 5 分钟 RV

5.3　实　证　结　果

本章采用滚动窗口对原油期货的样本外 RV 进行预测。滚动窗口法，将整个

样本周期分为两个子样本：样本内估计和样本外评估。样本内的长度为 2000 天，样本外的长度为 880 天。例如，以样本外期间的第一个预测值（如 2014 年 10 月 30 日）为例，第一个样本内估计的时间跨度应从样本的第一天（2007 年 1 月 1 日）到第一个预测值之前（2014 年 10 月 29 日）。

根据 Kristjanpoller 和 Minutolo（2016）、Gong 和 Lin（2018b）、Ma 等（2019）的研究，本章使用 HMSE 和 HMAE 的两个损失函数估计所有预测模型之间的显著差异，HMSE 和 HMAE 被分别定义为

$$\text{HMSE} = \frac{1}{N} \sum_{n=1}^{N} \left(1 - \hat{\sigma}_{j,n}^2 / \text{RV}_n \right)^2 \tag{5-11}$$

$$\text{HMAE} = \frac{1}{N} \sum_{n=1}^{N} \left| 1 - \hat{\sigma}_{j,n}^2 / \text{RV}_n \right| \tag{5-12}$$

其中，N 为样本外周期的长度；$\hat{\sigma}_{j,n}^2$ 为模型 j 的 RV 预测；RV_n 为实际原油期货波动率。

为进一步检验模型的预测精度，本章利用 MCS 检验以及两个损失函数来确定最佳模型集。MCS 检验过程如下所示：假设存在一个模型集合 M_0，其中包括 j 个有限数量的模型。这些模型对象在样本 $t = 1, 2, \cdots, n$ 中被检验，其中 n 是关于损失函数 i 的期数。将 $L_{u,t}$ 表示为 t 期与模型 u 相关的损失，对于所有 $u, v \in M_0$，将相对性能变量表示为 $d_{uv,t} \equiv L_{u,t} - L_{v,t}$，幸存模型集可以定义为

$$M^* \equiv \left\{ u \in M_0 : E\left(d_{i,uv,t}\right) \leqslant 0, v \in M_0 \right\} \tag{5-13}$$

其中，$E\left(d_{i,uv,t}\right)$ 是在特定损失函数 i（在本章中，指 HMSE 和 HMAE）下的数学期望。

MCS 检验是通过一系列显著性检验进行的，在这些显著性检验中，被证明明显不如 M_0 的其他模型被逐步淘汰。检验的零假设如下：

$$H_{0,M} : E\left(d_{i,uv,t}\right) = 0 \quad u, v \in M \subset M_0 \tag{5-14}$$

MCS 检验是一种等价检验，其假设 H_0 为 $M \subset M_0$，它也是一种排除规则，即在拒绝的情况下将模型 M 排除在外。通过重复两个检验，集合 $\hat{M}_{1-\alpha}^*$ 中包含一系列"幸存"模型。

基于 Laurent 等（2012）和 Zhang 等（2019c）的研究，本章选择 25% 的显著性水平，然后确定最佳模型集。也就是说，如果模型可以在最佳模型集中生存，

则其 MCS 检验的 p 值应大于 0.25。因此，最佳模型集中的这些模型在预测原油期货 RV 方面明显优于被剔除的模型。MCS 检验的 p 值越大，相应模型的预测准确性就越高。

5.3.1　样本内估计结果

表 5-2 报告了 MIDAS-RV 及其扩展模型的估计结果。从表 5-2 所示的估计结果中，可以发现所有模型的参数 β_1 都明显为正，这表明当前的高波动率将导致第二天的高波动。此外，跳跃系数 β_2 在 1%置信水平上显著为正，这意味着跳跃将导致第二天的高波动率。权重函数的大多数参数都是显著的，并且满足约束条件（如 $\theta^X > 1$ 和 $\theta^Y > 1$）。表 5-3 则报告了加入马尔可夫机制转换模型后的增强 MIDAS 模型的样本内估计结果。从表 5-3 的检验结果发现在不同条件下，当前 RV 对未来 RV 有显著正向的预测。然而，不同检验的跳跃影响是混合的，这与表 5-2 中的结果明显不同。与 p^{00} 和 p^{11} 的幅度相比，所有马尔可夫机制转换模型中的高波动率机制都是短暂的，这与 Chen（2011）和 Ma 等（2017）的发现一致。

表 5-2　MIDAS-RV 及其扩展模型在样本内期间的估计

参数	MIDAS-RV	MIDAS-CJ	MIDAS-TJ	MIDAS-ABD	MIDAS-SBNS	MIDAS-LM	MIDAS-TOD
β_0	2.883***	−0.792***	−0.214***	−4.324***	−2.636***	−1.949***	4.199***
β_1	1.322***	0.899***	0.852***	0.500***	0.688***	0.750***	0.500***
β_2		146.48***	177.66***	188.66***	161.6***	192.48***	201.54***
θ^X	5.948***	14.656***	16.712***	32.275***	20.906***	31.139***	33.382***
θ^Y		3.585*	61.815**	6.914	85.444*	5.287**	7.632*

注：θ^X 的上标 X 表示基于预测模型的 RV、CRV、TRV、RV_ABD、RV_SBNS、RV_LM 和 RV_TOD；θ^Y 的上标 Y 表示基于预测模型的 CJ、TJ、JV_ABD、JV_SBNS、JV_LM 和 JV_TOD

***、**和*分别表示 1%、5%和 10%水平的统计显著性

表 5-3　具有马尔可夫机制转换的增强 MIDAS 模型的样本内估计结果

参数	MS-MIDAS-RV	MS-MIDAS-CJ	MS-MIDAS-TJ	MS-MIDAS-ABD	MS-MIDAS-SBNS	MS-MIDAS-LM	MS-MIDAS-TOD
$\beta_{0,0}$	−1.059***	6.028***	−4.251*	−5.150***	6.695***	−4.722***	−5.173***
$\beta_{0,1}$	0.441**	0.353***	3.146***	0.179	0.396	3.268**	0.432***
$\beta_{1,0}$	0.863***	1.567***	0.504***	0.379***	1.615***	0.454***	0.379***
$\beta_{1,1}$	1.058***	1.028***	1.347***	0.998***	1.032***	1.347***	1.101***
$\beta_{2,0}$		−52.744***	68.204*	21.838***	−37.934	81.687	61.77
$\beta_{2,1}$		−91.502***	−87.121	−4.533***	−68.151	−100.35*	−71.048***

参数	MS-MIDAS-RV	MS-MIDAS-CJ	MS-MIDAS-TJ	MS-MIDAS-ABD	MS-MIDAS-SBNS	MS-MIDAS-LM	MS-MIDAS-TOD
θ^X	7.395***	11.214***	1.345	12.27	11.527	1.191***	11.285***
θ^Y		10.273***	3.190	7.400***	1.248***	2.747***	1.0247***
σ_0	0.819***	1.661***	0.721***	0.960	2.048***	0.710***	0.814***
σ_1	0.374***	0.492***	0.467***	0.513	0.521***	0.465***	0.392***
p^{00}	0.567***	0.053***	0.913***	0.416***	0.003***	0.939***	0.414***
p^{11}	0.816***	0.950***	0.919***	0.941***	0.982***	0.941***	0.847***

注：θ^X 的上标 X 表示基于预测模型的 RV、CRV、TRV、RV_ABD、RV_SBNS、RV_LM 和 RV_TOD；θ^Y 的上标 Y 表示基于预测模型的 CJ、TJ、JV_ABD、JV_SBNS、JV_LM 和 JV_TOD

***、**和*分别表示 1%、5%和 10%水平的统计显著性

5.3.2　样本外估计结果

本章讨论了所有预测模型的样本外预测能力，并在表 5-4 中报告 MCS 检验结果时使用了 MCS 检验的两个统计量，区间统计量（T_R）和半二次统计量（T_{SQ}），有关这些统计量的更多详细信息可以在 Hansen 等（2011）的研究中找到。对于 MCS 检验的区间统计量，MIDAS-TOD、MS-MIDAS-SBNS 和 MS-MIDAS-TOD 模型的 MCS 检验的 p 值大于阈值 0.25，意味着这些模型可以得到比其他模型更高的预测精度。此外，研究发现 MS-MIDAS-TOD 模型具有最大的 MCS 检验的 p 值，这意味着该模型在预测原油期货 RV 方面表现更好，因为如果不断提高临界值，如提高到 0.5（Wei et al.，2017），MS-MIDAS-TOD 是唯一可以通过 MCS 检验的模型。同时，还考虑了半二次统计量，发现只有一个模型 MS-MIDAS-TOD 可以通过 MCS 检验，因为该模型的 MCS 检验的 p 值大于 0.25，这表明 MS-MIDAS-TOD 模型具有最佳的预测能力。因此，本章提供了一种可以击败现有模型的新模型，如 MIDAS-RV 和 MIDAS-CJ 模型，发现基于日内跳跃 TOD 检验和利用 MIDAS 框架的马尔可夫机制转换模型可以显著提高原油期货市场的预测精度。

表 5-4　在样本外期间使用 MCS 检验对所有预测模型进行评估

模型	HMSE	HMAE	HMSE	HMAE
	T_R		T_{SQ}	
MIDAS-RV	0.013	0.000	0.000	0.000
MIDAS-CJ	0.028	0.004	0.000	0.000
MIDAS-TJ	0.039	0.102	0.000	0.000

模型	HMSE	HMAE	HMSE	HMAE
	T_R		T_{SQ}	
MIDAS-ABD	0.075	0.125	0.000	0.000
MIDAS-SBNS	0.028	0.008	0.000	0.000
MIDAS-LM	0.028	0.008	0.000	0.000
MIDAS-TOD	**0.355**	**0.436**	0.000	0.000
MS-MIDAS-RV	0.028	0.000	0.000	0.000
MS-MIDAS-CJ	**0.252**	0.125	0.000	0.000
MS-MIDAS-TJ	0.091	0.336	0.000	0.000
MS-MIDAS-ABD	0.075	0.336	0.000	0.000
MS-MIDAS-SBNS	**0.355**	**0.436**	0.000	0.000
MS-MIDAS-LM	0.028	0.017	0.000	0.000
MS-MIDAS-TOD	**1.000**	**1.000**	**1.000**	**1.000**

注：粗体数字表示大于 0.25 的 MCS 检验的 p 值。MCS 检验的 p 值越大，对应模型的预测精度越高。本章使用滚动窗口方法来产生样本外预测。样本内长度为 2000 天，样本外长度为 880 天

5.3.3　稳健性检验

1. 已实现核波动率

在本节中，使用已实现核（realized kernel，RK）来替换因变量（预测变量）RV，并使 RK 成为新的预测对象，即实际的原油期货价格波动率为 RK。然后，重新比较所有竞争模型，并在表 5-5 中显示 MCS 检验结果，通过计算已实现变化，可作用于市场微噪声，Barndorff-Nielsen 和 Shephard（2004）认为 RK 对微结构噪声具有稳健性。RK 表示如下：

$$\mathrm{RK}_t = \sum_{j=-H}^{H} k\left(\frac{j}{H+1}\right)\gamma_j, \gamma_j = \sum_{i=|j|+1}^{M} r_{t,i}r_{t,i-|j|} \qquad (5\text{-}15)$$

其中，$k(x)$ 为 Parzen[①]内核函数；γ_j 为滞后 j 的样本自协方差；r_t 为收益率；H 为一个调节参数。

---

① Parzen：Parzen 方法为窗函数法。

$$k(x) = \begin{cases} 1 - 6x^2 + 6x^3, & 0 \leqslant x \leqslant 1/2 \\ 2(1-x)^3, & 1/2 \leqslant x \leqslant 1 \\ 0, & x > 1 \end{cases} \quad (5\text{-}16)$$

表 5-5　在样本外期间使用 RK 度量对所有预测模型进行评估

模型	HMSE	HMAE	HMSE	HMAE
	T_R		T_{SQ}	
MIDAS-RV	0.013	0.001	0.000	0.000
MIDAS-CJ	0.090	0.031	0.000	0.000
MIDAS-TJ	0.013	0.004	0.000	0.000
MIDAS-ABD	0.013	0.031	0.000	0.000
MIDAS-SBNS	0.013	0.004	0.000	0.000
MIDAS-LM	0.093	0.239	0.000	0.000
MIDAS-TOD	0.093	0.239	0.000	0.000
MS-MIDAS-RV	0.013	0.002	0.000	0.000
MS-MIDAS-CJ	0.013	0.004	0.000	0.000
MS-MIDAS-TJ	0.013	0.004	0.000	0.000
MS-MIDAS-ABD	0.013	0.031	0.000	0.000
MS-MIDAS-SBNS	0.093	0.239	0.000	0.000
MS-MIDAS-LM	0.013	0.004	0.000	0.000
MS-MIDAS-TOD	**1.000**	**1.000**	**1.000**	**1.000**

注：粗体数字表示大于 0.25 的 MCS 检验的 p 值。MCS 检验的 p 值越大，对应模型的预测精度越高。我们使用滚动窗口方法来产生样本外预测。样本内长度为 2000 天，样本外长度为 880 天

　　本章遵循 Barndorff-Nielsen 和 Shephard（2006）研究中给出的 H 带宽选择。表 5-5 显示了基于 RK 的所有预测模型的样本外估计。此外，当使用具有两个损失函数的两种统计度量时，本章提出的 MS-MIDAS-TOD 模型在预测原油期货 RV 方面具有最好的性能，其 MCS 检验的 p 值大于 0.25。因此，当使用 RK 来表示实际的市场波动时，主要结果是稳健的，这进一步表明，基于 TOD 检验的跳跃和马尔可夫机制转换模型引入的 MIDAS 模型确实可以显著提高原油期货市场的预测准确性。

2. 采用不同权重函数

　　本节考虑了增广 MIDAS 模型权重函数的参数变化，并且不固定参数 θ_1。简

单地说，应该估计权重函数的参数（θ_1 和 θ_2）。MCS 检验结果的参数变化如表 5-6 所示。结果表明，当将区间统计量与 HMSE 一起使用时，大部分模型都可以通过 MCS 检验，但基本的 MIDAS-RV 模型在预测原油期货 RV 方面也较差。此外，对于使用半二次统计量，MS-MIDAS-TOD 模型中 HMSE 和 HMAE 的 MCS 检验的 p 值都大于 0.25。因此，与区间法和半二次法得到的两种统计量相比，MS-MIDAS-TOD 是预测原油期货 RV 的最佳模型，进一步支持了本章提出的基于 TOD 方法的跳跃模型和 MIDAS 框架中的马尔可夫机制转换模型。

表 5-6　当参数不固定时 MCS 检验结果

模型	HMSE	HMAE	IIMSE	HMAE
	T_H		I_{SQ}	
MIDAS-RV	0.097	0.004	0.000	0.000
MIDAS-CJ	**0.258**	0.014	0.000	0.000
MIDAS-TJ	**0.493**	**0.727**	0.000	0.000
MIDAS-ABD	**0.493**	**0.727**	0.000	0.000
MIDAS-SBNS	**0.493**	**0.727**	0.000	0.000
MIDAS-LM	0.097	0.014	0.000	0.000
MIDAS-TOD	**0.973**	**0.727**	0.000	0.000
MS-MIDAS-RV	0.097	0.004	0.000	0.000
MS MIDAS-CJ	**0.973**	**0.727**	**0.977**	0.000
MS-MIDAS-TJ	**1.000**	**0.727**	**1.000**	0.000
MS-MIDAS-ABD	**0.493**	**0.727**	0.000	0.000
MS-MIDAS-SBNS	**0.973**	**0.727**	0.977	0.000
MS-MIDAS-LM	**0.258**	0.030	0.000	0.000
MS-MIDAS-TOD	**0.973**	**1.000**	**0.977**	**1.000**

注：此表展示了参数不固定时的 MCS 检验，粗体数字表示大于 0.25 的 MCS 检验的 p 值，MCS 检验的 p 值越大，对应模型的预测精度越高

5.3.4　进一步讨论

本节研究了组合预测（combination forecast，CF）方法是否可以获得比单个模型（例如 MS-MIDAS-TOD）更高的预测精度，因为一些研究发现 CF 方法具有优越的性能。本书将利用简单的 CF 方法作为平均 CF，得到 CF-No、CF-MS 和 CF-ALL 三种类型的 CF，从而回答这一问题。平均 CF 是最流行的 CF 方法（Stock and Watson，2004；Santos and Ziegelmann，2014）。具体来说，CF-No 是没有马尔可夫机制转换模型的平均值，例如 MIDAS-RV、MIDAS-CJ、MIDAS-TJ、

MIDAS-ABD、MIDAS-SBNS、MIDAS-LM 和 MIDAS-TOD。CF-MS 是具有马尔可夫机制转换模型的平均值。CF-ALL 是本章讨论的所有模型的平均值。单个模型（MS-MIDAS-TOD）和 CF 类型模型之间的预测差异如表 5-7 所示。可以发现单个模型 MS-MIDAS-TOD 是最好的预测模型，其对应的 MCS 检验的 p 值清楚地证明了这一点。对于为什么 CF 策略效果不佳，有一个可能的解释是，与其他模型相比，MS-MIDAS-TOD 模型的预测能力明显优于其他模型，因此 CF 策略在预测原油期货 RV 方面无效。在某种程度上，这一发现得到了本章主要结论的支持，即基于 TOD 检验的跳跃结合 MIDAS 框架中的马尔可夫机制转换模型可以提高对原油期货 RV 的预测能力。

表 5-7　MS-MIDAS-TOD 和 CF 模型的 MCS 检验结果

模型	HMSE	HMAE	HMSE	HMAE
	T_R		T_{SQ}	
MS-MIDAS-TOD	**1.000**	**1.000**	**1.000**	**1.000**
CF-No	0.005	0.001	0.004	0.001
CF-MS	0.005	0.005	0.004	0.005
CF-ALL	0.003	0.001	0.004	0.001

注：相应的模型可以在 MCS 检验中幸存下来，这意味着这些模型在预测原油期货 RV 时具有显著的优势。粗体数字表示大于 0.25 的 MCS 检验的 p 值。MCS 检验的 p 值越大，对应模型的预测精度越高

与提前一期（短期）预测相比，长期预测也受到了学者、投资者和政策制定者的极大关注。因此，本章进一步探讨了这些模型的长期性能。与以前的研究一致（例如，Andersen et al.，2007a；Corsi et al.，2010；Zhang et al.，2019c），考虑了中期（提前 5 期，每周）和长期（提前 22 期，每月）的范围，并分别在表 5-8 和表 5-9 中提供了 MCS 检验结果。首先，由表 5-8 中给出的实证结果可知 MS-MIDAS-TOD 模型在预测每周原油期货 RV 时可以实现更高的预测精度（例如 $RV_{t+5} = \frac{1}{5}\left(RV_{t+1} + RV_{t+2} + \cdots + RV_{t+5}\right)$）。因为它的两个统计量（$T_R$ 和 T_{SQ}）的 MCS 检验的 p 值大于给定值 0.25。其次，表 5-9 显示，当使用区间统计量时，大多数 MS-MIDAS 族模型可以在 MCS 检验中幸存，但 MS-MIDAS-TOD 模型的 MCS 检验的 p 值大于其他模型。此外，考虑到半二次统计法，MS-MIDAS-TOD 模型在预测月度原油期货 RV 方面实现了更高的预测能力（例如 $RV_{t+22} = \frac{1}{22}\left(RV_{t+1} + RV_{t+2} + \cdots + RV_{t+22}\right)$）。最后，MS-MIDAS-TOD 模型在预测中长期原油期货 RV 方面也具有显著优越的性能。本书在 MIDAS 模型框架下，利用基于 TOD 检验的跳跃与马尔可夫机制转换的结合，提供了新的见解，并找到了一个强大的

预测工具，可以帮助学者、投资者和政策制定者提高预测原油期货风险的准确性。

表 5-8 MCS 检验的周度（中期）评估结果

模型	HMSE	HMAE	HMSE	HMAE
	T_R		T_{SQ}	
MIDAS-RV	0.000	0.000	0.000	0.000
MIDAS-CJ	0.000	0.000	0.000	0.000
MIDAS-TJ	0.000	0.000	0.000	0.000
MIDAS-ABD	0.081	0.097	0.000	0.000
MIDAS-SBNS	0.000	0.000	0.000	0.000
MIDAS-LM	0.000	0.000	0.000	0.000
MIDAS-TOD	0.168	**0.343**	0.000	0.000
MS-MIDAS-RV	0.007	0.008	0.000	0.000
MS-MIDAS-CJ	0.081	0.056	0.000	0.000
MS-MIDAS-TJ	0.096	0.145	0.000	0.000
MS-MIDAS-ABD	0.081	0.097	0.000	0.000
MS-MIDAS-SBNS	0.081	0.083	0.000	0.000
MS-MIDAS-LM	0.168	**0.343**	0.000	0.000
MS-MIDAS-TOD	**1.000**	**1.000**	**1.000**	**1.000**

注：粗体数字表示大于 0.25 的 MCS 检验的 p 值。MCS 检验的 p 值越大，对应模型的预测精度越高。相应的模型在预测原油期货 RV 时具有显著的优势。所有模型的预测（因）变量为 $RV_{t+5} = \frac{1}{5}\left(RV_{t+1} + RV_{t+2} + ... + RV_{t+5}\right)$

表 5-9 使用 MCS 检验的月度（长期）估计结果

模型	HMSE	HMAE	HMSE	HMAE
	T_R		T_{SQ}	
MIDAS-RV	0.000	0.000	0.000	0.000
MIDAS-CJ	0.000	0.000	0.000	0.000
MIDAS-TJ	0.000	0.000	0.000	0.000
MIDAS-ABD	**0.521**	**0.641**	0.000	0.000
MIDAS-SBNS	0.000	0.000	0.000	0.000
MIDAS-LM	0.000	0.000	0.000	0.000
MIDAS-TOD	0.563	0.641	0.000	0.000
MS-MIDAS-RV	**0.563**	**0.641**	0.000	0.000
MS-MIDAS-CJ	**0.521**	**0.641**	0.000	0.000

续表

模型	HMSE	HMAE	HMSE	HMAE
	T_R		T_{SQ}	
MS-MIDAS-TJ	**0.521**	**0.641**	0.000	0.000
MS-MIDAS-ABD	**0.521**	**0.641**	0.000	0.000
MS-MIDAS-SBNS	**0.521**	**0.641**	0.000	0.000
MS-MIDAS-LM	**0.521**	**0.641**	0.000	0.000
MS-MIDAS-TOD	**1.000**	**1.000**	**1.000**	**1.000**

注: 粗体数字表示大于 0.25 的 MCS 检验的 p 值。MCS 检验的 p 值越大, 对应模型的预测精度越高。所有模型的预测（因）变量为 $RV_{t+22} = \frac{1}{22}\left(RV_{t+1} + RV_{t+2} + \cdots + RV_{t+22}\right)$

5.4 小 结

本章通过几种日间和日内跳跃检验研究了跳跃的影响, 然后利用 MIDAS 模型框架结合马尔可夫机制转换来评估各种跳跃对原油期货价格实际波动率的预测能力。将原油期货价格的 5 分钟采样频率作为经验法则, 并得出几个主要结论。首先, 样本内估计结果意味着当前的高波动率将导致不同模型在第二天的高波动率。使用 MIDAS 模型的研究发现, 跳跃对未来原油期货波动率有显著的正向影响, 但在考虑马尔可夫机制转换模型时, 这些影响是混合的。其次, 利用 MCS 检验, 我们发现 MS-MIDAS-TOD 模型在短期、中期和长期水平预测中可以达到比其他模型更高的预测精度, 这表明基于 TOD 检验的跳跃和马尔可夫机制转换模型引入的 MIDAS 模型的跳跃可以提高预测能力。此外, 该模型优于 CF 策略, 这也表明 MS-MIDAS-TOD 模型是一个更好的预测模型。本书为在 MIDAS 模型框架下利用跳跃结合马尔可夫机制转换提供了新的见解, 并描述了一种强大的预测工具, 可以帮助学者、投资者和政策制定者提高预测原油期货风险的准确度。

第6章 机器学习模型对国际原油市场波动的研究

6.1 概　　述

机器学习算法在过去的二十年里取得了巨大的成功，并在各领域展现出强大的学习和适应能力。机器学习算法通过学习复杂的数据映射关系，不仅能在大规模数据中发现模式，还能够适应多变的环境和问题。在医疗领域，机器学习的应用已经深入疾病的诊断、药物的发现以及个性化治疗方案的制订。它能够帮助医生在海量的医疗图像中准确识别病变，预测疾病的进展，为个体患者提供针对性的治疗方案。在自动驾驶汽车和机器人技术领域中，机器学习使得这些系统能够感知环境、做出决策并规划路径。无论是无人驾驶汽车在复杂道路上的行驶，还是工业机器人对精密零件的抓取和放置，都离不开机器学习的助力。在金融领域，机器学习也正被广泛应用于金融市场的时间序列预测、风险管理和欺诈检测等。通过对历史数据的分析，机器学习能够预测未来的市场走势，为投资者提供决策依据。同时，它也能在短时间内发现异常交易行为，有效防止欺诈行为的发生。随着技术的不断进步，机器学习在未来将继续推动创新，并在各个领域中发挥关键作用。

原油是全球最重要的能源来源之一，也是国际贸易和政治的关键因素。原油在各个行业和领域的生产和经济活动中都发挥着至关重要的作用，原油是许多化学工业产品如溶液、化肥、杀虫剂、润滑油和塑料等的原料，对于提升工业水平、满足人民生活需求、促进科技创新都具有重要意义。原油还是许多新兴产业的支撑，如新能源汽车、航空航天、生物医药等，对于推动产业结构转型升级、增强国家竞争力和创新力都有重要作用。原油价格的波动不仅对原油生产者和消费者产生重大影响，还会对全球经济的增长和稳定产生深远的影响。因此，原油的波动在全球范围内都受到了高度的关注和分析。根据 Cortazar 和 Naranjo（2006）的研究，原油期货是交易最活跃的大宗商品衍生品之一，其价格波动反映了市场对未来原油供应和需求的预期。因此，原油期货在原油市场中发挥着重要的作用，成为一种有效的价格发现机制和风险管理工具，有助于原油生产者和消费者规避价格风险，提高市场效率和透明度。鉴于原油期货市场的重要性，对原油期货的准确建模和波动率预测显得尤为重要。通过建立准确的模型，可以更好地理解原油市场的动态变化，预测未来的价格走势，从而为大宗商品甚至国民经济的发展提供重要的参考依据。原油期货的波动率受到多种因素的影响，如原油供需状况、地缘政治风险、市场预期、季节性因素等，因此需要采用合适的数学模型和统计方法来捕捉和分析这些因素的影响，从而提高原油期货定价和预测的准确性与有效性。

许多传统线性模型的方法被应用于原油市场波动率预测。例如，SV 模型（Vo，2009；Wei，2012）、联合（Copula）模型（Liu et al.，2017；Virbickaitė et al.，2020）、MIDAS 模型（Lu et al.，2020；Ma et al.，2021）、GARCH 模型（Wei et al.，2010）、广义自回归条件异方差混频数据抽样模型（GARCH-MIDAS）（Pan et al.，2017）和 HAR 模型（Haugom et al.，2014；Wen et al.，2016；Ma et al.，2018b）。

随着信息科技的进步与变革，数字经济得到了长足的发展与改变，越来越多从宏观到微观、从低频到高频的经济社会活动被以数字化的形式记录，产生了远比传统数据丰富的大数据。大数据是指海量、多样、快速变化的数据，通常有以下四个特点：大规模、多样性、高频率、结构复杂。大数据的核心是利用数据的价值。大数据的这些特征使得其超出了传统数据处理方法的能力范围，需要以新的技术和方法来进行分析和利用。机器学习是让计算机通过数据和算法进行自动学习和优化的技术，具有十分优越的性能，能够获取复杂数据中的有效信息，并且通过自动学习和优化实现模型构建，在面对高维数据、非结构化数据——包括文本、声音、图片、视频等都展现出了惊人的能力。因此，大数据和机器学习是两个密切相关的概念：大数据为机器学习提供了丰富的数据源，使得机器学习可以从数据中发现更深层次的规律和知识，提高模型的性能和准确性；机器学习也为大数据提供了有效的分析和处理方法，使得大数据可以被更好地挖掘和应用。

经济金融系统的相关数据在数字经济时代同样爆发式增长，将机器学习方法引入经济金融研究领域能够很好地提高分析问题的能力和预测的准确度。首先，机器学习算法通过处理许多结构化和非结构化数据可以实现快速预测（Ghoddusi et al.，2019）；其次，机器学习模型能够有效获取变量的非线性关系，并通过降维实现变量选择，从而避免过拟合（Gu et al.，2020；Rahimikia and Poon，2020）；最后，一些研究提供了机器学习模型优于其他模型的实证证据，例如，Rahimikia 和 Poon（2020）发现机器学习模型拥有比 CHAR（continuous heterogeneous autoregressive，连续异质自回归）模型和其他所有 HAR 族模型更优越的性能。机器学习这种数据驱动的方法相较于传统的基于统计的方法更具灵活性，能够更好地适应市场的非线性和非稳态特性。原油市场中也逐渐有研究引入机器学习。例如，Çepni 等（2022）使用 LASSO 模型和随机森林（random forest，RF）来预测原油现货价格 RV。使用集成学习的方法，包括 RF 和梯度提升等机器学习方法来处理波动率预测中的各种输入特征，捕捉时间序列数据中的动态关系，可以实现更好的预测效果；Guliyev 和 Mustafayev（2022）使用 XGBoost（extreme gradient boosting，极限梯度提升）模型预测 WTI 原油油价动态取得了良好的预测效果；Jiao 等（2022）基于长短期记忆（long short-term memory，LSTM）模型，借助新闻文本数据预测原油现货价格波动。利用 LSTM 等深度学习模型，可以有效地捕捉原油市场中涉及多种因素的复杂时空关系。这些因素可能包括全球经济状况、地缘政治事件、供应链波动等，LSTM 模型可以捕捉到这些因素对原油市场波动率的瞬时和长期影响。总而言之，机器学习在原油市场中的应用已经引起了学界的注意，其重要性必然随着时间的推移而越发凸显。

在随后的章节中，我们将深入剖析机器学习模型的构建过程，并探讨其在国际原油市场中的实际应用。接下来的内容将按以下结构展开讨论。首先，我们将把机器学习方法划分为传统机器学习、集成学习、深度学习三大类别，并详细阐述每种机器学习方法的模型结构、理论思想以及模型特点。其次，我们把所介绍的机器学习模型付诸国际原油市场的实际情境中，通过对具体案例的综合对比分析，展示不同机器学习模型在解释和预测原油市场波动方面的实际效果，并考察机器学习模型与传统模型之间以及不同机器学习模型之间的性能差异。最后，我们将分析目前机器学习在应用中存在的局限，并对其未来可能的发展进行一定的论述。我们期望通过本章的阐述，为读者提供一幅清晰直观的机器学习在原油市场波动率预测方面应用的画卷，并激发对未来更广泛应用与深入研究机器学习的思考。

6.2　机器学习方法

6.2.1　传统机器学习

1. 支持向量回归

支持向量回归（support vector regression，SVR）是一种流行的用于回归的机器学习方法，它是在支持向量机（support vector machine，SVM）的基础上发展而来的，主要用于解决回归问题。SVM 被开发用于解决分类问题，它的思想就是在样本空间中画出一个超平面从而实现样本分类。当然在实际问题中，样本空间内也许找不到一个可以实现样本正确划分的超平面，最经典的"异或"问题就无法实现线性可分,为了解决这个问题,就需要一种特殊的函数——核函数,来帮助将样本投射到一个更高维度的特征空间以使其存在线性可分的超平面,理论上讲,只要原始样本空间维度是有限的,就一定可以找到更高维度特征空间使其线性可分。常用的核函数包括线性核函数、多项式核函数、高斯核函数等,具体需要考虑样本的特点、要解决的问题类型和计算复杂度等因素确定核函数的选择。SVR的基本思想是通过最小化损失函数来寻找最优的回归函数,使得输入数据与输出数据之间的误差尽可能小。SVR的损失函数通常包括一个惩罚项和数据点上的误差项。在训练过程中,SVR会尝试找到一个最优的回归函数,使得所有数据点的误差都不超过一个预设的阈值 ϵ,这个阈值被称为"软间隔"(soft margin),即仅当模型输出与真实值的差别绝对值大于该阈值时才会计算损失。使用软间隔而不是确定一个完全划分所有样本的超平面也是因为实际问题的复杂性,同时也为了避免过拟合的问题。SVR的模型是一个线性函数:

$$y = wx + b \tag{6-1}$$

其中,$y = \ln(RV)_{t+1}$ 为 RV_{t+1} 的自然对数;x 为一个包含 $\ln(RV)$ 的 k 阶滞后项和宏观经济预测因子的特征向量;w 为权重;b 为偏移项。

考虑一组训练点,$\left\{(x_1, y_1), \cdots, (x_k, y_k)\right\}$,$x_i \in R^n$ 是特征向量,$y_i \in R^1$ 是目标输出。在给定的模型参数 $C > 0$ 和 $\epsilon > 0$ 下,SVR的标准形式(Vapnik,1998)为

$$\begin{cases} \min_{w,b,\xi,\xi^*} \dfrac{1}{2} w^\mathrm{T} w + C \sum_{i=1}^{k} \xi_i + C \sum_{i=1}^{k} \xi_i^* \\ \text{s.t.} \quad w^\mathrm{T} x_i + b - y_i \leqslant \epsilon + \xi_i \\ \qquad y_i - w^\mathrm{T} x_i - b \leqslant \epsilon + \xi_i^* \\ \qquad \xi_I, \xi_i^* \geqslant 0, \quad i = 1, 2, \cdots, k \end{cases} \tag{6-2}$$

ξ_I 和 ξ_i^* 描述了"软间隔"外的数据点(支持向量)到"软间隔"边界的距离。

2. K 近邻模型

K近邻(k-nearest neighbor,KNN)(Altman,1992)是一种常见的监督学习方法,它的思想非常简单,那就是类似的事物会产生聚集效应,因此只要计算样本之间的距离就可以实现不同类别的划分。KNN具体的原理是基于不同方式的距离度量确定训练集中与给定测试样本最近的样本,然后根据这 k 个相近"邻居"的信息去预测测试样本的目标值。KNN朴素的思想原理,使其具有很多优势:①KNN算法简单易懂,不需要过于复杂的数学推导;②KNN能够处理高维数据

以及那些分布复杂的样本数据，拥有较强的泛化能力；③从原理就可以了解，KNN 算法不像其他机器学习算法需要训练阶段，它可以等到接受样本数据后再进行处理，完成分类或回归任务；④可解释性强，KNN 原理简单，其结果可以直接通过查看"邻居样本"来解释，相比很多机器学习和"黑箱化"的深度学习而言，KNN 的可解释性非常好。

通常在回归问题中会使用 k 个样本的输出平均值来表示预测结果。k 值的选择在实际操作中一般通过交叉验证的方式来确定，简单来说就是把样本数据按照一定比例拆分出训练数据和用于验证的数据，然后从一个较小的 k 值开始，计算验证集上的方差，并不断增加 k 值，最终确定一个最合适的 k 值。常见的距离度量方法包括欧氏距离、曼哈顿距离、切比雪夫距离等。在实际应用中，选择何种距离度量取决于数据的特性。

KNN 的预测过程如下。

对一个给定的样本，执行以下步骤：①计算待预测样本与数据集中每个样本之间的距离；②按照距离的递增关系进行排序；③选取距离最小的 k 个样本；④根据 k 个样本的标签值计算平均值，将其作为新样本的预测值。

样本间距离 L_p 的测量公式如下：

$$L_p\left(x_i, x_j\right) = \left(\sum_{n-1}^{N}\left|x_i^N, x_j^N\right|^p\right)^{\frac{1}{p}} \tag{6-3}$$

其中，$x_i = \left(x_i^1, x_i^2, \cdots, x_i^N\right)$ 和 $x_j = \left(x_j^1, x_j^2, \cdots, x_j^N\right)$ 为样本的特征向量，$p \geqslant 1$，p 取 1 时 L_p 是曼哈顿距离，p 取 2 时 L_p 是欧氏距离。

3. 决策树模型

决策树（decision tree，DT）（Yeh，1991）是一类常见的非参数监督学习方法，其基于二叉树结构来模拟人类面临决策问题时的思考模式。决策树的生成是一个递归构建二叉树的过程，通常来说一棵决策树的组成包括一个根结点、若干内部节点以及叶节点。根节点是整棵决策树的起点，包含样本全集；内部节点是树中间的节点，每个内部节点为一个判断条件，包含数据集中满足从根节点到该节点所有条件的数据的集合；每个叶节点则是一次决策的结果。从根节点到每个叶节点的决策路径构成了一个判定测试的序列。

决策树的生成过程通常分为以下几个步骤。①选择最优特征：首先选择一个最优特征进行数据集的划分，选择最优特征的方法通常有信息增益（information gain）、增益率（gain ratio）、基尼指数（Gini index）等。这些方法会评估每个特征的区分能力，选择最优特征进行数据集的划分。②划分数据集：根据选定的最优特征，将数据集划分为两个或多个子集。这个过程会一直进行，直到满足停止条件为止。停止条件可以是达到预设的最大深度、每个叶节点的样本数小于预设的最小样本数等。③生成决策树：根据划分的数据子集，生成决策树。每个内部节点都是一个判断条件，根据判断条件的不同，从根节点向下生成不同的分支。每个分支对应一个可能的属性值。当到达叶节点时，根据样本的类别标签决定该节点的类别。④剪枝：为了防止过拟合，可以对决策树进行剪枝。剪枝有预剪枝（pre-pruning）和后剪枝（post-pruning）两种。预剪枝是在生成决策树的过程中提前停止树的生长，而后剪枝是在生成完整的决策树后，对树进行简化。

决策树的生成算法如下。

（1）选择最优分割变量 v 和分割点 s ，遍历变量 v ，在一个固定的变量 v 下遍历分割点 s ，选择能够最小化式（6-4）的 (v,s) 组合：

$$\min_{v,s}\left[\min_{c_1}\sum_{x_i\in R_1(v,s)}\left(y_i-c_1\right)^2+\min_{c_2}\sum_{x_i\in R_2(v,s)}\left(y_i-c_2\right)^2\right] \quad（6\text{-}4）$$

其中， x_i 和 y_i 分别为训练集的输入变量和目标变量。

（2）使用选出的 (v,s) 来划分区域：

$$\begin{cases} R_1\left(v,s\right)=\left\{x\middle|x^v\leqslant s\right\} \\ R_2\left(v,s\right)=\left\{x\middle|x^v>s\right\} \\ \widehat{c_d}=\dfrac{1}{N_d}\sum_{x_i\in R_d(v,s)}y_i \\ x\in R_d,d=1,2 \end{cases} \quad（6\text{-}5）$$

其中， N_d 为 R_d 中的样本数量； R_d 为被分割的输入空间； c_d 为和空间 R_d 相对应的输出变量。

（3）继续对两个子区域执行步骤（1）和（2），直到满足停止条件。

（4）最后将输入空间划分为 D 区域（ $R_1, R_2, \cdots, R_d$ ），并生成一个决策树，即

$$f\left(x\right)=\sum_{d=1}^{D}\widehat{c_d}I\left(x\in R\right) \quad（6\text{-}6）$$

4. 惩罚回归

当样本特征很多而样本数相对较少时，进行回归分析主要会面临以下两个问题。

第一，过拟合。由于样本数量较少，模型可能会过度拟合数据中的噪声，因此在新的、未见过的数据上的预测性能下降。第二，特征选择。当存在大量特征时，选择重要的特征以构建模型变得非常困难，很多特征可能对预测结果没有太大贡献，甚至可能引入噪声，降低模型的准确性。这时可以引入正则化项（惩罚项）。正则化项通过对模型的复杂度进行惩罚，以降低模型对数据的过度拟合。这有助于提高模型在新数据上的泛化能力。

在回归分析中，常用的正则化项包括 L1 范数（LASSO 回归）和 L2 范数（岭回归，ridge regression）以及两者的结合（弹性网），前两种惩罚函数的主要区别在于 L1 范数会产生"稀疏解"，这意味着 L1 的优化过程将很多特征的系数压缩到零，由此那些对输出影响不大的特征的权重会被降为零，特征选择时使用 L1 范数作为正则化项会更有效。稀疏解源自这样一种"稀疏性"假设——面对许多潜在的预测变量，只有少数变量是真正对预测结果比较重要的，简单来说世界复杂而多变，但是有用的信息是有限的。岭回归倾向于产生较小的系数，但不会产生稀疏解。

通过在损失函数中加入正则化项，惩罚回归（penalized regression）能够在保持模型复杂度较低的同时，最大化模型的预测性能。这有助于防止过拟合，并简化模型，使其更易于解释和理解。

本章的惩罚回归形式如下：

$$\widehat{\ln\left(RV\right)}_{t+1} = \ddot{\alpha}_0 + \sum_{k=1}^{3} \hat{\alpha}_k \ln\left(RV\right)_{t+1-k} + \sum_{n=1}^{N} \hat{\beta}_n X_{n,t} \qquad (6\text{-}7)$$

其中，n 为预测因子的数量；$\hat{\beta}_n$ 为收缩估计的回归系数；t 为时期；$\hat{\alpha}_k$ 为系数项；$\hat{\alpha}_0$ 为截距项。

损失函数的拉格朗日形式如下：

$$\hat{\beta} - \left(\frac{1}{2(t-1)} \sum_{l=1}^{t-1} \left(\ln\left(RV\right)_{l+1} - \alpha_0 - \sum_{k=1}^{3} \hat{\alpha}_k \ln\left(RV\right)_{l+1-k} - \sum_{n=1}^{N} \beta_n X_{n,l} \right)^2 + p\left(\beta\right) \right) \quad (6\text{-}8)$$

其中，$p\left(\beta\right)$ 为正则化项；α_0 为截距项；$\hat{\alpha}_k$ 为系数项；n 为预测因子数量。

1）岭回归

岭回归是 Hoerl 和 Kennard（1970）提出用来应对多重共线性以及稳定线性回归解的方法，它实际上是 OLS 的改良，通过放弃最小二乘法无偏性的假设，以损失一部分信息和在一定程度上降低精度作为成本换取一组更贴合实际同时也更为稳定的回归系数。岭回归将 L2 范数作为正则化项，具有易于计算的解析解，这使得它在处理大规模数据集时具有优势。此外，它还可以有效地处理特征共线性的问题，并通过将不相关或弱相关的特征的系数收缩到接近零来简化模型。正则化项形式如下：

$$p(\beta) = \lambda \sum_{i=1}^{n} \beta_i^2 \qquad (6\text{-}9)$$

其中，β_i 为收缩估计的系数。

2）LASSO

LASSO 是由 Tibshirani（1996）提出的一种同时对变量进行正则化和选择的方法，它是针对岭回归无法进行变量选择问题的一种改良，LASSO 是最流行的正则化方法之一，广泛应用于特征数 n 远大于观测数的数据丰富的环境中。最早 LASSO 被用来解决生物学中研究上万种可能的基因对某种特定疾病的影响的问题，生物学家认为在这么大量的基因中只有一小部分对特定疾病产生显著影响。从 LASSO 选用的正则化项式（6-10）可以看出来，其相比于式（6-9）来说对系数的收缩程度更小、更精确，同时产生"稀疏解"，完成变量选择。LASSO 的正则化项形式如下：

$$p(\beta) = \lambda \sum_{i=1}^{n} \left| \beta_i \right| \qquad (6\text{-}10)$$

3）弹性网

尽管 LASSO 可以完成变量筛选，但 LASSO 无力处理多个高度相关的变量，面临这种情况 LASSO 会任意进行筛选操作，导致后期难以解释；岭回归虽然被开发用于缓解多重共线的变量相关问题，但其无法得到"稀疏解"，在这种情况下，弹性网模型得到发展。弹性网模型是 Zou 和 Hastie（2005）提出的结合了 LASSO 和岭回归优势的方法，它通过加入 L1 正则化项来获得稀疏解，从而达到特征选择的目的，同时又加入 L2 正则化项来控制模型的参数大小，以减少过拟合的发生，提升模型的泛化能力。弹性网模型的正则化项形式如下：

$$p(\beta) = \lambda \sum_{i=1}^{n} \left((1-\alpha)\beta_i^2 + \alpha \left| \beta_i \right| \right) \qquad (6\text{-}11)$$

可以看出，当 $\alpha = 0$ 时，正则化项的形式就是式（6-9）岭回归的形式；当 $\alpha = 1$ 时，正则化项的形式就是式（6-10）LASSO 的形式。该正则化项就是式（6-9）和式（6-10）的凸线性组合，使得弹性网能兼顾二者的优点。

6.2.2　集成学习

集成学习是一种机器学习范式，通过结合多种模型来提升训练结果。它的核心思想是构建一个由多个个体学习器组成的集成模型，并使用某种策略将它们结合起来。多个个体学习器的结合通常可获得比单一学习器更加良好的泛化性能，这也是集成学习的优点——通过集成学习来获得更准确、更稳定的预测性能。

集成学习的结构是先学习得到一组个体学习器，接着利用特定的方式将它们结合起来。如果使用的学习方法是同种类型的同质集成——如只使用决策树的集成方法，其中的个体学习器也被叫作"基学习器"，相应的学习算法称为"基学习算法"。集成学习也存在异质集成，即包含不同类型的个体学习器，如同时包含决策树和神经网络。

集成学习的主要方式包括个体间存在强依赖关系的序列化方法和不存在强依赖关系的并行化方法。并行化方法将每个弱学习器并行训练，最后通过一定的策略整合成一个更强的学习器，基学习器之间没有依赖性。在回归任务中，每个基学习器输出值的平均值可以作为最终输出值。常见的并行化方法就是自举采样法（bootstrap aggregating，Bagging）和 RF。序列化方法主要的训练过程都是先利用初始的训练样本学习得到一个基学习器，依据基学习器的表现来调整样本的分布，使得之前被基学习器判断错误的训练样本在之后的训练中受到更多关注，然后再利用调整后的样本分布训练新的基学习器，重复进行该操作直到基学习器数量达到预设数量，最终再将所有基学习器进行加权结合。

1. Bagging

想要得到泛化能力较强的集成学习结果，需要使并行化方法中的个体学习器相互独立，虽然实际任务中独立是很难实现的条件，但可以通过一定的方法使基学习器之间的差异尽可能大。所以在训练过程中，往往会先对样本整体进行采样，获得一定量的子集样本，再在每个子集上训练一个对应的基学习器。Bagging（Breiman，1996）就是一种平均方法。Bagging 是基于自举抽样的方法，通过从原始训练集中抽取一定数量的样本（有放回地抽样）来生成多个训练集。然后，对每个训练集都构建一个基学习器，并使用这些模型对样本进行分类或回归预测。最后，通过投票或平均值等方法将所有模型的预测结果结合起来，得到最终的分类或回归结果。在回归问题中，Bagging 方法可以通过降低模型的偏差和方差来提高模型的精度。

2. RF

RF 模型（Breiman，2001）是在 Bagging 基础上发展出来的变式。森林一词就来自其使用的个体学习器，RF 将决策树作为基学习器，使用 Bagging 的集成方法，并且在其决策树的训练过程中引入了随机特征选择。具体来说就是在每个决策树的节点分裂时，先从原有的 N 维特征里面随机抽取一个包含 N' 个特征的子集，再从该子集中选择用于划分的最优特征。RF 模型的建立步骤概括如下：①通过自举法从原始数据中随机生成训练集 k；②从 N 维原始特征中随机选择 N' 个特征，在每个节点分割时，从选择的 N' 个特征中选出最佳分割进行划分；③在决策树形成过程中，每个节点按照第二步进行分割，直到不可能再分割为止。

　　RF 的模型效果和两个因素有关系：森林中任意两棵树的相关性以及每棵树本身的性能——相关性越大，RF 的性能越差，每棵树的性能越好，RF 的性能越好。对于特征选择个数 N' 而言，减小特征选择个数，树的性能及其各自的相关性就会降低；反之增大特征选择个数，性能和相关性也会增大，所以确定最优的 N' 是 RF 的一个重要问题。而 RF 有一个优点就在于不用使用交叉验证或者单独划分一组验证集来调参，因为基于 Bagging 方法，每棵树在训练时都使用了有放回的抽样样本，这就导致每棵树都只用到了初始训练集中大约 2/3 的样本，剩下的样本就可以用来验证每棵树的错误率，然后比较该错误率来选择一个较好的 N'。RF 的另一个优点是相比基础的 Bagging 方法多了来自随机选择特征的随机性，这使得最后的结果由于个体学习器之间的差异增加而获得更进一步的泛化性能。RF 模型作为集成学习的一种，具有较低的方差和偏差以及更好的泛化性能。

3. 极限随机树

　　极限随机树（extremely randomized trees，ExtRa Trees）是一种基于决策树的集成学习算法（Geurts et al., 2006），与 RF 类似，但具有更高的随机性和多样性，其核心思想是在构建决策树时采用完全随机的划分方式，从而增加模型的多样性并减少过拟合的风险。与 RF 不同的是，ExtRa Trees 在每个节点选择特征进行划分时，不是采用传统的基于信息增益、增益率、基尼系数等原则，而是随机选择一个特征值进行划分。ExtRa Trees 和 RF 的主要差异在于：①RF 模型使用自举法来随机采样每个决策树的训练集，而 ExtRa Trees 不使用随机采样而直接使用原始数据集；②在选择了分割特征后，RF 的决策树将根据最小均方差的原则选择特征值的最优分割点，而 ExtRa Trees 会随机选择一个特征来划分决策树。

　　由于 ExtRa Trees 随机选择特征值的分割点而不是选择最优的点，因此 ExtRa Trees 可以生成更加多样化和不规则的决策树，从而增加模型的多样性和随机性。这种随机性会导致 ExtRa Trees 相比 RF 具有更小的方差和更大的偏差，在某些情况下，ExtRa Trees 会拥有更好的泛化性能。

4. 自适应提升

Boosting 方法是另一类集成学习方法，即序列化的集成方法。该方法下的学习器具有很强的依赖性，这些学习器会被连续训练，进而从一个弱学习器变成强学习器。自适应提升（adaptive boosting，AdaBoost）算法是提升方法中的代表性算法之一。

AdaBoost（Freund and Schapire，1996）是一个迭代过程，它结合许多基学习器形成一个更强的学习器。AdaBoost 在训练过程中为训练数据和每个基学习器分配不同的权重。对训练数据，AdaBoost 在训练样本中用初始权重训练第一个基学习器，如果训练样本学习错误，错误训练样本的权重就会增加，正确训练样本的权重相应减少，接着新的权重参与训练第二个学习器，训练样本的权重同样会随着错误学习而增加，以此使其在接下来的基学习器中获得更多关注。这个过程会不断重复直到基学习器数量达到预设的数字。对机器学习而言，AdaBoost 算法会计算每个机器学习在训练数据集上的训练误差以决定它们的权重——预测误差值越小，权重就越大，该基学习器在最终结果输出中的作用就越大。AdaBoost 算法的优势在于：①AdaBoost 算法可以自动选择并整合多个弱分类器，从而提高整体分类性能；②AdaBoost 算法对噪声和异常值具有一定的稳健性，通过不断调整样本权重，AdaBoost 算法能够减小噪声和异常值对整个模型的影响。

5. 梯度提升回归

梯度提升回归（gradient boosting regression，GBR）通过使用其他一系列较弱的学习算法模型回归数据来构建一个强大的预测模型并持续减少误差，提高预测的准确性和稳定性（Friedman，2001）。GBR 的思想是基于损失函数的梯度信息，通过反向传播算法计算损失函数对模型参数的梯度，并使用梯度信息来更新模型参数。通过每次迭代连续添加一个新的弱学习器，这个新的弱学习器的目标是通过拟合先前累积模型损失函数的负梯度，使加入弱学习器后的累积模型损失在负梯度方向上减少，最小化前一次迭代的残差。通过这种方式，GBR 可以逐渐地提高模型的预测准确性。GBR 模型需要一个简单的、低方差和高偏差的基学习器，通过在训练过程中减少偏差来不断改进最终学习器的回归效果，它的最终输出是对每轮训练的基学习器结果加权相加得到的。

6.2.3　深度学习

1. 全连接神经网络

全连接神经网络（fully connected neural network，FCNN）是一种最基础的人工神经网络结构，也称为多层感知机（multilayer perceptron，MLP）。在 FCNN 中，每层都有多个神经元，下层每个神经元都和上层所有神经元相互连接，而层内的神经元彼此不相连。

　　感知机是一种结构简易的神经网络，是对生物体内的神经元结构的模仿，在接收到多个信号的输入之后产生输出。设想 D 个输入 $x_1, x_2, \cdots, x_D$ 被神经元接收，令向量 $x=[x_1; x_2; \cdots; x_D]$，并将输入神经元的 x 乘以一个权重后的和用净输入 $z \in R$ 表示：

$$z = \sum_{d=1}^{D} \omega_d x_D + b = \omega^T x + b \qquad (6\text{-}12)$$

其中，$\omega^T = \left[\omega_1; \omega_2; \cdots; \omega_d\right] \in R$ 为 D 维的权重向量；$b \in R$ 为偏置单元。

　　净输入 z 经由函数 $f()$ 进行转换，输出获得神经元的活性值 α。

　　这个过程中，$f()$ 就被用作激活函数。一般而言，这之中的 $f()$ 会选取非线性函数，这是因为神经网络的层之间是一个线性求和的过程，为了使得神经网络能够对非线性函数进行良好的拟合，从而使其能够解决许多复杂的问题，需要在这过程中引入非线性的部分，这个部分由激活函数来进行。

　　sign 函数、ReLu[①]函数、sigmoid 函数等作为激活函数被广泛应用，其各自的形式为

$$\text{sign}(x) = \begin{cases} 1, & x > 0 \\ 0, & x=0 \\ -1, & x < 0 \end{cases} \qquad (6\text{-}13)$$

$$\text{ReLu}(x) = \begin{cases} x, & x > 0 \\ 0, & x \leqslant 0 \end{cases} \qquad (6\text{-}14)$$

$$\sigma(x) = \text{sigmoid}(x) = \frac{1}{1 + e^{-x}} \qquad (6\text{-}15)$$

　　以激活函数为 sign 函数为例，感知机输出为

$$y_k = \text{sign}(x_k) = \begin{cases} 1, & \omega^T x_k + b > 0 \\ 0, & \omega^T x_k + b=0 \\ -1, & \omega^T x_k + b < 0 \end{cases} \qquad (6\text{-}16)$$

　　单一神经元远远谈不上模拟人脑的能力，因此将许多神经元分层排列，全部相互连接之后形成相对更加丰富的结构模型，形成了 FCNN。信息传入时，不同

---

① rectified linear units，修正线性单元。

层之间的神经元依次传递并处理，然后下一层会接收上一层传递的信息。因为信号只是从输入层单向地往前传递，在整个网络系统之中不存在反馈，所以可用一个有向的无环图示表示。

令 $\alpha^0 = x$，前馈神经网络通过不断进行如下所示的迭代过程进行信息的传播。

$$z^k = W^k \alpha^{k-1} + b^k \tag{6-17}$$

$$\alpha^k = f_R(z^k) \tag{6-18}$$

k 代表当前层数，首先根据第 $k-1$ 层神经元的活性值 α^{k-1} 计算出第 k 层神经元的净活性值 z^k，这之后再送入激活函数计算出下一层的神经元的 α。可以看出每个神经层本质上就是做了一组仿射映射和非线性变换。上述两式可以合写为

$$z^k = W^k f_{k-1}(z^{k-1}) + b^k \tag{6-19}$$

在上式的基础之上，前馈神经网络就不断地进行该变换，从而实现输入信息在层与层之间的传递输送，并在最后获取输出 α^k。

2. 卷积神经网络

卷积神经网络（convolutional neural networks，CNN）是一类包含卷积计算且具有深度结构的前馈神经网络（LeCun et al.，1989），通常由输入层、卷积层、池化层、全连接层和输出层组成。CNN 通过卷积层和池化层提取特征，将其输入一个或多个全连接层中，最后通过输出层输出回归结果。卷积层使用卷积核矩阵来检查前一层神经网络的输出以进行卷积操作，提取原始输入数据的局部特征，使用非线性激活函数来构建这一层的网络输出。公式如下：

$$a^k = f\left(w^k x^{k-1} + b^k\right) \tag{6-20}$$

其中，k 为第 k 层；x^{k-1} 为上一层的输出；w^k 为当前层和上一层对应的卷积核；b^k 为偏移值；a^k 为 k 层的输出。

通常选择 ReLU 作为非线性激活函数，它可以使某些神经元的输出值为 0，提高网络稀疏性，缓解过拟合。

$$a^k = f\left(y^k\right) = \max\left(0, y^k\right) \tag{6-21}$$

其中，y^k 为卷积层的输出；a^k 为 y^k 的激活值。

池化层对数据进行收集并总结，池化操作能够减少数据量，进一步进行特征筛选，从而有效降低模型的复杂度，同时保留重要特征，增强模型的泛化能力。

3. LSTM 网络

LSTM（Hochreiter and Schmidhuber，1997）是一种特殊的循环神经网络（recurrent neural network，RNN）结构，它被设计用来解决 RNN 中由长期依赖关系导致的梯度消失或梯度爆炸的问题。

LSTM 每个隐藏层节点都有输入和输出，但隐藏层节点内部增加了控制信息流动的门控单元系统，通过门控单元系统的权值抉择新信息的加入，或者已积累信息的遗忘。这里面最核心的组成部分是引入的一个新的内部状况 c_t，这部分也被称为记忆单元，传统 RNN 里面因为使用的数据时间太长导致的权重趋近于 0 从而产生的梯度消失的缺陷能够通过记忆单元以及门控机制的组合设计得到很好地解决。记忆单元 $c_t \in R^D$ 的作用是进行线性的循环信息传送，同时以非线性的方式将信息输出给隐藏层的外部状态 $h_t \in R^D$。c_t、h_t 计算公式如下：

$$c_t = f_t \odot c_{t-1} + i_t \odot \widetilde{c}_t \qquad (6\text{-}22)$$

$$h_t = o_t \odot \tanh(c_t) \qquad (6\text{-}23)$$

其中，$f_t \in [0,1]^D$，$i_t \in [0,1]^D$，$o_t \in [0,1]^D$ 为三个门（gate）来控制信息传递的路径；$\odot$ 为向量元素乘积；c_{t-1} 为上一时刻的记忆单元；$\widetilde{c}_t \in R^D$ 为通过非线性函数得到的候选状态；tanh( ) 为激活函数；f_t、i_t、o_t 为遗忘门、输入门和输出门。

$$\widetilde{c}_t = \tanh(W_c x_t + U_c h_{t-1} + b_c) \qquad (6\text{-}24)$$

其中，W_c 和 U_c 为各权重；h_{t-1} 为 $t-1$ 期的隐藏状态；b_c 是截距项。

在每个时刻，LSTM 网络的内部状态 c_t 记录了截至现在时间的历史信息。

数字电路中，门的概念是一个二值变量{0, 1}，其开关分别由 1、0 表示，如果表示为代表关闭状态的 0，则门不会允许信息由此而过；如果表示为代表开启状态的 1，则门会允许信息由此而过。

LSTM 网络中引入门控机制，这里面又细分为三个门，分别是输入门 i_t、遗忘门 f_t、输出门 o_t。其各自的作用是：输入门的权重控制现在时间的候选状况 $\widetilde{c}_t$ 留下来的信息有多少；遗忘门的权重控制上一个时间的内部状况 c_{t-1} 有多少信息会被遗忘；输出门的权重控制现在时间的内部状况 c_t 要输出给外部状态 h_t 的信息具体有多少。

LSTM 网络中的门和只在{0, 1}两者取一的门略有不同，形容起来的话 LSTM 使用的门是一种"柔性门"，它可以在（0, 1）之间取值，取值确定的比例则表示该"柔性门"具体允许多少信息由此通过。其中不同门计算公式如下：

$$i_t = \sigma(W_i x_t + U_i h_{t-1} + b_i) \tag{6-25}$$

$$f_t = \sigma(W_f x_t + U_f h_{t-1} + b_f) \tag{6-26}$$

$$o_t = \sigma(W_o x_t + U_o h_{t-1} + b_o) \tag{6-27}$$

其中，$\sigma(\ )$ 为 Logistic 函数，它的区间是（0，1）；x_t 为现在时间的输入；h_{t-1} 为前一时间的外部状态。因而最终的输出可表示为

$$c_t = f_t \odot c_{t-1} + i_t \odot \widetilde{c}_t \tag{6-28}$$

$$h_t = o_t \odot \tanh(c_t) \tag{6-29}$$

4. C_LSTM 模型

C_LSTM 模型是一种结合了 CNN 和 LSTM 的混合模型。这种模型充分利用了 CNN 模型提取高维数据特征信息和 LSTM 模型处理时间序列数据方面的优势，在处理复杂的时间序列预测问题时具有较高的准确度和实用性。

在 CNN-LSTM 模型中，首先使用 CNN 对输入数据进行特征提取，然后将提取的特征输入 LSTM 网络中进行时间序列预测。具体来说，C_LSTM 模型先使用 CNN 层建立多个滤波器，这些滤波器可以过滤出数据的噪声，将长输入序列转换为由高级特征组成的较短序列。然后将高级特征传递到 LSTM 层中，提取数据的时间特征。C_LSTM 模型通过结合 CNN 和 LSTM，提供了一个具有良好拟合能力的高维非线性特征映射空间。

6.3 案 例 分 析

6.3.1 数据

为进一步探索机器学习对原油市场波动率的预测表现，本案例基于 17 个宏观金融变量和大量的机器学习模型，研究机器学习模型对 WTI 原油期货波动率的影响。样本时间从 1986 年 4 月 1 日到 2020 年 9 月 30 日。借鉴 Engle 等（2013）、Conrad 和 Kleen（2020）、Fang 等（2020）、Ma 等（2023）和其他研究，采用 12 个宏观金融变量：芝加哥联邦储备银行全国活动指数（Chicago Fed National Activity Index，CFNAI）、企业税后利润（corporate profits after tax，CP）、居民消费价格指数（consumer price index，CPI）、房屋开工率（housing starts，HS）、工

业生产增长率（industrial production growth rate，IPGR）、基础货币（monetary base，MB）、美国供应管理协会（the Institute for Supply Management，ISM）新订单指数（new orders index，NO）、生产价格指数（producer price index，PPI）、实际 GDP（GDP）、实际个人消费（real personal consumption，RPC）、失业率（unemployment rate，UR）和密歇根大学消费者情绪指数（University of Michigan consumer sentiment index，SI）以及 5 个金融因子：违约利差（default spread，DS）、股票市场回报率（equity market returns，MKT）、新闻隐含波动率指数（news-based implied volatility index，NVIX）、短期反转因子（short-term reversal factor，ST）和期限利差（term spread，TS）[①]。

　　表 6-1 展示了数据的描述性统计，包含了 17 个宏观金融变量和 RV 及其滞后项，主要指标包括最大值、最小值、平均值、标准差、偏度、峰度、Jarque-Bera 统计量和 ADF 统计量。偏度是描述数据分布形状的一个统计量，它反映了数据分布相对于对称分布的偏斜方向和程度；峰度反映了样本分布曲线在平均值处峰值高低的特征数；Jarque-Bera 统计量用于检验数据是否符合正态分布；ADF 统计量用于进行单位根检验从而判断时间序列数据是否平稳。从表 6-1 可以看出 RV 的度量呈现右偏和高峰度；17 个因子则呈现左偏或者右偏而且也都具有高峰度。Jarque-Bera 统计检验结果显示，在 1% 的显著性水平下，所有的数据序列都没有正态分布的迹象。此外，ADF 检验显示所有的数据序列都没有单位根的情况，说明数据在所有水平都平稳。

表 6-1　描述性统计

项目	观测值	最小值	最大值	平均值	标准差	偏度	峰度	Jarque-Bera 统计量	ADF 统计量
RV	414	−6.891	−0.006	−4.767	0.961	0.999	3.226	243.271***	−10.256***
RV_LAG1	414	−6.891	−0.006	−4.763	0.967	1.002	3.134	233.838***	−10.489***
RV_LAG2	414	−6.891	−0.006	−4.756	0.971	0.991	3.053	223.805***	−10.258***
RV_LAG3	414	−6.891	−0.006	−4.752	0.972	0.979	3.004	217.199***	−9.856***
UR	414	−2.200	10.300	0.021	0.757	11.931	163.373	461 338.329***	−22.380***
SI	414	−17.300	17.300	−0.035	4.162	−0.179	2.592	114.616***	−21.027***
NO	414	−0.443	0.573	0.001	0.086	0.756	12.470	2 664.492***	−21.874***
CFNAI	414	−17.740	5.870	−0.085	1.425	−8.896	114.350	226 644.543***	−16.362***
MB	414	−66.801	1 646.999	24.755	149.885	9.443	92.742	151 628.401***	−13.684***
PPI	414	−48.191	42.341	2.592	11.821	−0.225	3.453	203.578***	−14.328***

---

① 关于案例中 17 个因子的更多细节可以参考 Fang 等（2020）、Ma 等（2023）等相关研究。

续表

项目	观测值	最小值	最大值	平均值	标准差	偏度	峰度	Jarque-Bera 统计量	ADF 统计量
CPI	414	−19.295	17.833	2.583	3.357	−1.159	10.940	2 112.025***	−13.837***
HS	414	−97.473	1 219.028	54.837	184.409	3.565	16.244	5 331.637***	−23.341***
IPGR	414	−80.357	106.653	2.435	12.251	1.504	35.556	21 530.129***	−16.967***
TS	414	−0.530	3.760	1.766	1.101	−0.058	−1.032	18.763***	−2.933***
DS	414	0.550	3.380	0.981	0.389	3.144	14.457	4 209.559***	−5.662***
MKT	414	−23.240	13.650	0.647	4.672	−1.020	3.569	285.361***	−19.501***
ST	414	−14.600	16.210	0.261	3.593	0.336	5.977	609.252***	−22.430**
NVIX	414	0.509	1.009	0.002	0.212	0.973	3.142	230.582***	−23.955***
CP	414	−88.013	407.349	11.810	46.520	5.944	48.718	42 567.382***	−12.140***
GDP	414	−31.383	7.528	2.245	4.073	−5.589	43.122	33 592.343***	−7.405***
RPC	414	−12.300	8.500	0.214	1.207	−3.982	67.964	79 214.422***	−20.963***

注：本表为数据的描述性统计。与 Jarque 和 Bera（1987）一致，每个变量设置了正态分布的零假设。ADF 检验用于检验时间序列是否平稳

***、**分别表示在 1%、5%的水平上拒绝原假设

6.3.2　结果

根据 Paye（2012）、Wang 等（2018）、Liang 等（2020），样本外 R^2（R^2_{OOS}）方法能够有效捕捉预测模型之间的差别。样本外 R^2 如下所示：

$$R^2_{\mathrm{OOS}} = 1 - \frac{\sum_{t=1}^{M}\left(\ln(\mathrm{RV}_t) - \ln(\mathrm{RV}_t^{j})\right)^2}{\sum_{t=1}^{M}\left(\ln(\mathrm{RV}_t) - \ln(\mathrm{RV}_t^{0})\right)^2} \quad (6\text{-}30)$$

其中，$\ln(\mathrm{RV}_t)$ 为 RV 的真实值；$\ln\left(\mathrm{RV}_t^{j}\right)$ 为模型 j 的预测值；j 为案例中考虑的预测模型；$\ln(\mathrm{RV}_t^{0})$ 为基准模型的波动率预测值。模型中的 R^2_{OOS} 表示该模型优于基准模型。根据 Clark 和 West（2007）的研究，这里使用 MSFE 作为原油期货市场波动率模型之间差异的度量。

结论基于递归窗口方法，并在表 6-2 中展示。递归窗口会一直保持预测起点不变并且在起点的基础上不断纳入新的预测信息。综合所有学习方法的检验结果可以发现如下特点。第一，15 个机器学习模型中有 11 个模型的 R^2_{OOS} 值大于 0，这意味着大部分机器学习模型都在原油期货波动率预测中拥有相对基准模型更好

的表现。第二，在机器学习模型中，集成学习模型和深度学习模型有更好的预测性能，集成学习模型的 R^2_{OOS} 基本都在 30%以上，深度学习模型中 FCNN 和 C_LSTM 表现最好，分别拥有 41.723%和 34.806%的 R^2_{OOS}。机器学习模型具有优越性能的原因可能在于它们不需要预先假设方程的函数、变量之间的联系以及参数的统计分布（Ghoddusi et al.，2019；Gu et al.，2020），以及机器学习模型可以处理数据序列中复杂的非线性问题，捕捉有关市场波动的重要信息。此外，集成学习模型具有令人满意的性能，这可能是因为在样本选择和特征选择中引入随机性使得模型不容易过拟合，同时使其对数据中的异常值不敏感。集成学习本身不是一个单一的机器学习算法，而是包含多个机器学习任务的构造组合，这种结构实现了一个更强大的学习过程（Dietterich，2002；Yu et al.，2008；Alobaidi et al.，2018）。深度学习模型出色表现的原因在于它可以通过网络层之间的线性变换和非线性变化来拟合复杂的函数，减少拟合误差，并且它可以通过多维特征映射空间学习变量之间的复杂关系，输出更准确的预测值（Borovkova and Tsiamas，2019；Bianchi et al.，2021）。

表 6-2　样本外检验结果

预测模型	R^2_{OOS}/%	MSFE_adjusted	p 值
SVR	3.812	2.993	0.001
KNN	−2.158	4.029	0.000
DT	−44.656	3.587	0.000
EN	−4.813	3.931	0.000
LASSO	0.743	4.004	0.000
Ridge	−11.713	2.633	0.004
RF	42.474	4.528	0.000
ExtRa Trees	6.699	3.553	0.000
Bagging	39.152	4.643	0.000
Adaboost	34.256	5.645	0.000
GBR	43.254	4.882	0.000
FCNN	41.723	4.399	0.000
CNN	28.584	3.517	0.000
LSTM	10.673	2.925	0.002
C_LSTM	34.806	4.252	0.000

注：表中为 R^2_{OOS} 和 MSFE_adjusted 统计量对模型的样本外性能评价。如果 R^2_{OOS} 大于零，则相应的模型优于基准模型。EN 为惩罚回归，Ridge 为岭回归

6.3.3　稳健性检验

稳健性检验是经济学、金融学和其他社会科学领域中常用的一种分析方法，用于评估模型的稳定性和可靠性。这种方法的核心思想是通过改变模型的假设或结构，观察模型输出是否发生显著变化，从而判断原始模型是否具有稳健性。本节对所有使用的机器学习模型进行稳健性检验以展现其优良的性能。

1. 滚动窗口预测方法

在前面部分的模型构建中应用的是递归窗口方法来进行分析。为了有效避免数据重叠，现在采用滚动窗口的方法来检验预测模型的稳健性。这里将窗口保持在 212 个观测值的不变长度，所得结果如表 6-3 所示，可以得出以下发现。首先，15 个机器学习模型中有 10 个模型的 R^2_{OOS} 值大于零，表明大部分机器学习模型的预测效果超过基准模型，对原油期货市场预测有帮助；其次，本章中提到的集成学习模型和深度学习模型大多与传统机器学习模型相比具有更好的性能。这些结果与我们前面的样本外预测结果相同。

表 6-3　滚动窗口预测结果

预测模型	R^2_{OOS}/%	MSFE_adjusted	p 值
SVR	2.050	2.926	0.002
KNN	1.600	4.060	0.000
DT	−3.318	4.207	0.000
EN	−37.269	3.551	0.000
LASSO	−32.709	3.569	0.000
Ridge	−37.130	2.610	0.005
RF	38.831	4.600	0.000
ExtRa Trees	−9.435	3.067	0.001
Bagging	37.894	4.441	0.000
Adaboost	33.947	5.407	0.000
GBR	39.873	5.092	0.000
FCNN	38.838	4.750	0.000
CNN	37.462	3.312	0.000
LSTM	31.846	4.157	0.000
C_LSTM	39.712	3.704	0.000

注：该表显示了 R^2_{OOS} 和 MSFE_adjusted 统计量对基于滚动窗口方法的模型的样本外性能评价。如果 R^2_{OOS} 大于零，则相应的模型优于基准模型

2. 不同预测窗口

在前文的建模分析中，采用的样本频率是整个数据样本的 1/2。这一部分为了检查模型的稳健性，选择替代备选的预测窗口，即整个数据样本的 1/3 和 2/3，来执行评估，预测结果如表 6-4 所示。与前几部分一致，从最后结果可以发现集成学习模型和深度学习模型的预测性能大多优于传统的机器学习模型，这些结果与之前的结论完全相同。

表 6-4 不同预测窗口结果

预测模型	R_{OOS}^2/%	MSFE_adjusted	p 值
1/3 样本外长度			
SVR	4.513	2.616	0.004
KNN	5.493	3.644	0.000
DT	−20.354	3.141	0.001
EN	43.358	4.208	0.000
LASSO	43.228	4.160	0.000
Ridge	42.313	2.243	0.012
RF	49.146	3.986	0.000
ExtRa Trees	−0.738	2.506	0.006
Bagging	45.770	3.979	0.000
Adaboost	38.406	5.045	0.000
GBR	49.927	4.262	0.000
FCNN	47.968	3.974	0.000
CNN	43.460	2.779	0.003
LSTM	38.328	3.033	0.001
C_LSTM	40.595	3.434	0.000
2/3 样本外长度			
SVR	−2.037	3.503	0.000
KNN	−16.169	4.383	0.000
DT	−63.845	3.871	0.000
EN	−4.982	4.257	0.000
LASSO	−0.573	4.339	0.000
Ridge	−12.092	2.762	0.003
RF	31.705	4.819	0.000
ExtRa Trees	−35.302	4.239	0.000
Bagging	27.252	4.974	0.000

预测模型	R^2_{OOS}/%	MSFE_adjusted	p 值
2/3 样本外长度			
Adaboost	24.520	5.771	0.000
GBR	28.698	4.984	0.000
FCNN	30.814	4.812	0.000
CNN	17.567	3.983	0.000
LSTM	21.588	4.329	0.000
C_LSTM	32.762	3.896	0.000

注：该表显示了不同预测窗口下 R^2_{OOS} 和 MSFE_adjusted 统计量对模型的样本外性能评价。如果 R^2_{OOS} 大于零，则相应的模型优于基准模型

3. 长期预测表现

本部分检验模型在不同预测区间下是否仍然具有可预测性，使用的模型的预测区间包括对未来 3 个月、未来 6 个月、未来 9 个月和未来 12 个月的预测。这些模型的检验结果如表 6-5 所示。从表中可以有以下发现：在未来 3 个月、未来 6 个月、未来 9 个月和未来 12 个月的不同时期，机器学习模型——特别是集成学习模型和深度学习模型，仍然比传统预测模型对原油期货波动率具有更好的预测能力。这些结果与之前的发现相似，并证实了结果是稳健的。

表 6-5　不同预测区间结果

预测模型	R^2_{OOS}/%	MSFE_adjusted	p 值
未来 3 个月			
SVR	8.342	2.997	0.001
KNN	−3.304	3.862	0.000
DT	−0.307	4.325	0.000
EN	11.650	3.451	0.000
LASSO	13.935	3.504	0.000
Ridge	2.514	3.428	0.000
RF	43.171	5.038	0.000
ExtRa Trees	3.448	4.588	0.000
Bagging	40.496	4.911	0.000
Adaboost	37.613	5.356	0.000
GBR	51.613	5.237	0.000
FCNN	38.537	4.620	0.000

续表

预测模型	$R^2_{OOS}/\%$	MSFE_adjusted	p 值
未来 3 个月			
CNN	41.467	3.563	0.000
LSTM	35.057	5.856	0.000
C_LSTM	40.886	3.735	0.000
未来 6 个月			
SVR	−5.601	2.399	0.008
KNN	−12.786	4.488	0.000
DT	−13.883	5.300	0.000
EN	−55.835	2.313	0.010
LASSO	−48.365	2.336	0.010
Ridge	−85.275	2.641	0.004
RF	32.466	6.202	0.000
ExtRa Trees	−39.953	4.405	0.000
Bagging	31.222	6.041	0.000
Adaboost	25.121	5.855	0.000
GBR	29.765	5.876	0.000
FCNN	22.495	5.371	0.000
CNN	19.034	4.400	0.000
LSTM	19.583	5.872	0.000
C_LSTM	18.014	4.369	0.000
未来 9 个月			
SVR	−6.143	1.863	0.031
KNN	−13.271	3.786	0.000
DT	−37.196	4.326	0.000
EN	−47.610	2.099	0.018
LASSO	−39.989	2.097	0.018
Ridge	−64.384	2.329	0.010
RF	28.600	6.486	0.000
ExtRa Trees	−33.251	4.406	0.000
Bagging	22.045	6.137	0.000
Adaboost	19.183	5.964	0.000
GBR	27.997	6.474	0.000

预测模型	$R^2_{\mathrm{OOS}}/\%$	MSFE_adjusted	p 值
未来 9 个月			
FCNN	11.356	5.357	0.000
CNN	−5.455	3.319	0.000
LSTM	−5.622	4.057	0.000
C_LSTM	5.383	3.832	0.000
未来 12 个月			
SVR	1.413	2.925	0.002
KNN	−2.922	4.483	0.000
DT	−24.394	3.750	0.000
EN	−23.101	2.275	0.011
LASSO	−17.641	2.278	0.011
Ridge	−34.255	2.642	0.004
RF	24.134	5.885	0.000
ExtRa Trees	−58.620	4.150	0.000
Bagging	21.665	5.821	0.000
Adaboost	23.911	6.235	0.000
GBR	23.807	5.852	0.000
FCNN	2.446	3.786	0.000
CNN	−6.346	3.829	0.000
LSTM	16.376	5.972	0.000
C_LSTM	−1.172	3.671	0.000

注：该表显示了不同预测区间下 R^2_{OOS} 和 MSFE_adjusted 统计量对模型的样本外性能评价。如果 R^2_{OOS} 大于零，则对应的模型优于基准模型

4. 进一步分析

1）高波动水平和低波动水平

本部分尝试分析模型在一些特殊时期下的预测能力，先分别考察在高波动和低波动的市场水平下模型的表现。市场的波动程度会对预测产生较大的影响。例如，高波动环境下市场价格的快速波动导致数据的分布更加离散；高波动环境下价格波动往往更加频繁和剧烈，这可能导致趋势的持续性减弱；高波动环境下的数据中可能存在异常值噪声。这些因素可能会对模型的预测结果产生负面影响，使得预测结果偏离实际值。而当市场波动性低时，数据则相对更加集中，趋势更加稳定。下面是高波动水平和低波动水平时期的定义：

$$\begin{cases} \text{高波动时期：} RV_t \geqslant \overline{RV} \\ \text{低波动时期：} RV_t < \overline{RV} \end{cases} \quad (6\text{-}31)$$

其中，$\overline{RV}$ 为原油期货 RV 的平均值。

表 6-6 展示了模型预测结果。在高波动的市场环境下，传统的预测模型往往难以准确预测原油期货的波动率，显示出明显的局限性。相较之下，机器学习模型有更大的优势，尤其是机器学习中的集成学习模型，则表现出了更显著的优势和更高的预测精度。值得一提的是，机器学习模型在低波动性水平上有着更令人满意的预测性能。这些发现与前一节的结果是一致的，进一步反映了机器学习模型在原油期货波动率预测中的重要作用。

表 6-6　高低波动水平下的检验结果

预测模型	R^2_{OOS}/%	MSFE_adjusted	p 值
高波动水平			
AR-all[1]	−31.622	2.206	0.014
AR-PCA[2]	−4.101	2.076	0.019
AR-sPCA[3]	−6.717	1.875	0.030
AR-PLS[4]	21.882	2.217	0.013
SVR	4.885	2.015	0.022
KNN	−39.154	1.880	0.030
DT	−76.119	1.326	0.092
EN	−70.507	2.205	0.014
LASSO	−57.873	2.270	0.012
Ridge	−90.139	1.729	0.042
RF	22.444	1.930	0.027
ExtRa Trees	−28.305	1.795	0.036
Bagging	22.534	2.140	0.016
Adaboost	11.594	2.371	0.009
GBR	25.889	2.144	0.016
FCNN	27.593	2.045	0.020
CNN	22.694	2.094	0.018
LSTM	15.335	1.893	0.029
C_LSTM	21.881	2.152	0.016

续表

预测模型	R^2_{OOS}/%	MSFE_adjusted	p 值
	低波动水平		
AR-all	18.595	1.925	0.027
AR-PCA	13.048	1.818	0.035
AR-sPCA	5.163	0.975	0.165
AR-PLS	3.828	0.992	0.161
SVR	2.749	2.239	0.013
KNN	30.327	4.195	0.000
DT	−16.625	3.677	0.000
EN	52.671	5.927	0.000
LASSO	52.025	5.750	0.000
Ridge	56.935	5.278	0.000
RF	59.993	6.892	0.000
ExtRa Trees	37.288	4.443	0.000
Bagging	53.623	6.818	0.000
Adaboost	54.107	6.319	0.000
GBR	58.541	6.711	0.000
FCNN	54.031	5.976	0.000
CNN	33.743	3.986	0.000
LSTM	6.402	2.627	0.004
C_LSTM	46.024	5.589	0.000

注：该表给出了采用 R^2_{OOS} 和 MSFE_adjusted 统计量评估的模型在高、低波动水平下的表现。如果 R^2_{OOS} 大于零，则相应的模型优于基准模型

1）使用所有因子的 AR 模型；2）使用主成分分析（principal component analysis，PCA）因子的 AR 模型；3）使用缩放主成分分析（scaled PCA，sPCA）因子的 AR 模型；4）使用偏最小二乘（partial least squares，PLS）因子的 AR 模型

2）危机和非危机时期

危机的蔓延往往会对市场的表现和功能产生深远的影响，因此本部分特别关注模型在危机时期的表现，包括全球金融危机、欧元区主权债务危机以及新冠疫情时期。全球金融危机的蔓延对全球经济产生了巨大的冲击，这场危机始于 2008 年，由美国次贷危机引发，迅速蔓延至全球各地。在危机期间，许多金融机构陷入困境，导致信贷市场冻结、投资者信心丧失以及全球经济增长放缓；欧元区主权债务危机对欧洲经济产生了重大影响，这场危机始于 2009 年。当时希腊政府宣布其财政状况不佳，引发了投资者对其他欧元区国家的担忧。随后，葡萄牙、爱

尔兰、意大利和西班牙等国家也陷入主权债务危机。这些国家的债务问题导致了信贷紧缩、经济增长放缓以及社会不稳定。新冠疫情对全球经济都产生了严重的影响。疫情的暴发导致全球范围内的生产和消费大幅减少，供应链中断，国际贸易和投资活动受到限制。为了应对疫情带来的挑战，各国政府采取了不同的经济刺激措施，如提供财政支持、减税降费、增加公共支出等。表 6-7 展示了不同学习方法的预测效果，其中包括了一些重要的发现：即使在像危机发生这样高波动的时期，以集成学习模型和深度学习模型为代表的机器学习模型的表现仍然大多优于基准模型。在非危机时期，可以得到类似的结果，这进一步表明机器学习模型在原油期货市场中有着显著的贡献。这些结果与样本外分析的结果也是一致的。

表 6-7　危机和非危机时期的结果

预测模型	R_{OOS}^2/%	MSFE_adjusted	p 值
危机时期			
AR-all	−11.820	2.570	0.010
AR-PCA	7.670	2.380	0.010
AR-sPCA	6.260	2.180	0.010
AR-PLS	28.280	2.410	0.010
SVR	37.930	2.530	0.010
KNN	26.300	2.510	0.010
DT	−54.780	1.330	0.090
EN	−44.270	2.560	0.010
LASSO	−31.590	2.590	0.000
Ridge	−58.790	2.000	0.020
RF	55.760	2.560	0.010
ExtRa Trees	28.330	2.140	0.020
Bagging	53.020	2.680	0.000
Adaboost	36.300	2.990	0.000
GBR	52.840	2.680	0.000
FCNN	48.100	2.480	0.010
CNN	49.520	2.530	0.010
LSTM	6.530	1.350	0.090
C_LSTM	44.170	2.620	0.000
非危机时期			
AR-all	1.820	2.955	0.002
AR-PCA	2.587	2.568	0.005
AR-sPCA	−6.509	−0.204	0.581
AR-PLS	−2.776	0.792	0.214

续表

预测模型	R_{OOS}^2/%	MSFE_adjusted	p 值
非危机时期			
SVR	−28.458	1.811	0.035
KNN	−29.077	4.019	0.000
DT	−35.085	3.691	0.000
EN	32.507	7.518	0.000
LASSO	31.327	7.436	0.000
Ridge	32.808	7.340	0.000
RF	29.913	6.858	0.000
ExtRa Trees	−13.761	5.471	0.000
Bagging	26.034	6.720	0.000
Adaboost	32.326	7.980	0.000
GBR	34.192	7.163	0.000
FCNN	35.692	7.949	0.000
CNN	8.788	4.624	0.000
LSTM	14.593	6.321	0.000
C_LSTM	25.952	6.804	0.000

注：该表给出了采用 R_{OOS}^2 和 MSFE_adjusted 统计量评估的模型在非危机时期的表现。如果 R_{OOS}^2 大于零，则相应的模型优于基准模型

3）扩张和衰退时期

根据 Neely 等（2014）和 Zhang 等（2019b）的研究，不同的经济时期可以对原油预测因子产生不同的影响。美国国家经济研究局（The National Bureau of Economic Research，NBER）将经济状况分为衰退期和扩张期[①]，NBER 通过一系列指标计算经济活动，并将经济活动达到顶峰和随后的低谷或最低点之间的时期划分为衰退期，将经济活动的低谷和高峰之间的时期划分为扩张期。这部分考察了这些模型在经济衰退期和扩张期间是否有不同的表现。参考 Neely 等（2014）的的研究，经济扩张期和衰退期的 R_{OOS}^2 如下所示：

$$R_c^2 = 1 - \frac{\sum\limits_{k=1}^{q} I_{m+k}^c \left(\ln(\mathrm{RV})_{m+k} - \widehat{\ln(\mathrm{RV})}_{m+k} \right)^2}{\sum\limits_{k=1}^{q} I_{m+k}^c \left(\ln(\mathrm{RV})_{m+k} - \overline{\ln(\mathrm{RV})}_{m+k} \right)^2}, \quad c = \mathrm{EXP, REC} \qquad (6\text{-}32)$$

其中，I_{m+k}^{EXP} 和 I_{m+k}^{REC} 为当 $m+k$ 月被分为扩张期或者衰退期的特定数值，否则它们的

---

① 更多细节参考 https://www.nber.org/research/business-cycle-dating。

取值为 0；EXP 为扩张时期；REC 为衰退时期。

结果如表 6-8 所示。机器学习模型特别是集成学习模型和深度学习模型，相较于传统预测模型具有显著的优势。

表 6-8　经济扩张和经济衰退期间的结果

预测模型	R^2_{OOS}/%	MSFE_adjusted	p 值
扩张期			
SVR	−22.260	2.441	0.007
KNN	−22.362	4.277	0.000
ExtRa Trees	−28.511	4.961	0.000
DT	−51.235	4.232	0.000
RF	31.141	7.630	0.000
Bagging	27.244	7.443	0.000
Adaboost	31.183	8.568	0.000
GBR	33.784	7.983	0.000
LASSO	31.345	7.991	0.000
Ridge	32.196	7.807	0.000
EN	31.811	8.039	0.000
FCNN	34.235	8.374	0.000
CNN	9.615	5.319	0.000
LSTM	7.813	6.361	0.000
C_LSTM	24.920	7.145	0.000
衰退期			
SVR	40.708	2.253	0.012
KNN	26.434	2.438	0.007
ExtRa Trees	56.527	2.270	0.012
DT	−35.345	0.344	0.366
RF	58.512	2.252	0.012
Bagging	56.004	2.353	0.009
Adaboost	38.606	2.580	0.005
GBR	56.657	2.315	0.010
LASSO	−42.563	2.631	0.004
Ridge	−73.852	1.967	0.025
EN	−56.642	2.578	0.005
FCNN	52.318	2.364	0.009

续表

预测模型	$R_{\text{OOS}}^2/\%$	MSFE_adjusted	p 值
	衰退期		
CNN	55.428	2.396	0.008
LSTM	14.721	1.273	0.102
C_LSTM	48.795	2.493	0.006

注：本表给出了用 R_{OOS}^2 和 MSFE_adjusted 统计量评估的模型在经济扩张和经济衰退期间的表现。如果 R_{OOS}^2 大于零，则相应的模型优于基准模型

6.3.4　模型可解释性

在这一部分中，为了帮助读者能够对模型和指标有进一步的理解和认识，并对机器学习的模型机制有深入的了解，引入模型的可解释性研究。正确解释预测模型输出的能力至关重要。它不仅有助于建立用户信任，还提供了改进模型的洞察力，并帮助我们理解建模的过程。在某些应用中，简单的模型——如线性模型因其易于解释而受到青睐，即便它们可能不如复杂模型准确。然而随着大数据的普及，使用复杂模型的优势逐渐凸显，这使得我们在追求模型准确性的同时，更加关注其可解释性。因此，如何在准确性和可解释性之间找到平衡，成为本部分讨论的重点。本部分基于前文中展现了优越性能的模型——如 RF、GBR 和 FCNN 模型，进行可解释性的分析。

SHAP（Shapley additive explanation，夏普利加性解释）是一种解释机器学习模型预测结果的方法。它基于 Shapley 值这种博弈论概念，确定个体在合作中的贡献。在 SHAP 中，Shapley 值被解释为一种加性特征归因方法，它将机器学习模型视作一个游戏，其中每个输入特征（如每个玩家）都试图最大化其对模型预测结果的影响。Shapley 值用于衡量每个特征的重要性及其与模型预测的关联性，这使得模型预测背后的逻辑以及每个特征究竟是如何影响预测结果的过程得以展现。Strumbelj 和 Kononenko（2010）最早将 Shapley 值从联盟博弈理论中引入机器学习的可解释性研究中，他们提到 Shapley 值分析方法的理论性质确保了无论机器学习模型学习什么概念，生成的贡献都能揭示特征值的影响，所以该方法可以有效地应用于任何分类器。这之后，Lundberg 和 Lee（2017）建立了 SHAP 方法的整体框架，将 SHAP 值作为特征重要性的衡量标准，从而将六种可解释性方法纳入了统一的体系。SHAP 方法的优点有以下几点。①理论完备。因为源自博弈论，SHAP 方法拥有完备的理论基础，包括对称性、可加性、有效性等公理。②公平性。SHAP 方法能够公平地分配样本中每个特征的贡献值，从而解释单个样本模型预测值与平均模型预测值之间的差异。③多重对比解释。Shapley 值具有

多种对比解释,既可以解释单个样本的模型预测值与平均模型预测值之间的差异,也可以解释单个样本的模型预测值与另一个样本的模型预测值之间的差异。SHAP方法的缺点是相关特征问题:当特征之间存在相关性时,有些 SHAP 近似算法的效果可能会变差,这可能导致解释性结果不够准确。

　　本部分利用基于 Python 的 SHAP 模型解释包。对于每个预测样本模型都会产生一个预测值,其中 SHAP 值是分配给样本中每个特征的数字。假设第 i 个样本为 m_i,该样本中第 j 个特征为 $m_{i,j}$,该样本在模型中的预测值为 y_i,整个模型的基准(通常是所有样本目标变量的平均值)是 y_{base}。SHAP 值的定义是

$$y_i = y_{base} + f(m_{i,1}) + f(m_{i,2}) + \cdots + f(m_{i,k}) \tag{6-33}$$

其中,$f(m_{i,j})$ 为 $m_{i,j}$ 的 SHAP 值,正的 $f(m_{i,j})$ 意味着该特征对预测结果起积极的作用,负的 $f(m_{i,j})$ 意味着这个特征对预测结果起消极的作用。SHAP 方法的优点是它不仅反映了样本中每个特征的影响,而且显示了每个特征的积极和消极的影响。

　　下面将展示前几节中表现较为优异的 RF、GBR 和 FCNN 模型的 SHAP 输出结果。RF、GBR 和 FCNN 模型的结果分别如图 6-1、图 6-2、图 6-3 所示。图 6-1

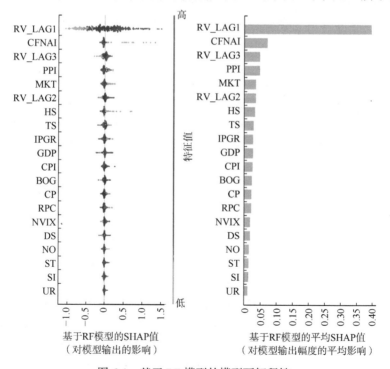

图 6-1　基于 RF 模型的模型可解释性

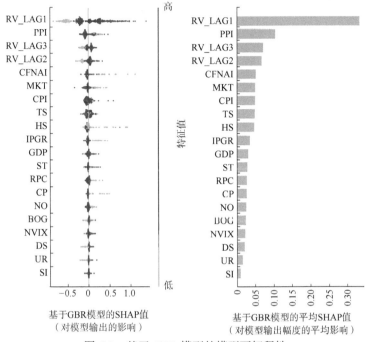

图 6-2　基于 GBR 模型的模型可解释性

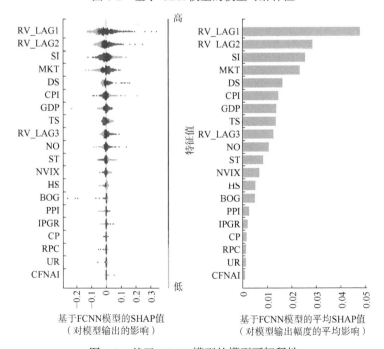

图 6-3　基于 FCNN 模型的模型可解释性

反映了 RF 模型中的特征的贡献。具体而言，图 6-1 左侧展示了每个特征与原油期货波动率之间的负相关或正相关关系。颜色从灰色到黑色的变化代表了特征值从小到大地递增。若某一特征的颜色为黑色且位于轴的右侧，则表明该特征对原油期货波动具有积极的影响，且特征值越大，其积极影响程度越高。从图 6-1 中，可以发现 RV_LAG1 对预测的贡献最大，而 UR 对预测的贡献相对较小。此外，RV_LAG1 的颜色表示 RV_LAG1 越高，RV 越高，即与 RV 预测呈正相关，而 CFNIA的颜色表示 CFNIA 越低，RV 越高，即 CFNIA 与 RV 预测呈负相关。在 GBR 和FCNN 模型中也可以找到类似的结果。

6.4　机器学习的局限性

尽管机器学习具有强大的预测性能，具有许多传统方法所不具备的优势，但是它仍然有自己的局限性。首先，机器学习模型的数据依赖性很强。机器学习模型的性能在很大程度上取决于训练数据的质量和数量。如果训练数据不足、存在偏差或噪声过多，模型的预测结果就可能会受到影响，甚至导致模型过拟合或欠拟合。此外，对于经济金融领域的许多预测任务而言，获取大量高质量的训练数据可能是一个挑战。其次，机器学习方法是基于数据驱动的非参数构建过程，加上机器学习模型日趋复杂化，其在处理数据时往往是一个"黑箱"过程，内部的工作机制和决策过程对于人类来说是不透明的。这使得人们难以理解模型是如何得出预测结果的，而在实际应用中，理解模型为什么做出某种预测可能和预测的精确性一样重要。本章简单介绍了目前对机器学习可解释性问题的一些相关研究并将之用于实例分析中，但是有关可解释性的研究依然任重而道远。最后，在许多领域的机器学习的研究中，学者往往会更加关注分析中的相关性，也就是主要考察机器学习方法是否能够进行更加精确的样本内外预测效果，但实际上因果关系的分析同样重要。在经济金融领域的研究与应用中，研究数据背后的因果关系仍然是主要目的之一，这是机器学习算法无法直接实现的。

6.5　小　　结

本章介绍了多种机器学习模型，并在 6.3 节实际运用其预测原油期货的波动率并进行比较。结果表明，机器学习模型在原油期货市场中具有相较传统预测模型更好的性能。在原油期货市场中，价格波动受到多种因素的影响，包括全球经济形势、政治事件、供求关系等，这些因素的变化往往是非线性的，而且相互之间存在复杂的关系。传统预测模型，难以准确预测这些非线性变化。机器学习模型能够很好地处理数据序列中的非线性，捕捉原油期货市场波动的重要信息，并进行准确的预测。此外，机器学习模型在考虑到替代预测方法、替代评估方法、替代预测窗口和替代预测区间时的结果都是稳健的。

大数据时代，机器学习算法因为可以训练大量数据以产生更准确的分类或预测的高效率，被广泛应用于所有领域，发挥着越来越重要的作用，机器学习模型在原油波动率方面的应用也必然会更加广泛和深入，那么未来如何更好地应用机器学习方法？

首先，数据的来源可以更加丰富，包括不符合固定格式或结构的非结构化数据，如机器学习可以利用相关新闻、报告、公告、评论、社交媒体等文本数据，进行包括特征提取、主题建模、情绪分析在内的处理，市场中的这些文本数据可以反映市场动态、投资者情绪、企业状况等信息；卫星图像、市场趋势图等图片也可以被用于信息的提取分析、预测建模，甚至电话、语音、广播等录音数据，监控、直播、录像等视频数据中也可以提取解析出事件、行为、情绪这些内涵丰富的信息。此外，多模态分析技术也是提高预测效果的发展方向。多模态是指同时使用多种类型的非结构化数据进行处理和分析，它突破了传统单模态分析的限制，能够更全面地理解和分析复杂的场景。在多模态分析中，不同的模态可以互补，提供更丰富、更准确的信息。例如，将文本数据和图像数据相结合，可以更全面地了解市场动态和趋势；同时使用音频和视频数据可以更准确地识别事件和行为。多模态分析技术主要涉及如何将不同模态的数据进行有效的融合和处理，这需要解决许多挑战，例如，如何选择合适的网络结构和损失函数、如何将不同形式的数据结合在一起等。在实践中，多模态分析技术通常采用深度学习方法，利用神经网络对多模态数据进行处理和分析，这种多模态分析方法可以弥补单一数据源的不足，实现数据之间的互补和增强，提高信息的完整性和准确性。以上非结构化数据的处理分析以及多模态分析技术都是机器学习的能力范围，采用更广泛的数据来源是提高机器学习在原油市场应用效果的发展思路。

其次，所有类型的机器学习算法都有自己擅长的领域和不可避免的局限性，这意味着没有一个算法能够适应每一个问题，CF 和混合方法是一个可能的改善途径。CF 是指将两种或多种不同预测方法输出的结果按一定方式进行组合，以获得更好的预测结果。Rapach 等（2010）指出模型的不确定性和不稳定性会严重损害单个模型的预测能力，而 CF 可以减少依赖于单一模型的不确定性风险。CF 通过综合利用各种预测方法的优点，弥补单一预测方法的不足，从而提高预测精度和稳定性。

　　混合方法是指将不同的机器学习算法结合起来，产生一个更强大、更有效的模型以提高模型的性能或适应性。混合方法的特点是可以利用不同算法的优势，弥补不同算法的不足，或者解决一些单一算法难以处理的问题，提高模型的准确性、稳健性、可解释性、可扩展性，或者降低模型的复杂度、计算成本等。混合方法的选择非常多样，可以将线性模型和深度学习相结合，也可以将不同的机器学习方法相结合，如 Medeiros 等（2021）分别使用 RF 选择变量然后结合 OLS 预测通货膨胀以及使用自适应 LASSO（adaptive LASSO）选择变量再用于 RF 模型预测通货膨胀，最后分析变量选择和非线性对预测通货膨胀的相对重要性；Ding 等（2022）尝试了一种将 RF、XGBoost 和 Light GBM（light gradient boosting machine，轻量梯度提升机）与集成思想相结合的新的混合方法。他们对每个模型进行独立训练，并以相同的权重完成各自的预测，以平衡它们的表现，然后将预测结果发送到混合模型中，得到最终的预测，最后结果显示混合方法进一步提高了预测性能。

第7章　国际原油市场波动预测的应用研究

7.1　概　　述

原油市场对全球经济和政治具有极其深远的影响。作为世界上最重要的能源之一，原油是许多工业产品的原料，也是全球运输和制造业的关键能源。原油价格的波动不仅会导致通货膨胀和生活成本增加，还会影响原油出口国的经济状况和政治稳定。此外，原油市场是国际政治的重要组成部分，其地缘政治影响着国际关系和全球政治格局。同时，原油开采和使用对环境造成重大影响，促使全球寻求更可持续的能源解决方案，并影响其对气候变化和环境保护的态度和政策。

供需关系、地缘政治风险、货币、技术创新、季节性需求和金融市场因素等多重因素会影响原油价格，这些多方面的因素使得原油价格及其波动变得难以预测。因此，如何准确预测原油价格的波动是众多学者一直以来研究的重点话题之一，刻画油价变动在多个领域具有重要的应用价值，这些应用不仅影响着能源市场本身，还广泛涉及全球经济、政策制定、企业战略规划等多个方面。

7.1.1　套期保值

目前大量研究表明，原油是一种全球商品，对经济活动和金融市场产生影响（Hamilton，1983；Kilian，2009）。Hamilton（2009）认为原油的短期供需弹性非常低（接近于零）是导致油价高波动性的合理解释。为规避原油价格波动风险，套期保值成为一种必要的工具，其核心是使用期货合约来对冲现货价格波动风险。在实践中，确定最优套期保值比率（optimal hedge ratio，OHR）是套期保值的关键步骤。最优套期保值比率是指在进行套期保值操作时，期货合约的总价值与现货合同总价值之间的最佳比例。这个比例能够使套期保值者在期货市场上的头寸与现货市场的风险敞口相匹配，以实现风险最小化。在以往的文献中，期货套期保值常用的模型包括 OLS（Ederington，1979）、向量自回归（vector autoregression，VAR）模型（Myers and Thompson，1989）以及向量误差修正（vector error correction，

VEC）模型（Ghosh，1993）。这些回归模型产生的是不变的常数套期保值比率。为了提高套期保值效率，一系列动态套期保值比率模型也被提出，比较有代表性的包括双变量 GARCH 模型（Baillie and Myers，1991；Haigh and Holt，2002；Alizadeh et al.，2008）和 Copula 模型（Hsu et al.，2008；Lee，2009）。

举例来说，Chang 等（2011）在原油市场上检验了多个套期保值模型的效果，结果发现多元 GARCH 模型的效果优于其他模型。Chang 等（2010）进一步研究了多元波动率模型的性能，发现对角 BEKK 模型在降低投资组合方差方面表现最佳，而全 BEKK 模型效果最差。相反，Chang 等（2010）的研究显示 CCC-GARCH 模型在套期保值中优于其他多元 GARCH 模型和回归模型，并且套期保值的效果在熊市和牛市中并不一致。近年来，Billio 等（2018）证实了贝叶斯多链马尔可夫机制转换 GARCH 模型（Bayesian multi-chain Markov-switching GARCH）在能源期货套期保值中的出色表现。Hung 等（2011）的研究结果也表明，马尔可夫机制转换 GARCH 模型相对于 CCC-GARCH 模型和回归模型更为优越。Khalfaoui 等（2015）采用二元 GARCH-BEKK 模型和多尺度小波分析来描述均值和波动溢出的多尺度行为。他们发现，分解后的波动溢出有助于投资者执行套期保值策略。然而，复杂的模型（如多元 GARCH 模型）产生的时变套期保值比率并不一定比简单的恒定套期保值比率模型更为出色，Alexander 等（2012）发现 OLS 回归模型和 GARCH 族模型在降低方差方面与 naïve 套期保值策略在统计意义和经济意义上是没有显著差别的。此外，那些基于 GARCH 的模型甚至可能导致更高的保证金和交易成本。Lee 和 Yoder（2007）也揭示了 GARCH 模型的不稳定性。Wang 等（2015）通过研究包括原油市场在内的 24 个期货市场发现，在最小方差框架下很难找到一种优于 1∶1 套期保值策略的方法。换句话说，关于最优套期保值模型目前仍未达成共识。

此外，作为对最小方差框架的补充，还有一部分关于替代框架下原油期货套期保值的研究。Sukcharoen 和 Leatham（2017）采用多种风险衡量方法，如较低的偏矩（low partial moments，LPM）和 VaR，对炼油厂的下行风险进行了对冲分析。然而，这些风险指标忽略了资产的收益方向，并且依赖于置信水平的确定性。Shrestha 等（2018）计算了原油、取暖油和天然气的分位数套期保值比率，但是分位数风险指标未能符合随机占优理论。Cotter 和 Hanly（2015）采用基于效用的绩效指标来评估套期保值的有效性，理想的效用度量假设资产收益的均值和标准差可以完全刻画收益和风险。然而，金融和商品市场实际上往往因过度的峰度而扭曲，因此，这些套期保值框架仍然存在许多问题。

在国内，也有一些文献对原油市场套期保值进行了研究，如冯春山等（2005）研究了考虑 WTI 原油期货价格和现货价格误差修正关系以及价格波动集簇性两方面的情况下套期保值比率的选择。他们实证分析了 1 月和 2 月期货的套期保值效果差异，发现如果用 1 月期货合约套期保值，在不考虑误差修止关系和波动集簇性情况下确定的套期保值比率效果最好；而如果用 2 月期货合约套期保值，在考虑波动集簇性情况下确定的套期保值比率效果最好。尹力博和韩立岩（2017）以原油期货为例，将期货组合投资的风险中性修改为风险厌恶，并提出了基于长期投资者最优资产组合选择视角的最优动态套期保值模型。该模型使得具有不同风险厌恶系数和不同跨期消费偏好的长期套期保值者在效用最大化的目标下实现现货和不同到期日期货合约的最优混合配置。总体而言，关于最优套期保值模型的选择，现有研究也没有形成一致的观点。

7.1.2　VaR

VaR 作为金融领域中风险管理的重要指标，其发展历程经历了多个阶段，包括不断的理论创新和方法改进。VaR 的发展初始阶段可以追溯到 20 世纪 80 年代初，随着金融市场的发展，其经历了一系列创新，包括金融期权和其他衍生品的引入。面对更复杂的投资组合和逐渐增加的市场风险，传统的风险度量方法已不再能够有效应对。于是在这一时期，出现了一种新的关于风险度量的概念——VaR。最初的 VaR 计算方法相对简单，主要基于历史模拟和正态分布假设，用于利率和汇率风险的测量。

随着 VaR 的发展以及时间的推移，20 世纪 90 年代 VaR 模型主要使用历史数据和 GARCH 模型，其应用范围逐渐扩大到股票、债券和商品市场等更多的资产类别。然而在这一时期，因为正态分布无法很好地刻画极端事件，所以对正态分布假设的过度依赖导致了对尾部风险的低估。

后来，尤其是全球金融危机的爆发，使得 VaR 受到了更加严格的审视。危机中发生的极端事件超出了传统 VaR 模型的预测范围，即传统 VaR 模型未能准确估计或捕捉到危机期间出现的极端市场波动和损失。这是因为传统 VaR 模型通常基于历史数据、正态分布假设或其他统计方法，用于估计资产或投资组合在未来某个时间段内可能发生的最大损失。然而，危机期间的市场通常呈现出与正常时期不同的动态，包括更大的波动性、更广泛的相关性变化，以及非线性的市场反应，这种情况揭示了传统 VaR 模型在面对极端市场情况时的局限性。这引发了对风险度量方法的重新审视和改进，迫使风险管理和量化领域逐渐趋向于引入更复杂的模型和方法。

为弥补 VaR 模型对尾部风险度量的不足，国外学者 Artzner 等（1999）引入了期望损失（expected shortfall，ES）和更复杂的风险度量框架，以此来更全面地捕捉市场的复杂性和不确定性。ES 是 VaR 的一个补充指标，用于更全面地度量金融风险。具体而言，ES 就是当投资组合的损失超过 VaR 损失时所遭受的期望损失，以此来更完整地衡量一个投资组合的极端损失风险。计算可以通过多种途径进行，包括数学统计方法、蒙特卡罗模拟等。一种常见的计算方法是使用历史数据或模型生成的损失分布，然后计算尾部分布中超过 VaR 的那部分损失的平均值。ES 的优势在于它更全面地考虑了尾部风险，对于金融机构和投资者更具参考性。相比之下，VaR 不具备度量投资组合尾部风险的能力。这使得 ES 在风险管理中更为强大，尤其是在需要更全面的风险评估的情况下。总体而言，ES 是 VaR 的一种自然延伸，为更好地理解并量化尾部风险提供了有力的工具。

近年来，风险管理领域不断发展，涌现出了多种新的风险度量方法和模型，包括条件风险度量、极值理论、压力测试、Copula 模型等。通过采用这些多元化的风险度量方法，金融机构和投资者可以更全面地了解其风险敞口，提高对不同类型风险的感知，并更好地准备应对不同的市场条件。此外，随着技术的不断进步和大数据技术的广泛应用，金融机构在风险管理中开始更加注重数据的质量和实时性。机器学习和人工智能等技术也被引入，以改进风险度量的准确性和效率。

7.1.3　投资组合的表现

在金融市场中，波动率是衡量资产价格变动幅度的重要指标。它不仅是风险管理的核心要素，也是投资组合优化的关键因素。波动率预测在优化投资组合、控制风险和制定投资策略中扮演着至关重要的角色。为了将波动率预测有效运用到经济中，而不只是停留在统计意义上，大量学者对此方面展开了研究。早期 Engle（1982）将 ARCH 模型、GARCH 模型、指数 ARCH 模型和 SV 模型等运用到资产收益中，但是这些更关注的是波动率模型在统计性能上的评估，而忽略了波动率的具体经济意义。Bollerslev 等（1992）及 Palm（1996）总结了波动性的实证研究结果，都认为波动性在某种程度上是可以预测的。但是，标准波动率模型通常只能解释平方收益变化的一小部分，这引发了一些研究人员对这些模型相关性的质疑。Andersen 和 Bollerslev（1998）认为，解释能力不足是收益产生过程中存在的固有噪声导致的，他们提出了更精确的事后波动率测量方法（日内累计收益的平方）并且发现 GARCH 模型解释了该测量方法中约 50% 的变化。这说明标准波动率模型提供了相当准确的预测，但是并没有回答波动择时是否具有经济价值。

Busse（1999）研究了主动型投资组合经理的交易行为，他发现有相当大比例的基金经理倾向于在预期波动较大的时期减少市场敞口。Fleming 等（2001）重点考察了波动择时对风险厌恶型投资者的经济价值，以及波动择时在短期资产配置策略中的价值，其文章的思想对优化投资组合具有极大的意义。

均值–方差（mean-variance）框架是现代投资理论中的一个核心概念，主要用于帮助投资者构建有效的投资组合，目的是在给定风险水平下实现最大的预期收益，或者在给定预期收益下最小化风险。基于此框架，投资者可以使用数学优化方法，来确定最优的资产配置。假设投资者将其资产分配到风险资产和无风险资产中，由于每天的动态变化，动态交易策略是一种投资者解决投资组合问题的方案。在该策略下，最优资产权重变为时间的函数，通常需要对条件预期收益和条件协方差矩阵进行估计从而来实现这一策略。考虑到方差和协方差的估计精度通常比预期收益高得多（Merton，1980），因此将预期收益视为不变的常数，令投资组合权重的变化纯粹由条件协方差矩阵的变化所决定是一个合理的方法。对于条件协方差矩阵的估计，可以使用 Foster 和 Nelson（1996）开发的一般非参数方法。在完成协方差矩阵的构造及估计后，对形成的动态投资组合的绩效进行评价。在这种情况下，波动择时的价值就是投资者愿意为从事前最优静态投资组合转向动态投资组合而支付的估计费用。

7.2　国际原油市场的波动预测在套期保值策略中的应用

7.2.1　套期保值

套期保值是一种金融风险管理策略，旨在降低或消除未来不确定性的风险，是指交易人在买进（或卖出）实际货物的同时，在期货交易所卖出（或买进）同等数量的期货交易合同作为保值。它是一种为避免或减少价格发生不利变动导致的损失，而以期货交易临时替代实物交易的一种行为。

期货的套期保值也可以被视为资产配置的一种特殊情况，因为它同样涉及两种资产：现货资产及其相应的期货。然而，套期保值者与投资组合投资者的主要差异在于，套期保值者更加关注他们所面临的风险，而不仅仅是可能获得的回报。因此，套期保值的目标与资产配置的目标存在一些不同。

在进行期货套期保值时，最重要的问题在于选择适用的套期保值策略。其核心问题是套期保值优化模型和套期保值比率的确定。关于原油期货套期保值比率的优化，目前已有较多研究，其中绝大部分是基于主流的最小方差框架进行研究（Alexander et al.，2012；Billio et al.，2018；Chang et al.，2011；Hung et al.，2011；Khalfaoui et al.，2015；Lee and Yoder，2007；Lee，2009；Wang et al.，2015）。此外，套期保值模型也有着较为完善的发展。目前对套期保值优化模型的研究主要涵盖传统套期保值模型、基于回归方法的套期保值模型、时变套期保值模型、风险最小化套期保值模型、效用最大化套期保值模型、成本最小化套期保值模型以及期权定价模型等（尹力博和韩立岩，2017）。常见的形式有，OLS（Ederington，1979），VAR 模型（Myers and Thompson，1989）和向量误差校正模型（Ghosh，1993）。更复杂的常用的动态模型有 CCC-GARCH（Bollerslev，1990），DCC-GARCH（Engle，2002），BEKK-GARCH（Engle 和 Kroner，1995）以及马尔可夫机制转换 GARCH 模型（Alizadeh et al.，2008）和 Copula 模型（Hsu et al.，2008；Lee，2009）等。

7.2.2　最优套期保值比率的发展脉络

套期保值的早期理论主要集中在经典的套期保值理论上，这一理论框架最早由诺贝尔经济学奖得主 Merton H. Miller（默顿·米勒）和 Myron S. Scholes（迈伦·斯科尔斯）基于 Markowitz（马科维茨）的现代投资组合理论于 1972 年提出，该理论的目标是通过调整期货合约的头寸来最小化投资组合的方差，从而追求投资组合的风险最小化。经典套期保值理论的建立有一个重要假设，即不存在套期保值成本。这意味着投资者可以无成本地建立套期保值头寸，即期货合约的交易成本、存储成本等因素都被忽略。此外，经典套期保值理论中的套期保值被认为是风险中性的。这意味着套期保值的目标是降低价格波动性的风险，而不是寻求利润。这与投机性套期保值的目标不同，后者旨在通过市场预测实现利润。该理论的各种假设条件过于理想化，但实际市场中存在许多的非理想条件，如套期保值成本、非线性关系、市场摩擦等，这都使得实际的套期保值决策更为复杂，所以其实用性有限，但不可否认的是，该理论对后续理论的发展仍然具有很大的借鉴意义。随后，Black 和 Scholes（1973）提出的期权定价模型为套期保值领域带来了新的启示。该模型不仅影响了期权市场，也对套期保值理论产生了深远的影响。

随着风险中性定价理论的兴起，套期保值理论开始更加强调风险中性的特征，风险中性套期保值理论应运而生。风险中性套期保值理论基于无套利条件，认为套期保值成本是零。这并不意味着实际上套期保值没有成本，而是在理论上套期保值应该是无成本的。同时，该理论认为套期保值比率是无偏的，即它应该是现货和期货价格之间的线性关系。这使得投资者能够通过期货合约对冲现货头寸，以达到风险中性的状态。风险中性套期保值理论的优势在于其简洁性和清晰的理论框架，使得投资者能够理论上实现零成本的套期保值。然而，同样需要注意的是，该理论仍然仅在理想的市场和环境条件下成立。

早期，大部分研究只关注静态的套期保值比率，但随着经济理论的发展，大量研究者发现风险其实是会随时间变化的，风险偏好、市场条件以及其他因素在不同的时间点可能会发生变化，因此套期保值比率也应当具有时变的性质。套期保值者需要结合不同的因素，根据预期和实际价格的变化，不断优化调整套期保值比率以实现风险最小化或者收益最大化。所以在不同时间点上动态调整套期保值比率，从而适应市场条件的变化，就是动态套期保值模型的核心思想。动态套期保值模型的优势在于可以根据动态变化的市场信息，给出更为灵活的套期保值策略。但与此同时，实施这种模型自然也需要更复杂的计算过程和更多的信息，数据的可获得性和计算的复杂性也就成了实际应用过程中不可忽视的问题。

为了更好地捕捉利用现实市场中的信息，一些研究将非线性关系纳入套期保值框架构造出非线性的套期保值模型，这种非线性关系不仅体现在商品现货和对应的期货价格上，还体现在套期保值比率随价格变化而呈现出的非线性变化。一种常见的非线性套期保值模型是多项式套期保值模型，其中套期保值比率被建模为现货价格或其他因素的多项式函数，通过引入多项式的高阶项，可以更灵活地适应市场中较为复杂的关系。而选择多项式的阶数是建立该模型时的关键问题，较高的阶数可能导致过度拟合，较低的阶数可能导致无法充分捕捉非线性关系，所以具体阶数的设定通常需要通过实证研究和验证来确定。近年来，随着机器学习和大数据技术的不断发展，开始有研究者尝试基于机器学习和数据驱动的方法来确定套期保值比率，其中就包括了使用神经网络和 SVM 等方法来更加准确地捕获市场关系。神经网络套期保值模型作为一种利用神经网络来建模套期保值比率的方法，能够处理高度非线性和复杂的市场关系，并且具有实时性，可以适应市场的实时变化，不断调整套期保值策略，但是其参数调整和训练过程较为复杂，也存在过度拟合的风险，特别是在训练数据较少的情况下。因此，在实际应用过程中，需要大量的历史数据对其进行训练，谨慎选择神经网络结构和超参数，以确保模型的鲁棒性和泛化能力。

总之，随着研究的不断深入以及市场和技术的不断发展，套期保值比率的理论研究一直在不断发展演变，从最初的静态线性模型到动态、非线性和更复杂的模型，套期保值理论仍然是一个充满挑战和活力的领域。

7.2.3　套期保值比率的确定原理

持有标的资产（如股票或商品）的投资者旨在通过使用其相应的期货合约来对冲价格风险。在 t 交易日，投资者确定最佳期货头寸，以最大限度地降低标的资产和期货在 $t+1$ 交易日的合并头寸的风险。合并后的头寸被称为对冲投资组合，其风险由对冲投资组合收益的方差来衡量。投资者的目标是减少合并头寸价值的潜在损失或波动，从而获得更稳定的投资结果。对冲投资组合收益的方差可以衡量与合并头寸相关的风险。为了确定最优期货仓位，假设 $r_{s,t}$ 和 $r_{f,t}$ 分别代表现货和期货在 t 时刻的收益率序列，γ_t 为 t 时刻的套期保值比率；$\text{Cov}(r_{s,t}, r_{f,t})$ 为二者的协方差。对冲后的投资组合在 $t+1$ 时刻的收益 $r_{p,t+1}$ 可以记为

$$r_{p,t+1} = r_{s,t+1} - \gamma_t r_{f,t+1} \tag{7-1}$$

上述投资组合的方差可以写作

$$\text{Var}\left(r_{p,t+1}\right) = \text{Var}\left(r_{s,t+1}\right) + \gamma_t^2 \text{Var}\left(r_{f,t+1}\right) - 2\gamma_t \text{Cov}\left(r_{s,t+1}, r_{f,t+1}\right) \tag{7-2}$$

令式（7-2）最小，可以确定最优套期保值比率

$$\gamma_t^* = \frac{\text{Cov}\left(r_{s,t+1}, r_{f,t+1}\right)}{\text{Var}\left(r_{f,t+1}\right)} \tag{7-3}$$

若假定 $\text{Cov}(r_{s,t}, r_{f,t})$ 和 $\text{Var}(r_{f,t})$ 不随时间变化，传统的回归模型如 OLS、VAR 和 VEC 模型估计的最优套期保值比率是不随时间变化的。近年来，GARCH 族模型被广泛用于捕获资产收益的时变方差和协方差。当 GARCH 模型用于描述现货和期货收益的联合动态时，它产生时变的最优套期保值比率。时变的最优套期保值比率也可以从其他类型的计量经济模型中得到，如马尔可夫机制转换模型，它描述了现货和期货在不同经济状态或金融条件下的不同行为。

7.2.4　常用的套期保值模型

传统套期保值模型基于现金流量、成本和风险承受能力等因素确定套期保值比率，是最基本的套期保值模型，其目标通常是通过确定合适的套期保值比率来最小化价格波动对企业的影响。常见的传统套期保值模型有最小方差模型（minimum variance model）、最小风险模型（minimum risk model）、最小协方差模型（minimum covariance model）、最大敞口模型（maximum open interest model）、最小损失模型（minimum loss model）。本书主要介绍最为经典的最小方差模型下的一系列套期保值模型。

经典的最小方差套期保值模型由 Johnson（1960）提出，模型的主要原理如下。假设某种商品的现货与期货的收益率序列分别为 r_t^s 和 r_t^f，现考虑套期保值者采取做多标的现货资产和做空 h_t 个期货合约的策略，以最小化套期保值组合的方差，因此该套期保值组合收益可以表示为

$$r_t^p = r_t^s - h_t \times r_t^f \tag{7-4}$$

则其方差可以表示为

$$\text{Var}(r_p) = \sigma_s^2 - 2h_t\sigma_{s,f} + \sigma_f^2 \qquad (7\text{-}5)$$

其中，σ_s、σ_f 和 $\sigma_{s,f}$ 分别为 r_t^s、r_t^f 标准差和两者的协方差。最小化式（7-5）可以得到套期保值率：

$$h_t^* = \frac{\sigma_{s,f}}{\sigma_f^2} \qquad (7\text{-}6)$$

对协方差 $\sigma_{s,f}$ 进一步分解，可以得到

$$h_t^* = \rho\frac{\sigma_s}{\sigma_f} \qquad (7\text{-}7)$$

其中，ρ 为相关系数。

在最小化风险框架下，现有大量研究实证检验了多种模型对原油期货的套期保值效果，包括 OLS、VAR、GARCH 等。根据最优套期保值比率是否时变，可以将其分为静态模型和动态模型。通过梳理，常见的套期保值模型如表 7-1 所示。需要指出的是静态套期保值模型假定现货商品及其对应的期货的方差和协方差固定不变，因此产生的最优套期保值比率是一个固定值。而动态套期保值模型，方差和协方差随着时间变化而变化，因此产生的最优套期保值比率也是时变的。

表 7-1 　最小化风险框架下的套期保值模型

类别	套期保值模型
静态套期保值模型	OLS 模型
	VAR 模型
	VEC 模型
动态套期保值模型	CCC-GARCH 模型
	DCC-GARCH 模型
	BEKK-GARCH 模型
	动态 Copula 方法

静态套期保值模型和动态套期保值模型的具体计算方式如下。

方法 1：OLS 模型。

OLS 模型是最简单的参数估计方法，也是其他从最小二乘原理出发的估计方法的基础。模型如下：

$$r_{s,t} = \alpha_{\text{OLS}} + \beta_{\text{OLS}} r_{f,t} + \varepsilon_{s,t} \tag{7-8}$$

其中，$\varepsilon_{s,t} \sim N\left(0, \sigma_s^2\right)$。该模型用现货收益率对期货收益率进行线性回归，得到的回归系数就是所要估计的最优套期保值比率。

方法2：VAR 模型。

VAR 模型也是一种常用的计量经济模型，VAR 模型是基于 OLS 模型发展而来的，但是 VAR 模型还考虑了历史收益对当前收益的影响。一般考虑 VAR(1,1)，模型形式如下：

$$r_{s,t} = \alpha_{1,\text{VAR}} + \beta_{11,\text{VAR}} r_{s,t-1} + \beta_{12,\text{VAR}} r_{f,t-1} + \varepsilon_{s,t} \tag{7-9}$$

$$r_{f,t} = \alpha_{2,\text{VAR}} + \beta_{21,\text{VAR}} r_{s,t-1} + \beta_{22,\text{VAR}} r_{f,t-1} + \varepsilon_{f,t} \tag{7-10}$$

其中，$\varepsilon_{s,t}$ 和 $\varepsilon_{f,t}$ 服从二元正态分布，$(\varepsilon_{s,t}, \varepsilon_{f,t})' \sim N(0, H)$，$H$ 为 $\varepsilon_{s,t}$ 和 $\varepsilon_{f,t}$ 的协方差矩阵，$\left[h_s, h_{s,f}; h_{f,s}, h_f\right]$ 是其中的元素。由于 H 被假定为常数，最优套期保值比率恒等于 $h_{s,f}/h_f$，因此最优套期保值比率是固定不变的。

方法3：VEC 模型。

VEC 模型是一种用于描述协整关系的时间序列分析模型，VEC 模型是对 VAR 模型的一种改进，它考虑现货和期货之间的协整关系，是一个有约束的 VAR 模型，适用于有协整关系的非平稳序列。VEC 模型引入了误差修正项，用于捕捉协整关系的调整过程。误差修正项反映了长期均衡对短期波动偏离自我修正的动态机制。类似于 VAR 模型的滞后阶数，VEC 模型中协整关系的阶数也需要事先确定。下面考虑 VEC(1,1)，模型形式如下：

$$r_{s,t} = \alpha_{1,\text{VEC}} + \beta_{11,\text{VEC}} r_{s,t-1} + \beta_{12,\text{VEC}} r_{f,t-1} + \gamma_s z_{t-1} + \varepsilon_{s,t} \tag{7-11}$$

$$r_{f,t} = \alpha_{2,\text{VEC}} + \beta_{21,\text{VEC}} r_{s,t-1} + \beta_{22,\text{VEC}} r_{f,t-1} + \gamma_f z_{t-1} + \varepsilon_{f,t} \tag{7-12}$$

其中，$(\varepsilon_{s,t}, \varepsilon_{f,t})' \sim N(0, H)$，修正误差项 z_t 从协整回归 $s_t = \pi_0 + \pi_1 f_t + z_t$ 中获得，其中 s_t 和 f_t 分别是现货和期货合约的对数价格。在套期保值的背景下，VEC 模型为描述现货和期货价格之间的长期均衡关系以及短期动态调整过程提供了一种灵活而有力的建模方法。

方法4：CCC-GARCH 模型。

该模型核心思想是假设现货和期货收益之间的条件相关性是恒定的。该模型是基于单变量 GRACH(1,1) 模型得到的。GARCH 模型是一类广泛用于描述时间序列波动性的统计模型，最初由 Bollerslev（1986）提出，用于描述金融时间序列中的波动性的变化。标准的 GARCH(1,1)模型实际上是一种回归模型：

$$r_t = \mu + \varepsilon_t \tag{7-13}$$

$$\sigma_t^2 = \alpha_0 + \alpha_1 \varepsilon_{t-1}^2 + \beta_1 G_{t-1}^2 \tag{7-14}$$

其中，μ 为常数项；ε_t 为误差项；σ_t^2 为时间 t 的条件方差；$\alpha_0 > 0, \alpha_1 \geqslant 0, \beta_1 \geqslant 0$，且 $\alpha_1 + \beta_1 < 1$ 以确保条件方差的平稳性。在其基础上，CCC-GARCH 模型的表达式可以写作

$$r_{i,t} = \mu_i + \varepsilon_{i,t} \tag{7-15}$$

$$\sigma_{i,t}^2 = \alpha_{i,0} + \alpha_{i,1} \varepsilon_{i,t-1}^2 + \beta_{i,1} \sigma_{i,t-1}^2 \tag{7-16}$$

其中，$\sigma_{i,t}^2$ 为第 i 个变量在时间 t 的条件方差。

$$H_t = G_t \Gamma G_t \tag{7-17}$$

其中，G_t 为对角矩阵，包含各变量的条件标准差 $G_{i,t}$，Γ 是常数条件相关性矩阵。

方法 5：DCC-GARCH 模型。

在实际情况下，现货和期货收益之间的相关性是随时间变化的，所以为了捕捉条件相关中的时变性质，Engle（2002）在 CCC-GARCH 模型的基础上开发了动态条件相关模型。与 CCC-GARCH 模型的表达式相同，在计算套期保值时，该模型的形式如下：

$$H_t = G_t \Gamma G_t = \left(\rho_{sf} \sqrt{h_{s,t}, h_{f,t}} \right) \tag{7-18}$$

其中，$\Gamma_t = \mathrm{diag}\left(q_{s,t}^{-\frac{1}{2}}, q_{f,t}^{-\frac{1}{2}} \right) Q_t \mathrm{diag}\left(q_{s,t}^{-\frac{1}{2}}, q_{f,t}^{-\frac{1}{2}} \right)$，$Q_t$ 为正定矩阵，可以写作

$$Q_t = \overline{\rho}\left(1 - \lambda_1 - \lambda_2\right) + \lambda_1 \left(\varepsilon_{t-1} \varepsilon_{t-1}' \right) + \lambda_2 \Gamma_{t-1} \tag{7-19}$$

其中，$\overline{\rho}$ 为 ε_t 的无条件相关矩阵。λ_1 和 λ_2 是标量，且满足 $\lambda_1 + \lambda_2 < 1$。不难发现，当 $\lambda_1 = \lambda_2 = 0$ 时，DCC-GARCH 模型等于 CCC-GARCH 模型。

方法 6：BEKK-GARCH 模型。

该模型由 Engle 和 Kroner（1995）提出，该模型的创新之处在于引入了条件协方差矩阵，用于描述不同变量之间的动态关系。条件协方差矩阵允许在时间上变化的相关性，使模型更适应实际数据的波动。模型的一般形式如下：

$$H_t = \mathcal{C}'\mathcal{C} + \sum_{k=1}^{K} A_k' \varepsilon_{t-1} \varepsilon_{t-1}' A_k + \sum_{k=1}^{K} B_k' H_{t-1} B_k \tag{7-20}$$

其中，C 为 2×2 的上三角矩阵，A 和 B 为 2×2 的参数矩阵，H_t 为条件协方差矩阵，A 和 B 的非对角线元素捕捉了两个市场之间波动溢出的影响。当 $K=1$ 时，H_t 的展开式可以写作

$$\begin{pmatrix} h_{11,t} & h_{12,t} \\ h_{21,t} & h_{22,t} \end{pmatrix} = \begin{pmatrix} c_{11} & 0 \\ c_{21} & c_{22} \end{pmatrix} \begin{pmatrix} c_{11} & c_{21} \\ 0 & c_{22} \end{pmatrix} + \begin{pmatrix} a_{11} & a_{12} \\ a_{21} & a_{22} \end{pmatrix} \begin{pmatrix} \varepsilon_{1,t-1}^2 & \varepsilon_{1,t-1}\varepsilon_{2,t-1} \\ \varepsilon_{1,t-1}\varepsilon_{2,t-1} & \varepsilon_{2,t-1}^2 \end{pmatrix} \begin{pmatrix} a_{11} & a_{12} \\ a_{21} & a_{22} \end{pmatrix}$$

$$+ \begin{pmatrix} b_{11} & b_{12} \\ b_{21} & b_{22} \end{pmatrix} \begin{pmatrix} h_{11,t-1} & h_{12,t-1} \\ h_{21,t-1} & h_{22,t-1} \end{pmatrix} \begin{pmatrix} b_{11} & b_{12} \\ b_{21} & b_{22} \end{pmatrix}$$

$$（7-21）$$

上式即为完全的 BEKK-GARCH 模型，也可以表示为 Full-BEKK-GARCH 模型。当 $A = \begin{pmatrix} a_{11} & 0 \\ 0 & a_{22} \end{pmatrix}$，$B = \begin{pmatrix} b_{11} & 0 \\ 0 & b_{22} \end{pmatrix}$ 时，此时变为对角 BEKK-GARCH 模型，也可以表示为 Diagonal-BEKK；当 $A = a$，$B = b$ 时，此时变为标量 BEKK-GARCH 模型，也是 Scalar-BEKK-GARCH 模型。

方法 7：动态 Copula 方法。

Copula 函数是一种连接边缘分布函数和联合分布函数的数学工具，用于描述变量之间的相关性结构。GARCH-Copula 模型结合了 GARCH 模型和 Copula 函数的优势。在这种模型中，GARCH 模型用于捕捉每个资产的边际分布和条件异方差，而 Copula 模型则用于捕捉它们之间的相关性结构。若使用标准 GARCH（1,1）和 GJR（1,1）来描述现货和期货收益的边际分布，考虑以下 t-Copula 函数：

$$C_t(u,v;\rho,d) = t_{d,\rho}\left(t_d^{-1}(u), t_d^{-1}(v)\right) \qquad （7-22）$$

其中，u 和 v 分别为现货和期货收益的标准化残差；ρ 为相关性参数；d 为自由度参数；$t_{d,\rho}(u,v)$ 为标准双变量学生 t 分布的累积分布函数。

7.3 国际原油市场的波动预测对于 VaR 的应用

7.3.1 VaR

VaR 是金融领域中用于度量风险的一种常见指标。VaR 表示在给定的置信水平下，投资组合或资产在未来某个时间内可能遭受的最大损失。其定义可以从不同的角度进行解释，但其核心思想是确定投资组合或资产可能面临的最大潜在损失。

根据定义，VaR 的基本表示为

$$\text{Prob}\left(\Delta P > \text{VaR}\right) = 1 - c \qquad (7\text{-}23)$$

其中，ΔP 为金融头寸在持有期 $\Delta t = T - t$ 期间，在置信水平 c 下的市场价值变化情况。$\Delta P = P(T, X) - P(t, X)$；$X$ 为市场因子，考虑如下的一种投资：X_0 为初始的投资规模，R 为投资回报率，假设 R 的期望值为 μ，方差为 σ^2，$f(x)$ 为投资额 X 的概率密度函数。$X_{\min}$ 为资产组合在置信水平 $1-c$ 下的最小值，其对应的投资回报率为 $R_{\min}$，则这个资产组合的 VaR 值为

$$\text{VaR} = E(X) - X_{\min} = E\left[X_0 \times (1 + R)\right] - X_0 \times (1 + R_{\min}) = -X_0 \times (R_{\min} - \mu) \quad (7\text{-}24)$$

7.3.2　VaR 值的计算方法

VaR 值的计算方法主要有两大类：非参数法、参数法。历史模拟法是一种典型的非参数 VaR 计算方法，被广泛应用于世界各大金融机构。这种方法直接利用历史数据模拟资产未来的收益，进而估算一定分位数水平的损失，其优势在于无须对数据的分布进行假设，也不需要进行参数估计，因此具有难度较小和易于操作的特点。在原油市场风险预测研究中，历史模拟法通常被作为基准模型，与其他风险模型进行比较。Cabedo 和 Moya（2003）利用 1992 年至 1998 年的 Brent 原油现货价格作为样本内数据，对 1999 年原油市场的风险进行预测。他们采用了历史模拟法、历史模拟 ARMA 预测法，以及基于 GARCH 模型的方差–协方差法。研究结果表明，该文提出的历史模拟 ARMA 预测法能够更准确地描述原油市场的连续波动现象，对原油市场的风险进行更有效的预测。Sadeghi 和 Shavvalpour（2006）将 1997 年至 2002 年的 OPEC 油价作为样本内数据，依然运用历史模拟 ARMA 预测法与基于 GARCH 模型的方差–协方差法预测 OPEC 原油市场的 VaR 值，得到了与 Cabedo 和 Moya（2003）相同的结论，即历史模拟 ARMA 预测法更适合对原油市场的 VaR 值进行预测。历史模拟法是一种简单直观的风险度量方法，然而，它存在一些明显的缺点。首先，它对样本内数据量有一定的要求。Vlaar（2000）指出，样本数据较少可能导致样本内的极端事件信息不足，从而在极端值频繁出现的时期内低估风险。反之，数据量过大可能导致严重的滞后效应，使 VaR 预测值受到过时数据的影响，偏离市场当前的真实风险水平。其次，历史模拟法在预测未来的风险变化时，严重依赖于过去的信息。在现实市场中，未来的市场状况常常与过去不同，特别是在历史上多次经历震荡的原油市场中，这种现象可能更为明显。因此，历史模拟法的预测能力可能受到未来市场条件变化的限制，难以适应新的经济环境和市场动态。这些因素都需要在使用历史模拟法时

谨慎考虑。

　　VaR 的参数化计算方法不再像历史模拟法那样完全依赖于历史数据，而是根据收益率的整体分布特点对收益率的整体分布进行假设。最早的 VaR 参数化计算方法是 J. P. Morgan（摩根）建立的 RiskMetrics（风险矩阵系统）方法。而近年来，常用于预测原油市场风险的参数化 VaR 计算方法主要基于不同分布的 GARCH 族模型和 ARCH 族模型。GARCH 族模型和 ARCH 族模型在捕捉原油市场收益率的异方差性、波动聚集性、长记忆性和杠杆效应方面表现出色。相较于历史模拟法，它们能更加及时地捕捉原油市场的波动信息。Giot 和 Laurent（2003）运用 RiskMetrics、偏态 t 分布下的 APARCH 模型以及偏态 t 分布下的 ARCH 模型来预测 Brent 原油、WTI 原油价格以及其他大宗商品期货价格的风险，研究结果显示，偏态 t 分布下的 ARCH 模型在风险预测方面具有较为明显的优势。潘慧峰和张金水（2005）采用基于广义误差分布的 GARCH 模型，对 2001 年到 2005 年国内原油价格大幅波动期间的原油市场 VaR 值进行度量，研究发现国内原油市场存在显著的杠杆效应，具体表现为相同幅度的油价上涨比下跌对于波动的影响更大，与股票市场恰恰相反，造成这种现象的根源是石油的不可再生性。Fan 等（2008）采用基于广义误差分布的 GARCH 模型对 WTI 原油和 Brent 原油现货市场回报的 VaR 进行估计。通过对实证结果的分析，研究发现这种方法相较于常用的基于标准正态分布的 VaR 计算方法更能有效捕捉原油市场的真实波动情况，从而计算出更为准确的 VaR 值。同时，此方法还优于曾被多次证明能够有效预测原油市场风险的历史模拟 ARMA 预测法。Hung 等（2008）以 WTI 原油、Brent 原油、丙烷和纽约港常规汽油的每日现货价格为样本数据，使用基于正态分布、t 分布和厚尾分布的 GARCH 模型滚动预测各能源商品的 VaR 值，发现基于厚尾分布的 GARCH 模型能够相对准确地预测各能源商品的风险。沈沛龙和邢通政（2011）的研究表明，基于正态分布的 GARCH 模型能够有效预测研究期内 Brent 等不同原油市场的价格波动风险。Lyu 等（2017）旨在探究基于不同分布的 VaR 计算方法对原油市场风险的预测效果，通过使用非线性非对称 GARCH 模型预测国际原油市场收益率的条件均值和条件方差，并对残差序列的分布进行多种假设，发现使用几种常用的分布假设，如正态分布、t 分布、广义极值分布的风险预测方法在油价急剧下降的阶段难以准确预测原油市场风险。而基于偏态广义误差分布、广义双曲偏态 t 分布和广义非对称 t 分布的风险预测模型能够更准确地预测原油市场的风险。Patra（2021）选择了 Pearson Ⅳ 型分布和 Johnson's Su 分布来对原油市场收益率序列的残差进行建模，从而刻画其不对称性和厚尾性。在实证分析中，他采用基于以上两种分布以及正态分布、偏态 t 分布、偏态广义误差分布的 AR(1)-EGARCH(1) 模型滚动计算 VaR 值，并使用多种回测检验方法对 VaR 序列进行回测检验，结果表明基于 Pearson Ⅳ型分布和 Johnson's Su 分布的风险预测模型能够更好地对原油市场风险进行预测。姚萍等（2019）将 2005 年至 2017 年的 WTI 原油价格作为样本数据，运用非对称广义 t 分布（generalized asymmetric student-t distribution，AGT）及其 7 个子分布对收益率整体特征进行刻画。经过多次回测检验，结果表明基于 AGT 分布的 GJR-GARCH 模型在预测原油市场的下行风险方面具有较强的预测能力。

7.4　国际原油市场的波动预测对于经济价值的应用

7.4.1　投资组合的表现

波动择时是一种投资策略，是指根据市场波动性的变化来调整投资组合中的权重或资产配置，以追求更好的投资回报或降低风险。均值–方差框架是用于构建和优化投资组合的一种理论框架和方法，用于描述投资决策的基本原理，是由马科维茨于 1952 年首次提出的现代投资理论的核心概念之一。该理论框架认为投资者在决策时会同时考虑风险和回报，而投资者的目标通常是在给定风险水平下，最大化投资组合的预期回报，或在给定预期回报下，最小化投资组合的风险。投资者会将资金分配到不同的资产类别或资产之间，以构建一个可以包括股票、债券、现金等不同种类的资产的投资组合。因此投资者需要估计每个资产的期望回报率以及资产之间的协方差来衡量风险。

假设一个投资者希望在给定的预期回报下，实现投资组合的方差最小化。正常情况下，在投资组合构建过程中，我们需要资产的未来期望收益和它们之间的协方差矩阵的预测值，以便确定每个资产在投资组合中的权重。然而，在日度频率上，很少有证据表明我们可以准确地检测到资产的预期回报发生明显的变化。也就是说，在短期内，资产的预期回报可能相对稳定，难以观察到显著的日常波动或变化。因此，我们假设投资者模型的预期收益为常数。在均值–方差框架下，这也就等同于采用一种波动择时策略。

这种投资策略中的投资组合权重不会根据不同时间点的预期回报变化而调整。这意味着，当市场波动性上升时，估计的投资组合中高风险资产的权重可能会比最优配置减少得更多，而当市场波动性下降时，高风险资产的权重可能会比最优配置增加得更多。这是因为在理论上，通常情况下市场中的高风险资产（如股票）的预期回报与市场波动性呈正相关关系。因此，由于没有考虑预期回报与波动性之间的这种正相关关系，我们估计的投资组合权重会对市场波动性的变化做出相对保守的调整。这会减少波动择时策略的效果，但也意味着我们的结果不太可能被市场预期回报的变化主导。

假设 R_{t+1} 是风险资产收益， $\mu \equiv E_t\left[R_{t+1}\right]$ 是风险资产收益的期望值，

$\Sigma_t \equiv E_t\left[\left(R_{t+1}-\mu\right)\left(R_{t+1}-\mu\right)'\right]$ 是风险资产收益的条件协方差矩阵，则在 t 期，目标函数为

$$\min_{w_t} w_t'\ \Sigma_t\ w_t \tag{7-25}$$
$$\text{s.t. } w_t'\ \mu+\left(1-w_t'\ 1\right)R_f = \mu_p$$

其中， W_t 为风险资产的投资组合权重； $1-W_t$ 为无风险资产的权重； R_f 为无风险资产的回报； μ_p 为目标预期回报率。从而得到最优的投资组合权重：

$$w_t = \frac{\left(\mu_p-R_f\right)\Sigma_t^{-1}\left(\mu-R_f1\right)}{\left(\mu-R_f1\right)'\Sigma_t^{-1}\left(\mu-R_f1\right)} \tag{7-26}$$

可以通过运用标准的无套利论证来将此方程表示为期货回报的形式。在持有成本模型下，因为期货不涉及初始投资，所以期货合同的回报可以用基础资产的总回报减去无风险利率来表示。从 R_t 的每个元素中减去无风险利率对条件协方差矩阵没有影响，因此我们可以使用持有成本关系来表示以上方程，如下所示：

$$w_t = \frac{\mu_p\ \Sigma_t^{-1}\ \mu}{\mu'\ \Sigma_t^{-1}\ \mu} \tag{7-27}$$

因此，可以根据超额收益重新定义 $\mu \equiv E_t\left[r_{t+1}\right]$， $\Sigma_t \equiv E_t\left[\left(r_{t+1}-\mu\right)\left(r_{t+1}-\mu\right)'\right]$。

波动择时作为一种动态策略，可以将其与具有相同目标预期收益和波动率的静态策略比较。通过比较两种策略的事后表现在统计学上是否显著，就可以知道波动择时策略是否具有价值。为了进行这种比较，可以采用 West 等（1993）的方法对预测模型的性能进行度量与排名。这个度量基于均值–方差分析与二次效用之间的密切关系。通常情况下，二次效用可以被视为投资者真实效用函数的二阶近似。在这种情况下，投资者在 $t+1$ 时期的已实现效用可以写为

$$U\left(W_{t+1}\right)=W_t R_{p,t+1}-\frac{aW_t^2}{2}R_{p,t+1}^2 \tag{7-28}$$

其中， W_{t+1} 为投资者在 $t+1$ 时的财富； a 为绝对风险厌恶程度； $R_{p,t+1}=R_f+W_t'r_{t+1}$

是 $t+1$ 期投资组合的收益。为了将不同资产组合进行比较，假定 aW_t 不变，相当于设定了投资者的相对风险厌恶程度 $\gamma_t = \dfrac{aW_t}{1-aW_t}$ 为固定不变的值 γ。在保持相对风险厌恶程度不变的情况下，我们可以使用平均已实现效用 $\bar{U}(\bullet)$ 来一致地估计在给定初始财富水平下的期望效用。即

$$\bar{U}(\bullet) = W_0 \left(\sum_{t=0}^{T-1} R_{p,t+1} - \frac{\gamma}{2(1+\gamma)} R_{p,t+1}^2 \right) \tag{7-29}$$

其中，W_0 为投资者的初始财富。

可以通过计算两种不同投资组合的平均效用来估计波动择时策略的价值。例如，假设持有一个静态投资组合与持有一个每天需要支付投资财富一定比例 Δ 的动态投资组合获得的平均效用是一样的。由于投资者在这两种选择之间是无差别的，因此 Δ 可以被解释为他愿意为从静态策略转换到动态策略支付的最大绩效费用。为了估计这个费用，Δ 值满足

$$\sum_{t=0}^{T-1} (R_{d,t+1} - \Delta) - \frac{\gamma}{2(1+\gamma)} \left(R_{d,t+1} - \Delta \right)^2 = \sum_{t=0}^{T-1} R_{s,t+1} - \frac{\gamma}{2(1+\gamma)} R_{s,t+1}^2 \tag{7-30}$$

其中，$R_{d,t+1}$ 和 $R_{s,t+1}$ 分别为动态策略和静态策略的收益。

在投资组合分析中，确定等价收益率（certainty equivalent rate，CER）、和 SR（Sharpe ratio，夏普比率）常被用来衡量投资组合的收益和风险。CER 是为了让无风险投资与风险投资具有相同吸引力或效用而设定的无风险投资回报率，可以用来比较不同的投资组合期望值效用。SR 衡量的是投资组合的超额回报与承担的风险之间的平衡关系，用投资组合的超额回报除以投资组合的波动率来计算。SR 越高，表示投资组合在单位风险下实现的超额收益越多，这意味着投资者可以获得更高的回报，而不必承受过多的风险。具体计算形式如下：

$$\text{CER}_p = \hat{\mu}_p - \frac{\gamma}{2} \hat{\sigma}_p^2 \tag{7-31}$$

$$\text{SR} = \frac{\hat{\mu}_p}{\hat{\sigma}_p} \tag{7-32}$$

其中，$\hat{\mu}_p$ 和 $\hat{\sigma}_p$ 分别为投资者组合收益的均值和标准差。

7.4.2　已实现效用

Bollerslev 等（2018）提出了一种使用已实现效用来测度波动率经济价值的方

法，该方法不依赖于收益率预测，而是完全通过波动率的预测值来评估不同模型的经济价值。传统的波动率预测方法通常依赖于历史均值来预测真实超额收益率的走势，但这种方法可能会导致过度依赖于历史平均值，从而无法准确刻画真实超额收益率的波动情况。对此，使用已实现效用的方法可以准确衡量波动率模型的能力，避免受到历史均值的影响。

假设在 t 期投资者的总可支配资产为 W_t，其中分配给风险资产的权重为 ω_t，其余的权重 $1-\omega_t$ 则分配到无风险资产上，那么 $t+1$ 期的总资产便可以写作

$$W_{t+1} = W_t\left(1+\omega_t r_{t+1}+\left(1-\omega_t\right)r_t^f\right) = W_t\left(1+r_t^f\right)+W_t\omega_t r_{t+1}^e \qquad (7\text{-}33)$$

其中，$r_{t+1}^e = r_{t+1} - r_t^f$ 为超额收益，而 t 期的期望效用可以表示为

$$E_t\left(u\left(W_{t+1}\right)\right) = E_t\left(W_{t+1}\right) - \frac{1}{2}\gamma^A \mathrm{Var}_t\left(W_{t+1}\right) \qquad (7\text{-}34)$$

其中，u 为效应；$\gamma^A = -u''/u'$ 为投资者的绝对风险规避。将以上两公式结合，期望效用就可以表示为

$$U\left(\omega_t\right) = W_t\left(\omega_t E_t\left(r_{t+1}^e\right) - \frac{\gamma}{2}\omega_t^2 E_t\left(\mathrm{RV}_{t+1}\right)\right) \qquad (7\text{-}35)$$

其中，$\gamma \equiv \gamma^A W_t$ 为投资者相对风险厌恶系数。在已实现效用方法下，其特殊之处在于将条件夏普比率视为定值，定义为

$$\mathrm{SR} \equiv \frac{E_t\left(r_{t+1}^e\right)}{\sqrt{E_t\left(\mathrm{RV}_{t+1}\right)}} \qquad (7\text{-}36)$$

从而式（7-32）可以写作

$$U\left(\omega_t\right) = W_t\left(\omega_t \mathrm{SR}\sqrt{E_t\left(\mathrm{RV}_{t+1}\right)} - \frac{\gamma}{2}\omega_t^2 E_t\left(\mathrm{RV}_{t+1}\right)\right) \qquad (7\text{-}37)$$

解得上式效用最大化时的最优投资权重为

$$\omega_t^* = \frac{E_t\left(r_{t+1}^e\right)}{\gamma E_t\left(\mathrm{RV}_{t+1}\right)} = \frac{\dfrac{\mathrm{SR}}{\gamma}}{\sqrt{E_t\left(\mathrm{RV}_{t+1}\right)}} \qquad (7\text{-}38)$$

上式表明，当预测波动率 $\sqrt{E_t\left(\mathrm{RV}_{t+1}\right)}$ 超过风险目标（risk target，$\dfrac{\mathrm{SR}}{\gamma}$）时，投资者只将其财富的一部分分配给风险资产（$\omega_t^* < 1$），预测波动率 $\sqrt{E_t\left(\mathrm{RV}_{t+1}\right)}$ 低

于风险目标时，投资者将运用杠杆（$\omega_t^* > 1$）达到其风险目标。接着我们可以把预期效用表示如下：

$$U\left(\omega_t^*\right) = \frac{\mathrm{SR}^2}{2\gamma}W_t = \underbrace{\frac{1}{2}}_{\substack{\text{预期收益中没有} \\ \text{因为风险负效用} \\ \text{而损失的部分}}} \times \underbrace{\underset{\text{夏普比率}}{\mathrm{SR}} \times \underset{\text{风险目标}}{\frac{\mathrm{SR}}{\gamma}} W_t}_{\text{预期超额收益}} \qquad (7\text{-}39)$$

通过式（7-39）可以发现，预期效用（作为财富的一部分）是最佳头寸规模的预期回报的一半；而另一半预期回报被用来弥补风险的负效用。在实际操作当中，我们用 $t+1$ 期波动率预测值（$\widehat{\mathrm{RV}}_{t+1}$）来代替预期波动率（$E_t\left(\mathrm{RV}_{t+1}\right)$），这样式（7-39）可以改写为

$$U\left(\widehat{\mathrm{RV}}_{t+1}\right) = \frac{\mathrm{SR}^2}{\gamma}\left(\frac{\sqrt{\mathrm{RV}_{t+1}}}{\sqrt{\widehat{\mathrm{RV}}_{t+1}}} - \frac{1}{2}\frac{\mathrm{RV}_{t+1}}{\widehat{\mathrm{RV}}_{t+1}}\right) \qquad (7\text{-}40)$$

因此，在样本外区间的已实现效用就可以定义为

$$\bar{U}\left(\widehat{\mathrm{RV}}_{t+1}\right) = \frac{1}{q}\sum_{t=m+1}^{m+q-1}\frac{\mathrm{SR}^2}{\gamma}\left(\frac{\sqrt{\mathrm{RV}_{t+1}}}{\sqrt{\widehat{\mathrm{RV}}_{t+1}}} - \frac{1}{2}\frac{\mathrm{RV}_{t+1}}{\widehat{\mathrm{RV}}_{t+1}}\right) \qquad (7\text{-}41)$$

Bollerslev 等（2018）将年度夏普比率和相对风险规避系数分别设置为 $\mathrm{SR} = 0.4$ 和 $\gamma = 2$。此时，$U\left(\omega_t^*\right) = 4\%W_t$，这意味着投资者愿意支付其财富的 4% 以获得最优投资组合，而不单纯地将财富分配到无风险资产中。换言之，一个完美的波动率预测模型可以获得的最大效用为 $\dfrac{\mathrm{SR}^2}{\gamma} - \dfrac{\mathrm{SR}^2}{2\gamma} = 8\% - 4\% = 4\%$。

参 考 文 献

陈国进, 王占海. 2010. 我国股票市场连续性波动与跳跃性波动实证研究[J]. 系统工程理论与实践, 30(9): 1554-1562.

方杰. 2018. 中国股票市场VaR测度的实证研究: 基于IGARCH的半参数方法[J]. 金融理论与教学, (3): 15-18.

冯春山, 蒋馥, 吴家春. 2005. 石油期货套期保值套期比选取的研究[J]. 系统工程理论方法应用, (2): 190-192.

高华川, 白仲林. 2016. 中国月度GDP同比增长率估算与经济周期分析[J]. 统计研究, 33(11): 23-31.

龚旭, 林伯强. 2018. 跳跃风险、结构突变与原油期货价格波动预测[J]. 中国管理科学, 26(11): 11-21.

郭金利. 2006. 基于FIGARCH模型的股指波动性估计与预测研究[J]. 西北农林科技大学学报(社会科学版), 6(5): 49-54.

侯懿洵, 王伦, 郭彪. 2021. 原油期货市场间价格风险传导研究: 基于BEKK-GARCH模型的分析[J]. 价格理论与实践, (10): 93-97.

李博阳, 张嘉望, 沈悦. 2023. 中国金融市场风险溢出效应及其时空特征: 基于溢出指数方法与DCC-GARCH模型[J]. 运筹与管理, 32(8): 193-199.

刘汉, 王永莲, 陈德凯. 2017. 混频Granger因果关系检验的功效和稳健性分析[J]. 数量经济技术经济研究, 34(10): 144-161.

龙瑞, 谢赤, 曾志坚, 等. 2011. 高频环境下沪深300股指期货波动测度: 基于已实现波动及其改进方法[J]. 系统工程理论与实践, 31(5): 813-822.

马锋, 魏宇, 黄登仕, 等. 2015. 基于跳跃和符号跳跃变差的HAR-RV预测模型及其MCS检验[J]. 系统管理学报, 24(5): 700-710.

马锋, 魏宇, 黄登仕, 等. 2016. 基于马尔科夫状态转换和跳跃的高频波动率模型预测[J]. 系统工程, 34(1): 10-16.

潘慧峰, 张金水. 2005. 基于ARCH类模型的国内油价波动分析[J]. 统计研究, (4): 16-20.

沈沛龙, 邢通政. 2011. 国际油价波动与中国成品油价格风险研究[J]. 重庆大学学报(社会科学版), 17(1): 35-41.

唐勇, 张世英. 2006. 高频数据的加权已实现极差波动及其实证分析[J]. 系统工程, (8): 52-57.

王吉培, 杨远, 肖宏伟. 2009. 基丁 IGARCH 投影寻踪回归的国际油价走势拟合模型[J]. 统计与决策, (5): 49-51.

王佳, 金秀, 王旭, 等. 2020. 基于时变 Markov 的 DCC-GARCH 模型最小风险套期保值研究[J]. 中国管理科学, 28(10): 13-23.

王燕. 2013. 基于 FIGARCH 模型的地产股对金融股市场影响分析[J]. 南开管理评论, 16(4): 154-160.

魏宇. 2009. 金融市场的多分形波动率测度、模型及其 SPA 检验[J]. 管理科学学报, 12(5): 88-99.

魏宇, 马锋, 黄登仕. 2015. 多分形波动率预测模型及其 MCS 检验[J]. 管理科学学报, 18(8): 61-72.

文风华, 刘晓群, 唐海如, 等. 2012. 基于 LHAR-RV-V 模型的中国股市波动性研究[J]. 管理科学学报, 15(6): 59-67.

吴恒煜, 夏泽安, 聂富强. 2015. 引入跳跃和结构转换的中国股市已实现波动率预测研究: 基于拓展的 HAR-RV 模型[J]. 数理统计与管理, 34(6): 1111-1128.

夏婷, 闻岳春. 2018. 经济不确定性是股市波动的因子吗?——基于 GARCH-MIDAS 模型的分析[J]. 中国管理科学, 26(12): 1-11.

杨科, 张洲深, 田凤平. 2023. 高频数据环境下我国股票市场的波动率预测: 基于机器学习和 HAR 模型的融合研究[J]. 计量经济学报, (3): 886-904.

姚萍, 王杰, 杨爱军. 2019. 基于 AGT 分布族和 GJR-GARCH 模型的原油市场下行风险测度[J]. 统计与决策, 35(23): 161-164.

尹力博, 韩立岩. 2017. 基于长期投资视角的动态套期保值策略: 以原油期货组合为例[J]. 系统工程学报, 32(2): 218-232.

张小斐, 田金方. 2011. 异质金融市场驱动的已实现波动率计量模型[J]. 数量经济技术经济研究, 28(9): 140-153.

张跃军, 李书慧. 2020. 投资者关注度对国际原油价格波动的影响研究[J]. 系统工程理论与实践, 40(10): 2519-2529.

张跃军, 张晗, 王金丽. 2021. 考虑结构变化和长记忆性的国际原油价格波动率预测研究[J]. 中国管理科学, 29(9): 54-64.

赵华, 肖佳文. 2020. 考虑微观结构噪声与测量误差的波动率预测[J]. 中国管理科学, 28(4): 48-60.

赵进文, 薛艳. 2009. 我国分季度 GDP 估算方法的研究[J]. 统计研究, 26(10): 25-32.

郑挺国, 尚玉皇. 2013. 基于金融指标对中国 GDP 的混频预测分析[J]. 金融研究, (9): 16-29.

中国现代国际关系研究院课题组, 张茂荣. 2020. 国际油市巨震: 特点、成因及影响[J]. 现代国际关系, (5): 13-22, 30, 65-66.

Alberg D, Shalit H, Yosef R. 2008. Estimating stock market volatility using asymmetric GARCH models[J]. Applied Financial Economics, 18(15): 1201-1208.

Alexander C, Rubinov A, Kalepky M, et al. 2012. Regime-dependent smile-adjusted delta hedging[J]. Journal of Futures Markets, 32(3): 203-229.

Alizadeh A H, Nomikos N K, Pouliasis P K. 2008. A Markov regime switching approach for hedging energy commodities[J]. Journal of Banking & Finance, 32(9): 1970-1983.

Alobaidi M H, Chebana F, Meguid M A. 2018. Robust ensemble learning framework for day-ahead forecasting of household based energy consumption[J]. Applied Energy, 212: 997-1012.

Aloui C, Jammazi R. 2009. The effects of crude oil shocks on stock market shifts behaviour: a regime switching approach[J]. Energy Economics, 31(5): 789-799.

Aloui C, Mabrouk S. 2010. Value-at-risk estimations of energy commodities via long-memory, asymmetry and fat-tailed GARCH models[J]. Energy Policy, 38(5): 2326-2339.

Aloui R, Ben Aïssa M S, Hammoudeh S, et al. 2014. Dependence and extreme dependence of crude oil and natural gas prices with applications to risk management[J]. Energy Economics, 42: 332-342.

Altman N S. 1992. An introduction to kernel and nearest-neighbor nonparametric regression[J]. The American Statistician, 46(3): 175-185.

Andersen T G, Bollerslev T. 1998. Answering the skeptics: yes, standard volatility models do provide accurate forecasts[J]. International Economic Review, 39(4): 885.

Andersen T G, Bollerslev T, Diebold F X, et al. 2001a. The distribution of realized stock return volatility[J]. Journal of Financial Economics, 61(1): 43-76.

Andersen T G, Bollerslev T, Diebold F X, et al. 2001b. The distribution of realized exchange rate volatility[J]. Journal of the American Statistical Association, 96(453): 42-55.

Andersen T G, Bollerslev T, Diebold F X, et al. 2003. Modeling and forecasting realized volatility[J]. Econometrica, 71(2): 579-625.

Andersen T G, Bollerslev T, Diebold F X. 2007a. Roughing it up: including jump components in the measurement, modeling, and forecasting of return volatility[J]. Review of Economics and Statistics, 89(4): 701-720.

Andersen T G, Bollerslev T, Dobrev D. 2007b. No-arbitrage semi-martingale restrictions for continuous-time volatility models subject to leverage effects, jumps and i.i.d. noise: theory and testable distributional implications[J]. Journal of Econometrics, 138(1): 125-180.

Andersen T G, Bollerslev T, Frederiksen P, et al. 2010. Continuous-time models, realized volatilities, and testable distributional implications for daily stock returns[J]. Journal of Applied Econometrics, 25(2): 233-261.

Andreou E. 2016. On the use of high frequency measures of volatility in MIDAS regressions[J]. Journal of Econometrics, 193(2): 367-389.

Antoniou A, Foster A J. 1992. The effect of futures trading on spot price volatility: evidence for Brent crude oil using GARCH[J]. Journal of Business Finance & Accounting, 19(4): 473-484.

Arbib M A. 2002. The Handbook of Brain Theory and Neural Networks[M]. Cambridge: MIT Press.

Ardia D, Bluteau K, Boudt K, et al. 2018. Forecasting risk with Markov-switching GARCH models: a large-scale performance study[J]. International Journal of Forecasting, 34(4): 733-747.

Arouri M, Lahiani A, Nguyen D K. 2011. Return and volatility transmission between world oil prices and stock markets of the GCC countries[J]. Economic Modelling, 28(4): 1815-1825.

Artzner P, Delbaen F, Eber J M, et al. 1999. Coherent measures of risk[J]. Mathematical Finance, 9(3): 203-228.

Asai M, McAleer M, Medeiros M C. 2012. Asymmetry and long memory in volatility modeling[J]. Journal of Financial Econometrics, 10(3): 495-512.

Asgharian H, Hou A J, Javed F. 2013. The importance of the macroeconomic variables in forecasting stock return variance: a GARCH-MIDAS approach[J]. Journal of Forecasting, 32(7): 600-612.

Audrino F, Camponovo L, Roth C. 2017. Testing the lag structure of assets' realized volatility dynamics[J]. Quantitative Finance and Economics, 1(4): 363-387.

Audrino F, Huang C, Okhrin O. 2019 Flexible HAR model for realized volatility[J]. Studies in Nonlinear Dynamics & Econometrics, 23(3): 1-22.

Audrino F, Knaus S D. 2016. Lassoing the HAR model: a model selection perspective on realized volatility dynamics[J]. Econometric Reviews, 35(8/9/10): 1485-1521.

Audrino F, Sigrist F, Ballinari D. 2020. The impact of sentiment and attention measures on stock market volatility[J]. International Journal of Forecasting, 36(2): 334-357.

Baillie R T. 1996. Long memory processes and fractional integration in econometrics[J]. Journal of Econometrics, 73(1): 5-59.

Baillie R T, Myers R J. 1991. Bivariate GARCH estimation of the optimal commodity futures Hedge[J]. Journal of Applied Econometrics, 6(2): 109-124.

Baker S R, Bloom N, Davis S J. 2016. Measuring economic policy uncertainty[J]. The Quarterly Journal of Economics, 131(4): 1593-1636.

Bampinas G, Panagiotidis T. 2017. Oil and stock markets before and after financial crises: a local Gaussian correlation approach[J]. Journal of Futures Markets, 37(12): 1179-1204.

Banerjee A, Urga G. 2005. Modelling structural breaks, long memory and stock market volatility: an overview[J]. Journal of Econometrics, 129(1/2): 1-34.

Barndorff-Nielsen O E, Shephard N. 2002. Econometric analysis of realized volatility and its use in estimating stochastic volatility models[J]. Journal of the Royal Statistical Society Series B: Statistical Methodology, 64(2): 253-280.

Barndorff-Nielsen O E, Shephard N. 2004. Power and bipower variation with stochastic volatility and jumps[J]. Journal of Financial Econometrics, 2(1): 1-37.

Barndorff-Nielsen O E, Shephard N. 2006. Econometrics of testing for jumps in financial economics using bipower variation[J]. Journal of Financial Econometrics, 4(1): 1-30.

Basher S A, Haug A A, Sadorsky P. 2018. The impact of oil-market shocks on stock returns in major oil-exporting countries[J]. Journal of International Money and Finance, 86: 264-280.

Baum C F, Zerilli P. 2016. Jumps and stochastic volatility in crude oil futures prices using conditional moments of integrated volatility[J]. Energy Economics, 53: 175-181.

Baumeister C, Guérin P, Kilian L. 2015. Do high-frequency financial data help forecast oil prices? The MIDAS touch at work[J]. International Journal of Forecasting, 31(2): 238-252.

Baumeister C, Kilian L. 2016. Understanding the decline in the price of oil since June 2014[J]. Journal of the Association of Environmental and Resource Economists, 3(1): 131-158.

Beckers B, Herwartz H, Seidel M. 2017. Risk forecasting in (T)GARCH models with uncorrelated dependent innovations[J]. Quantitative Finance, 17(1): 121-137.

Bianchi D, Büchner M, Tamoni A. 2021. Bond risk premiums with machine learning[J]. The Review of Financial Studies, 34(2): 1046-1089.

Billio M, Anas J, Ferrara L, et al. 2004. Business cycle analysis with multivariate Markov switching models[R]. Venice: University of Venice.

Billio M, Casarin R, Osuntuyi A. 2018. Markov switching GARCH models for Bayesian hedging on energy futures markets[J]. Energy Economics, 70: 545-562.

Black F. 1976. Studies of stock price volatility changes[C]. Proceedings of the 1976 Meetings of the American Statistical Association, Business and Economical Statistics Section: 177-181.

Black F, Scholes M. 1973. The pricing of options and corporate liabilities[J]. Journal of Political Economy, 81(3): 637-654.

Bollerslev T. 1986. Generalized autoregressive conditional heteroskedasticity[J]. Journal of Econometrics, 31(3): 307-327.

Bollerslev T. 1990. Modelling the coherence in short-run nominal exchange rates: a multivariate generalized ARCH model[J]. The Review of Economics and Statistics, 72(3): 498.

Bollerslev T, Chou R Y, Kroner K F. 1992. ARCH modeling in finance[J]. Journal of Econometrics, 52(1/2): 5-59.

Bollerslev T, Hood B, Huss J, et al. 2018. Risk everywhere: modeling and managing volatility[J]. The Review of Financial Studies, 31(7): 2729-2773.

Bollerslev T, Ole Mikkelsen H. 1996. Modeling and pricing long memory in stock market volatility[J]. Journal of Econometrics, 73(1): 151-184.

Bollerslev T, Todorov V, Li S Z. 2013. Jump tails, extreme dependencies, and the distribution of stock returns[J]. Journal of Econometrics, 172(2): 307-324.

Borovkova S, Tsiamas I. 2019. An ensemble of LSTM neural networks for high-frequency stock market classification[J]. Journal of Forecasting, 38(6): 600-619.

Borup D, Jakobsen J S. 2019. Capturing volatility persistence: a dynamically complete realized EGARCH-MIDAS model[J]. Quantitative Finance, 19(11): 1839-1855.

Breidt F J, Crato N, de Lima P. 1998. The detection and estimation of long memory in stochastic volatility[J]. Journal of Econometrics, 83(1/2): 325-348.

Breiman L. 1996. Bagging predictors[J]. Machine Learning, 24(2): 123-140.

Breiman L. 2001. Random forests[J]. Machine Learning, 45: 5-32.

Busch T, Christensen B J, Nielsen M Ø. 2011. The role of implied volatility in forecasting future realized volatility and jumps in foreign exchange, stock, and bond markets[J]. Journal of Econometrics, 160(1): 48-57.

Busse J A. 1999. Volatility timing in mutual funds: evidence from daily returns[J]. The Review of Financial Studies, 12(5): 1009-1041.

Cabedo J D, Moya I. 2003. Estimating oil price 'Value at Risk' using the historical simulation approach[J]. Energy Economics, 25(3): 239-253.

Caldara D, Iacoviello M. 2022. Measuring geopolitical risk[J]. American Economic Review, 112(4): 1194-1225.

Campbell J Y, Thompson S B. 2008. Predicting excess stock returns out of sample: can anything beat the historical average?[J]. The Review of Financial Studies, 21(4): 1509-1531.

Campbell S D, Diebold F X. 2005. Weather forecasting for weather derivatives[J]. Journal of the American Statistical Association, 100(469): 6-16.

Çelik S, Ergin H. 2014. Volatility forecasting using high frequency data: evidence from stock markets[J]. Economic Modelling, 36: 176-190.

Çepni O, Gupta R, Pienaar D, et al. 2022. Forecasting the realized variance of oil-price returns using machine learning: is there a role for U.S. state-level uncertainty?[J]. Energy Economics, 114: 106229.

Chang C L, McAleer M, Tansuchat R. 2011. Crude oil hedging strategies using dynamic multivariate GARCH[J]. Energy Economics, 33(5): 912-923.

Chang C Y, Lai J Y, Chuang I Y. 2010. Futures hedging effectiveness under the segmentation of bear/bull energy markets[J]. Energy Economics, 32(2): 442-449.

Chang K L. 2012. Volatility regimes, asymmetric basis effects and forecasting performance: an empirical investigation of the WTI crude oil futures market[J]. Energy Economics, 34(1): 294-306.

Chen S S. 2011. Lack of consumer confidence and stock returns[J]. Journal of Empirical Finance, 18(2): 225-236.

Chernov M, Gallant A R, Ghysels E, et al. 2003. Alternative models for stock price dynamics[J]. Journal of Econometrics, 116(1/2): 225-257.

Chesney M, Scott L. 1989. Pricing European currency options: a comparison of the modified black-scholes model and a random variance model[J]. The Journal of Financial and Quantitative Analysis, 24(3): 267.

Chow G C, Lin A L. 1971. Best linear unbiased interpolation, distribution, and extrapolation of time series by related series[J]. The Review of Economics and Statistics, 53(4): 372-375.

Chow G C, Lin A L. 1976. Best linear unbiased estimation of missing observations in an economic time series[J]. Journal of the American Statistical Association, 71(355): 719-721.

Christensen K, Podolskij M. 2007. Realized range-based estimation of integrated variance[J]. Journal of Econometrics, 141(2): 323-349.

Christoffersen P, Feunou B, Jacobs K, et al. 2014. The economic value of realized volatility: using high-frequency returns for option valuation[J]. Journal of Financial and Quantitative Analysis, 49(3): 663-697.

Christoffersen P, Jacobs K, Mimouni K. 2010. Volatility dynamics for the S&P500: evidence from realized volatility, daily returns, and option prices[J]. The Review of Financial Studies, 23(8): 3141-3189.

Ciuperca G. 2014. Model selection by LASSO methods in a change-point model[J]. Statistical Papers, 55(2): 349-374.

Clark T E, West K D. 2007. Approximately normal tests for equal predictive accuracy in nested models[J]. Journal of Econometrics, 138(1): 291-311.

Clements M P, Galvão A B. 2009. Forecasting US output growth using leading indicators: an appraisal using MIDAS models[J]. Journal of Applied Econometrics, 24(7): 1187-1206.

Clements M P, Krolzig H M. 1998. A comparison of the forecast performance of Markov-switching and threshold autoregressive models of US GNP[J]. The Econometrics Journal, 1(1): C47-C75.

Conrad C, Custovic A, Ghysels E. 2018. Long- and short-term cryptocurrency volatility components: a GARCH-MIDAS analysis[J]. Journal of Risk and Financial Management, 11(2): 23.

Conrad C, Kleen O. 2020. Two are better than one: volatility forecasting using multiplicative component GARCH-MIDAS models[J]. Journal of Applied Econometrics, 35(1): 19-45.

Conrad C, Loch K. 2015. Anticipating long-term stock market volatility[J]. Journal of Applied Econometrics, 30(7): 1090-1114.

Coppola A. 2008. Forecasting oil price movements: exploiting the information in the futures market[J]. Journal of Futures Markets, 28(1): 34-56.

Coronado S, Jimnez-Rodrguez R, Rojas O. 2018. An empirical analysis of the relationships between crude oil, gold and stock markets[J]. The Energy Journal, 39(Suppl. 1): 193-208.

Corsi F. 2009. A simple approximate long-memory model of realized volatility[J]. Journal of Financial Econometrics, 7(2): 174-196.

Corsi F, Audrino F, Renò R. 2012. HAR modeling for realized volatility forecasting[M]//Bauwens L, Hafner C, Laurent S. Handbook of Volatility Models and Their Applications. Hoboken: John Wiley & Sons: 363-382.

Corsi F, Pirino D, Renò R. 2010. Threshold bipower variation and the impact of jumps on volatility forecasting[EB/OL]. https://hal.science/hal-00741630/document[2024-05-13].

Cortazar G, Naranjo L. 2006. An N-factor Gaussian model of oil futures prices[J]. Journal of Futures Markets, 26(3): 243-268.

Costello A, Asem E, Gardner E. 2008. Comparison of historically simulated VaR: evidence from oil prices[J]. Energy Economics, 30(5): 2154-2166.

Cotter J, Hanly J. 2015. Performance of utility based hedges[J]. Energy Economics, 49: 718-726.

Dahl R E, Oglend A, Yahya M. 2020. Dynamics of volatility spillover in commodity markets: linking crude oil to agriculture[J]. Journal of Commodity Markets, 20: 100111.

Degiannakis S, Filis G. 2017. Forecasting oil price realized volatility using information channels from other asset classes[J]. Journal of International Money and Finance, 76: 28-49.

Degiannakis S, Filis G. 2018. Forecasting oil prices: high-frequency financial data are indeed useful[J]. Energy Economics, 76: 388-402.

Diebold F X, Inoue A. 2001. Long memory and regime switching[J]. Journal of Econometrics, 105(1): 131-159.

Diebold F X, Mariano R S. 2002. Comparing predictive accuracy[J]. Journal of Business & Economic Statistics, 20(1): 134-144.

Dietterich T G. 2002. Ensemble learning[M]//Arbib M A. The Handbook of Brain Theory and Neural Networks. 2nd ed. Bradford: A Bradford Book: 405-408.

Ding X S, Fu L L, Ding Y H, et al. 2022. A novel hybrid method for oil price forecasting with ensemble thought[J]. Energy Reports, 8: 15365-15376.

Ederington L H. 1979. The hedging performance of the new futures markets[J]. The Journal of Finance, 34(1): 157-170.

Engle R F. 1982. Autoregressive conditional heteroscedasticity with estimates of the variance of United Kingdom inflation[J]. Econometrica, 50(4): 987-1007.

Engle R F. 1983. Estimates of the variance of U.S. inflation based upon the ARCH model[J]. Journal of Money, Credit and Banking, 15(3): 286-301.

Engle R F. 2002. Dynamic conditional correlation[J]. Journal of Business & Economic Statistics, 20(3): 339-350.

Engle R F, Bollerslev T. 1986. Modelling the persistence of conditional variances[J]. Econometric Reviews, 5(1): 1-50.

Engle R F, Ghysels E, Sohn B. 2013. Stock market volatility and macroeconomic fundamentals[J]. Review of Economics and Statistics, 95(3): 776-797.

Engle R F, Kroner K F. 1995. Multivariate simultaneous generalized ARCH[J]. Econometric Theory, 11(1): 122-150.

Engle R, Sheppard K. 2001. Theoretical and empirical properties of dynamic conditional correlation multivariate GARCH[R]. NBRE Working Paper 8554.

Eraker B, Johannes M, Polson N. 2003. The impact of jumps in volatility and returns[J]. The Journal of Finance, 58(3): 1269-1300.

Fang T, Lee T H, Su Z. 2020. Predicting the long-term stock market volatility: a GARCH-MIDAS model with variable selection[J]. Journal of Empirical Finance, 58: 36-49.

Fan Y, Zhang Y J, Tsai H T, et al. 2008. Estimating 'Value at Risk' of crude oil price and its spillover effect using the GED-GARCH approach[J]. Energy Economics, 30(6): 3156-3171.

Ferderer J P. 1996. Oil price volatility and the macroeconomy[J]. Journal of Macroeconomics, 18(1): 1-26.

Fleming J, Kirby C, Ostdiek B. 2001. The economic value of volatility timing[J]. The Journal of Finance, 56(1): 329-352.

Forsberg L, Ghysels E. 2007. Why do absolute returns predict volatility so well?[J]. Journal of Financial Econometrics, 5(1): 31-67.

Foster D P, Nelson D B. 1996. Continuous record asymptotics for rolling sample variance estimators[J]. Econometrica, 64(1): 139.

Freund Y, Schapire R E. 1996. Experiments with a new boosting algorithm[C]//Saitta L. Proceedings of the Thirteenth International Conference on International Conference on Machine Learning. San Francisco: Morgan Kaufmann Publishers Inc: 148-156.

Friedman J H. 2001. Greedy function approximation: a gradient boosting machine[J]. The Annals of Statistics, 29(5): 1189-1232.

Geurts P, Ernst D, Wehenkel L. 2006. Extremely randomized trees[J]. Machine Learning, 63(1): 3-42.

Ghoddusi H, Creamer G G, Rafizadeh N. 2019. Machine learning in energy economics and finance: a review[J]. Energy Economics, 81: 709-727.

Ghosh A. 1993. Hedging with stock index futures: estimation and forecasting with error correction model[J]. Journal of Futures Markets, 13(7): 743-752.

Ghysels E, Plazzi A, Valkanov R, et al. 2019. Direct versus iterated multiperiod volatility forecasts[J]. Annual Review of Financial Economics, 11: 173-195.

Ghysels E, Santa-Clara P, Valkanov R. 2004. The MIDAS touch: mixed data sampling regression models[EB/OL]. https://rady.ucsd.edu/_files/faculty-research/valkanov/midas-touch.pdf[2024-05-15].

Ghysels E, Santa-Clara P, Valkanov R. 2006. Predicting volatility: getting the most out of return data sampled at different frequencies[J]. Journal of Econometrics, 131(1/2): 59-95.

Ghysels E, Sinko A, Valkanov R. 2007. MIDAS regressions: further results and new directions[J]. Econometric Reviews, 26(1): 53-90.

Ghysels E, Sinko A. 2011. Volatility forecasting and microstructure noise[J]. Journal of Econometrics, 160(1): 257-271.

Ghysels E, Sohn B. 2009. Which power variation predicts volatility well?[J]. Journal of Empirical Finance, 16(4): 686-700.

Ghysels E, Wright J H. 2009. Forecasting professional forecasters[J]. Journal of Business & Economic Statistics, 27(4): 504-516.

Giot P, Laurent S. 2003. Value-at-risk for long and short trading positions[J]. Journal of Applied Econometrics, 18(6): 641-663.

Giot P, Laurent S, Petitjean M. 2010. Trading activity, realized volatility and jumps[J]. Journal of Empirical Finance, 17(1): 168-175.

Gkillas K, Gupta R, Pierdzioch C. 2020. Forecasting realized oil-price volatility: the role of financial stress and asymmetric loss[J]. Journal of International Money and Finance, 104: 102137.

Glosten L R, Jagannathan R, Runkle D E. 1993. On the relation between the expected value and the volatility of the nominal excess return on stocks[J]. The Journal of Finance, 48(5): 1779-1801.

Goldman E, Nam J, Tsurumi H, et al. 2013. Regimes and long memory in realized volatility[J]. Studies in Nonlinear Dynamics and Econometrics, 17(5): 521-549.

Gonçalves S, Meddahi N. 2009. Bootstrapping realized volatility[J]. Econometrica, 77(1): 283-306.

Gong X, Lin B Q. 2018a. Structural breaks and volatility forecasting in the copper futures market[J]. Journal of Futures Markets, 38(3): 290-339.

Gong X, Lin B Q. 2018b. The incremental information content of investor fear gauge for volatility forecasting in the crude oil futures market[J]. Energy Economics, 74: 370-386.

Gong X, Liu Y, Wang X. 2021. Dynamic volatility spillovers across oil and natural gas futures markets based on a time-varying spillover method[J]. International Review of Financial Analysis, 76: 101790.

Granger C W J, Ding Z X. 1996. Varieties of long memory models[J]. Journal of Econometrics, 73(1): 61-77.

Gu S H, Kelly B, Xiu D C. 2020. Empirical asset pricing via machine learning[J]. The Review of Financial Studies, 33(5): 2223-2273.

Guo J, Huang W, Williams B M. 2014. Adaptive Kalman filter approach for stochastic short-term traffic flow rate prediction and uncertainty quantification[J]. Transportation Research Part C: Emerging Technologies, 43: 50-64.

Guliyev H, Mustafayev E. 2022. Predicting the changes in the WTI crude oil price dynamics using machine learning models[J]. Resources Policy, 77: 102664.

Haigh M S, Holt M T. 2002. Crack spread hedging: accounting for time-varying volatility spillovers in the energy futures markets[J]. Journal of Applied Econometrics, 17(3): 269-289.

Hamilton J D. 1983. Oil and the macroeconomy since World War II[J]. Journal of Political Economy, 91(2): 228-248.

Hamilton J D. 1989. A new approach to the economic analysis of nonstationary time series and the business cycle[J]. Econometrica, 57(2): 357.

Hamilton J D. 2003. What is an oil shock?[J]. Journal of Econometrics, 113(2): 363-398.

Hamilton J D. 2009. Causes and consequences of the oil shock of 2007–08[J]. Brookings Papers on Economic Activity, 40(1): 215-283.

Hamilton J D, Susmel R. 1994. Autoregressive conditional heteroskedasticity and changes in regime[J]. Journal of Econometrics, 64(1/2): 307-333.

Hansen P R, Lunde A. 2005. A forecast comparison of volatility models: does anything beat a GARCH (1, 1)?[J]. Journal of Applied Econometrics, 20(7): 873-889.

Hansen P R, Lunde A. 2006. Realized variance and market microstructure noise[J]. Journal of Business & Economic Statistics, 24(2): 127-161.

Hansen P R, Lunde A, Nason J M. 2003. Choosing the best volatility models: the model confidence set approach[J]. Oxford Bulletin of Economics and Statistics, 65: 839-861.

Hansen P R, Lunde A, Nason J M. 2011. The model confidence set[J]. Econometrica, 79(2): 453-497.

Haugom E, Langeland H, Molnár P, et al. 2014. Forecasting volatility of the U.S. oil market[J]. Journal of Banking & Finance, 47: 1-14.

Haugom E, Westgaard S, Solibakke P B, et al. 2011. Realized volatility and the influence of market measures on predictability: analysis of Nord Pool forward electricity data[J]. Energy Economics, 33(6): 1206-1215.

Hochreiter S, Schmidhuber J. 1997. Long short-term memory[J]. Neural Computation, 9(8): 1735-1780.

Hoerl A E, Kennard R W. 1970. Ridge regression: biased estimation for nonorthogonal problems[J]. Technometrics, 12(1): 55-67.

Hoerl A E, Kennard R W. 2000. Ridge regression: biased estimation for nonorthogonal problems[J]. Technometrics, 42(1): 80-86.

Hogrefe J. 2008. Forecasting data revisions of GDP: a mixed frequency approach[J]. AStA Advances in Statistical Analysis, 92(3): 271-296.

Hou K Q, Mountain D C, Wu T. 2016. Oil price shocks and their transmission mechanism in an oil-exporting economy: a VAR analysis informed by a DSGE model[J]. Journal of International Money and Finance, 68: 21-49.

Hsu C C, Tseng C P, Wang Y H. 2008. Dynamic hedging with futures: a copula-based GARCH model[J]. Journal of Futures Markets, 28(11): 1095-1116.

Huang J, Breheny P, Ma S G. 2012. A selective review of group selection in high-dimensional models[J]. Statistical Science, 27(4): 481-199.

Huang X, Tauchen G. 2005. The relative contribution of jumps to total price variance[J]. Journal of Financial Econometrics, 3(4): 456-499.

Hull J, White A. 1987. The pricing of options on assets with stochastic volatilities[J]. The Journal of Finance, 42(2): 281-300.

Hung J C, Lee M C, Liu H C. 2008. Estimation of value-at-risk for energy commodities via fat-tailed GARCH models[J]. Energy Economics, 30(3): 1173-1191.

Hung J C, Wang Y H, Chang M C, et al. 2011. Minimum variance hedging with bivariate regime-switching model for WTI crude oil[J]. Energy, 36(5): 3050-3057.

Inoue A, Jin L, Rossi B. 2017. Rolling window selection for out-of-sample forecasting with time-varying parameters[J]. Journal of Econometrics, 196(1): 55-67.

Jacod J, Li Y Y, Zheng X H. 2019. Estimating the integrated volatility with tick observations[J]. Journal of Econometrics, 208(1): 80-100.

Jarque C M, Bera A K, 1987. A test for normality of observations and regression residuals[J]. Revue Internationale De Statistique, 55(2): 163.

Jegadeesh N, Noh J, Pukthuanthong K, et al. 2019. Empirical tests of asset pricing models with individual assets: resolving the errors-in-variables bias in risk premium estimation[J]. Journal of Financial Economics, 133(2): 273-298.

Jeon B, Seo S W, Kim J S. 2020. Uncertainty and the volatility forecasting power of option-implied volatility[J]. Journal of Futures Markets, 40(7): 1109-1126.

Jiao X R, Song Y P, Kong Y, et al. 2022. Volatility forecasting for crude oil based on text information and deep learning PSO-LSTM model[J]. Journal of Forecasting, 41(5): 933-944.

Johannes M. 2004. The statistical and economic role of jumps in continuous-time interest rate models[J]. The Journal of Finance, 59(1): 227-260.

Johnson L L. 1960. The theory of hedging and speculation in commodity futures[J]. The Review of Economic Studies, 27(3): 139-151.

Jones C M, Kaul G. 1996. Oil and the stock markets[J]. The Journal of Finance, 51(2): 463-491.

Kambouroudis D S, McMillan D G, Tsakou K. 2016. Forecasting stock return volatility: a comparison of GARCH, implied volatility, and realized volatility models[J]. Journal of Futures Markets, 36(12): 1127-1163.

Kasman S, Vardar G, Tunç G. 2011. The impact of interest rate and exchange rate volatility on banks' stock returns and volatility: evidence from Turkey[J]. Economic Modelling, 28(3): 1328-1334.

Khalfaoui R, Boutahar M, Boubaker H. 2015. Analyzing volatility spillovers and hedging between oil and stock markets: evidence from wavelet analysis[J]. Energy Economics, 49: 540-549.

Kilian L. 2009. Not all oil price shocks are alike: disentangling demand and supply shocks in the crude oil market[J]. American Economic Review, 99(3): 1053-1069.

Kilian L, Park C. 2009. The impact of oil price shocks on the U.S. stock market[J]. International Economic Review, 50(4): 1267-1287.

Klein T, Walther T. 2016. Oil price volatility forecast with mixture memory GARCH[J]. Energy Economics, 58: 46-58.

Koopman S J, Jungbacker B, Uspensky E H. 2005. Forecasting daily variability of the S&P 100 stock index using historical, realised and implied volatility measurements[J]. Journal of Empirical Finance, 12(3): 445-475.

Koopman S J, Uspensky E H. 2002. The stochastic volatility in mean model: empirical evidence from international stock markets[J]. Journal of applied Econometrics, 17(6): 667-689.

Kristjanpoller W, Minutolo M C. 2016. Forecasting volatility of oil price using an artificial neural network-GARCH model[J]. Expert Systems with Applications, 65(C): 233-241.

Krolzig H M. 2001. Business cycle measurement in the presence of structural change: international evidence[J]. International Journal of Forecasting, 17(3): 349-368.

Lahiri K, Wang J G. 1994. Predicting cyclical turning points with leading index in a Markov switching model[J]. Journal of Forecasting, 13(3): 245-263.

Larsson K, Nossman M. 2011. Jumps and stochastic volatility in oil prices: time series evidence[J]. Energy Economics, 33(3): 504-514.

Laurent S, Rombouts J V K, Violante F. 2012. On the forecasting accuracy of multivariate GARCH models[J]. Journal of Applied Econometrics, 27(6): 934-955.

LeCun Y, Boser B, Denker J S, et al. 1989. Backpropagation applied to handwritten zip code recognition[J]. Neural Computation, 1(4): 541-551.

Lee H T. 2009. A copula-based regime-switching GARCH model for optimal futures hedging[J]. Journal of Futures Markets, 29(10): 946-972.

Lee H T, Yoder J K. 2007. A bivariate Markov regime switching GARCH approach to estimate time varying minimum variance hedge ratios[J]. Applied Economics, 39(10): 1253-1265.

Lee S, Seo M H, Shin Y. 2016. The lasso for high dimensional regression with a possible change point[J]. Journal of the Royal Statistical Society Series B: Statistical Methodology, 78(1): 193-210.

Lee S S, Mykland P A. 2008. Jumps in financial markets: a new nonparametric test and jump dynamics[J]. The Review of Financial Studies, 21(6): 2535-2563.

Li X F, Wei Y. 2018. The dependence and risk spillover between crude oil market and China stock market: new evidence from a variational mode decomposition-based copula method[J]. Energy Economics, 74: 565-581.

Li X F, Wei Y, Chen X, et al. 2022. Which uncertainty is powerful to forecast crude oil market volatility? New evidence[J]. International Journal of Finance & Economics, 27(4): 4279-4297.

Liang C, Wei Y, Li X F, et al. 2020. Uncertainty and crude oil market volatility: new evidence[J]. Applied Economics, 52(27): 2945-2959.

Liu B Y, Ji Q, Fan Y. 2017. Dynamic return-volatility dependence and risk measure of CoVaR in the oil market: a time-varying mixed copula model[J]. Energy Economics, 68: 53-65.

Liu J, Ma F, Yang K, et al. 2018. Forecasting the oil futures price volatility: large jumps and small jumps[J]. Energy Economics, 72: 321-330.

Liu J, Wei Y, Ma F, et al. 2017. Forecasting the realized range-based volatility using dynamic model averaging approach[J]. Economic Modelling, 61: 12-26.

Liu L Y, Patton A J, Sheppard K. 2015. Does anything beat 5-minute RV? A comparison of realized measures across multiple asset classes[J]. Journal of Econometrics, 187(1): 293-311.

Longin F M. 1997. The threshold effect in expected volatility: a model based on asymmetric information[J]. The Review of Financial Studies, 10(3): 837-869.

Lu X J, Ma F, Wang J Q, et al. 2020. Examining the predictive information of CBOE OVX on China's oil futures volatility: evidence from MS-MIDAS models[J]. Energy, 212: 118743.

Lundberg S M, Lee S I. 2017. A unified approach to interpreting model predictions[C]//Proceedings of the 31st International Conference on Neural Information Processing Systems. December 4-9, 2017, Long Beach, California: ACM: 4768-4777.

Lyu Y J, Wang P, Wei Y, et al. 2017. Forecasting the VaR of crude oil market: do alternative distributions help?[J]. Energy Economics, 66: 523-534.

Ma F, Liang C, Ma Y H, et al. 2020. Cryptocurrency volatility forecasting: a Markov regime-switching MIDAS approach[J]. Journal of Forecasting, 39(8): 1277-1290.

Ma F, Liang C, Zeng Q, et al. 2021. Jumps and oil futures volatility forecasting: a new insight[J]. Quantitative Finance, 21(5): 853-863.

Ma F, Liao Y, Zhang Y J, et al. 2019. Harnessing jump component for crude oil volatility forecasting in the presence of extreme shocks[J]. Journal of Empirical Finance, 52: 40-55.

Ma F, Liu L, Liu Z C, et al. 2015. Forecasting realized range volatility: a regime-switching approach[J]. Applied Economics Letters, 22(17): 1361-1365.

Ma F, Wahab M I M, Huang D S, et al. 2017. Forecasting the realized volatility of the oil futures market: a regime switching approach[J]. Energy Economics, 67: 136-145.

Ma F, Wahab M I M, Liu J, et al. 2018a. Is economic policy uncertainty important to forecast the realized volatility of crude oil futures?[J]. Applied Economics, 50(18): 2087-2101.

Ma F, Wang J Q, Wahab M I M, et al. 2023. Stock market volatility predictability in a data-rich world: a new insight[J]. International Journal of Forecasting, 39(4): 1804-1819.

Ma F, Wei Y, Liu L, et al. 2018b. Forecasting realized volatility of oil futures market: a new insight[J]. Journal of Forecasting, 37(4): 419-436.

Ma F, Zhang Y J, Huang D S, et al. 2018c. Forecasting oil futures price volatility: new evidence from realized range-based volatility[J]. Energy Economics, 75: 400-409.

Maheshchandra J P. 2012. Long memory property in return and volatility: evidence from the Indian stock markets[J]. Asian Journal of Finance & Accounting, 4(2): 218-230.

Marcellino M, Schumacher C, Bundesbank D. 2007. Factor nowcasting of German GDP with ragged-edge data: a model comparison using MIDAS projections[EB/OL]. https://www.bankofcanada.ca/wp-content/uploads/2010/09/schumacher.pdf[2024-05-15].

Marsilli C. 2014. Variable selection in predictive MIDAS models[R]. Paris: Banque de France.

Martens M, van Dijk D. 2007. Measuring volatility with the realized range[J]. Journal of Econometrics, 138(1): 181-207.

Medeiros M C, Vasconcelos G F R, Veiga Á, et al. 2021. Forecasting inflation in a data-rich environment: the benefits of machine learning methods[J]. Journal of Business & Economic Statistics, 39(1): 98-119.

Merton R C. 1980. On estimating the expected return on the market[J]. Journal of Financial Economics, 8(4): 323-361.

Miller J I, Ratti R A. 2009. Crude oil and stock markets: stability, instability, and bubbles[J]. Energy

Economics, 31(4): 559-568.

Mincer J A, Zarnowitz V. 1969. The evaluation of economic forecasts[M]//Mincer J A. Economic Forecasts and Expectations: Analysis of Forecasting Behavior and Performance. Cambridge: NBER: 3-46.

Miron D, Tudor C. 2010. Asymmetric conditional volatility models: empirical estimation and comparison of forecasting accuracy[J]. Romanian Journal of Economic Forecasting, 13(3): 74-92.

Müller U A, Dacorogna M M, Davé R D, et al. 1993. Fractals and intrinsic time-a challenge to econometricians[R]. Meridian: Olsen and Associates.

Myers R J, Thompson S R. 1989. Generalized optimal hedge ratio estimation[J]. American Journal of Agricultural Economics, 71(4): 858-868.

Nademi A, Nademi Y. 2018. Forecasting crude oil prices by a semiparametric Markov switching model: OPEC, WTI, and Brent cases[J]. Energy Economics, 74: 757-766.

Nasr A, Lux T, Ajmi A N, et al. 2016. Forecasting the volatility of the Dow Jones Islamic Stock Market Index: long memory vs. regime switching[J]. International Review of Economics & Finance, 45: 559-571.

Neely C J, Rapach D E, Tu J, et al. 2014. Forecasting the equity risk premium: the role of technical indicators[J]. Management Science, 60(7): 1772-1791.

Nelson D B. 1991. Conditional heteroskedasticity in asset returns: a new approach[J]. Econometrica, 59(2): 347.

Palm F C. 1996. 7 GARCH models of volatility[J]. Handbook of statistics, 14: 209-240.

Pan J. 2002. The jump-risk premia implicit in options: evidence from an integrated time-series study[J]. Journal of Financial Economics, 63(1): 3-50.

Pan Z Y, Wang Y D, Wu C F, et al. 2017. Oil price volatility and macroeconomic fundamentals: a regime switching GARCH-MIDAS model[J]. Journal of Empirical Finance, 43: 130-142.

Patra S. 2021. Revisiting value-at-risk and expected shortfall in oil markets under structural breaks: the role of fat-tailed distributions[J]. Energy Economics, 101: 105452.

Patton A J. 2011. Volatility forecast comparison using imperfect volatility proxies[J]. Journal of Econometrics, 160(1): 246-256.

Patton A J, Sheppard K. 2015. Good volatility, bad volatility: signed jumps and the persistence of volatility[J]. Review of Economics and Statistics, 97(3): 683-697.

Paye B S. 2012. 'Déjà vol': predictive regressions for aggregate stock market volatility using macroeconomic variables[J]. Journal of Financial Economics, 106(3): 527-546.

Pesaran M H, Timmermann A. 1992. A simple nonparametric test of predictive performance[J].

Journal of Business & Economic Statistics, 10(4): 461-465.

Pesaran M H, Timmermann A. 2009. Testing dependence among serially correlated multicategory variables[J]. Journal of the American Statistical Association, 104(485): 325-337.

Phan D H B, Sharma S S, Narayan P K. 2016. Intraday volatility interaction between the crude oil and equity markets[J]. Journal of International Financial Markets, Institutions and Money, 40: 1-13.

Prokopczuk M, Symeonidis L, Simen W C. 2016. Do jumps matter for volatility forecasting? Evidence from energy markets[J]. Journal of Futures Markets, 36(8): 758-792.

Qiu Y, Zhang X Y, Xie T, et al. 2019. Versatile HAR model for realized volatility: a least square model averaging perspective[J]. Journal of Management Science and Engineering, 4(1): 55-73.

Raggi D, Bordignon S. 2012. Long memory and nonlinearities in realized volatility: a Markov switching approach[J]. Computational Statistics & Data Analysis, 56(11): 3730-3742.

Rahimikia E, Poon S H. 2020. Machine learning for realised volatility forecasting[EB/OL]. https://www.researchgate.net/publication/344634525_Machine_Learning_for_Realised_Volatility_Forecasting[2024-05-15].

Rapach D E, Strauss J K, Zhou G F. 2010. Out-of-sample equity premium prediction: combination forecasts and links to the real economy[J]. The Review of Financial Studies, 23(2): 821-862.

Rizzo M, Battaglia F. 2016. On the choice of a genetic algorithm for estimating GARCH models[J]. Computational Economics, 48(3): 473-485.

Rossi E, Fantazzini D. 2015. Long memory and periodicity in intraday volatility[J]. Journal of Financial Econometrics, 13(4): 922-961.

Sadeghi M, Shavvalpour S. 2006. Energy risk management and value at risk modeling[J]. Energy Policy, 34(18): 3367-3373.

Santos D G, Ziegelmann F A. 2014. Volatility forecasting via MIDAS, HAR and their combination: an empirical comparative study for IBOVESPA[J]. Journal of Forecasting, 33(4): 284-299.

Sévi B. 2014. Forecasting the volatility of crude oil futures using intraday data[J]. European Journal of Operational Research, 235(3): 643-659.

Shamiri A, Hassan A. 2015. Modeling and forecasting volatility of the Malaysian and the Singaporean stock indices using asymmetric GARCH models and non-normal densities[R]. Munich: University Library of Munich.

Shi Y L, Ho K Y. 2015. Long memory and regime switching: a simulation study on the Markov regime-switching ARFIMA model[J]. Journal of Banking & Finance, 61: S189-S204.

Shrestha K, Subramaniam R, Peranginangin Y, et al. 2018. Quantile hedge ratio for energy markets[J]. Energy Economics, 71: 253-272.

Siliverstovs B. 2017. Short-term forecasting with mixed-frequency data: a MIDASSO approach[J].

Applied Economics, 49(13): 1326-1343.

Silvestrini A, Veredas D. 2008. Temporal aggregation of univariate and multivariate time series models: a survey[J]. Journal of Economic Surveys, 22(3): 458-497.

Sopipan N, Sattayatham P, Premanode B. 2012. Forecasting volatility of gold price using Markov regime switching and trading strategy[J]. Journal of Mathematical Finance, 2(1): 121-131.

Souček M, Todorova N. 2013. Realized volatility transmission between crude oil and equity futures markets: a multivariate HAR approach[J]. Energy Economics, 40: 586-597.

Stock J H, Watson M W. 2002. Forecasting using principal components from a large number of predictors[J]. Journal of the American Statistical Association, 97(460): 1167-1179.

Stock J H, Watson M W. 2004. Combination forecasts of output growth in a seven-country data set[J]. Journal of Forecasting, 23(6): 405-430.

Straetmans S T M, Verschoor W F C, Wolff C C P. 2008. Extreme US stock market fluctuations in the wake of 9/11[J]. Journal of Applied Econometrics, 23(1): 17-42.

Strumbelj E, Kononenko I. 2010. An efficient explanation of individual classifications using game theory[J]. The Journal of Machine Learning Research, 11: 1-18.

Sukcharoen K, Leatham D J. 2017. Hedging downside risk of oil refineries: a vine copula approach[J]. Energy Economics, 66: 493-507.

Tian F P, Yang K, Chen L N. 2017. Realized volatility forecasting of agricultural commodity futures using long memory and regime switching[J]. Journal of Forecasting, 36(4): 421-430.

Tibshirani R. 1996. Regression shrinkage and selection via the lasso[J]. Journal of the Royal Statistical Society Series B: Statistical Methodology, 58(1): 267-288.

Uematsu Y, Tanaka S. 2019. High-dimensional macroeconomic forecasting and variable selection via penalized regression[J]. The Econometrics Journal, 22(1): 34-56.

Vapnik V. 1998. The support vector method of function estimation[M]//Suykens J A K, Vandewalle J P L. Nonlinear Modeling: Advanced Black-Box Techniques. Boston: Springer: 55-85.

Virbickaitė A, Ausín M C, Galeano P. 2020. Copula stochastic volatility in oil returns: approximate Bayesian computation with volatility prediction[J]. Energy Economics, 92: 104961.

Vivian A, Wohar M E. 2012. Commodity volatility breaks[J]. Journal of International Financial Markets, Institutions and Money, 22(2): 395-422.

Vlaar P J G. 2000. Value at risk models for Dutch bond portfolios[J]. Journal of Banking & Finance, 24(7): 1131-1154.

Vo M T. 2009. Regime-switching stochastic volatility: evidence from the crude oil market[J]. Energy Economics, 31(5): 779-788.

Wahab M I M, Lee C G. 2009. A lattice approach to pricing of multivariate contingent claims with regime switching[J]. The Journal of Derivatives, 17(1): 49-61.

Wang J Q, Lu X J, He F, et al. 2020. Which popular predictor is more useful to forecast international stock markets during the coronavirus pandemic: VIX vs EPU?[J]. International Review of Financial Analysis, 72: 101596.

Wang J Q, Ma F, Liang C, et al. 2022. Volatility forecasting revisited using Markov-switching with time-varying probability transition[J]. International Journal of Finance & Economics, 27(1): 1387-1400.

Wang L F, Chen G, Li H Z. 2007. Group SCAD regression analysis for microarray time course gene expression data[J]. Bioinformatics, 23(12): 1486-1494.

Wang X X, Shrestha K, Sun Q. 2019b. Forecasting realised volatility: a Markov switching approach with time-varying transition probabilities[J]. Accounting & Finance, 59(S2): 1947-1975.

Wang Y D, Ma F, Wei Y, et al. 2016. Forecasting realized volatility in a changing world: a dynamic model averaging approach[J]. Journal of Banking & Finance, 64: 136-149.

Wang Y D, Pan Z Y, Liu L, et al. 2019a. Oil price increases and the predictability of equity premium[J]. Journal of Banking & Finance, 102: 43-58.

Wang Y D, Pan Z Y, Wu C F. 2017. Time-varying parameter realized volatility models[J]. Journal of Forecasting, 36(5): 566-580.

Wang Y D, Wei Y, Wu C F, et al. 2018. Oil and the short-term predictability of stock return volatility[J]. Journal of Empirical Finance, 47: 90-104.

Wang Y D, Wu C F, Yang L. 2015. Hedging with futures: does anything beat the naïve hedging strategy?[J]. Management Science, 61(12): 2870-2889.

Wei Y. 2012. Forecasting volatility of fuel oil futures in China: GARCH-type, SV or realized volatility models?[J]. Physica A: Statistical Mechanics and Its Applications, 391(22): 5546-5556.

Wei Y, Liu J, Lai X D, et al. 2017. Which determinant is the most informative in forecasting crude oil market volatility: fundamental, speculation, or uncertainty?[J]. Energy Economics, 68: 141-150.

Wei Y, Wang Y D, Huang D S. 2010. Forecasting crude oil market volatility: further evidence using GARCH-class models[J]. Energy Economics, 32(6): 1477-1484.

Wen F H, Gong X, Cai S H. 2016. Forecasting the volatility of crude oil futures using HAR-type models with structural breaks[J]. Energy Economics, 59: 400-413.

Wen F H, Xiao J H, Huang C X, et al. 2018. Interaction between oil and US dollar exchange rate: nonlinear causality, time-varying influence and structural breaks in volatility[J]. Applied Economics, 50(3): 319-334.

Wen F H, Zhao Y P, Zhang M Z, et al. 2019. Forecasting realized volatility of crude oil futures with equity market uncertainty[J]. Applied Economics, 51(59): 6411-6427.

West K D, Edison H J, Cho D. 1993. A utility-based comparison of some models of exchange rate volatility[J]. Journal of International Economics, 35(1/2): 23-45.

Xu J W, Perron P. 2014. Forecasting return volatility: level shifts with varying jump probability and mean reversion[J]. International Journal of Forecasting, 30(3): 449-463.

Xu Q F, Zhuo X X, Jiang C X, et al. 2018. Group penalized unrestricted mixed data sampling model with application to forecasting US GDP growth[J]. Economic Modelling, 75: 221-236.

Xu W J, Ma F, Chen W, et al. 2019. Asymmetric volatility spillovers between oil and stock markets: evidence from China and the United States[J]. Energy Economics, 80: 310-320.

Yang C, Gong X, Zhang H W. 2019. Volatility forecasting of crude oil futures: the role of investor sentiment and leverage effect[J]. Resources Policy, 61: 548-563.

Yeh C H. 1991. Classification and regression trees (CART)[J]. Chemometrics and Intelligent Laboratory Systems, 12(1): 95-96.

Yu L A, Wang S Y, Lai K K. 2008. Forecasting crude oil price with an EMD-based neural network ensemble learning paradigm[J]. Energy Economics, 30(5): 2623-2635.

Yuan M, Lin Y. 2006. Model selection and estimation in regression with grouped variables[J]. Journal of the Royal Statistical Society Series B: Statistical Methodology, 68(1): 49-67.

Yung Y F, Bentler P M. 1994. Bootstrap-corrected ADF test statistics in covariance structure analysis[J]. British Journal of Mathematical and Statistical Psychology, 47(1): 63-84.

Zadrozny P. 1988. Gaussian likelihood of continuous-time ARMAX models when data are stocks and flows at different frequencies[J]. Econometric Theory, 4(1): 108-124.

Zadrozny P A. 1990. Estimating a multivariate ARMA model with mixed-frequency data: an application to forecasting US GNP at monthly intervals[R]. Washington: Center for Economic Studies, U.S. Census Bureau.

Zakoian J M. 1994. Threshold heteroskedastic models[J]. Journal of Economic Dynamics and Control, 18(5): 931-955.

Zeghdoudi H, Amrani M. 2021. On mixture GARCH models: long, short memory and application in finance[J]. Journal of Mathematics and Statistics Studies, 2(2): 1-7.

Zhang X, Yu L A, Wang S Y, et al. 2009. Estimating the impact of extreme events on crude oil price: an EMD-based event analysis method[J]. Energy Economics, 31(5): 768-778.

Zhang Y J, Ma F, Wang Y D. 2019b. Forecasting crude oil prices with a large set of predictors: can LASSO select powerful predictors?[J]. Journal of Empirical Finance, 54: 97-117.

Zhang Y J, Wang J L. 2019. Do high-frequency stock market data help forecast crude oil prices? Evidence from the MIDAS models[J]. Energy Economics, 78: 192-201.

Zhang Y J, Wei Y, Zhang Y, et al. 2019c. Forecasting oil price volatility: forecast combination versus shrinkage method[J]. Energy Economics, 80: 423-433.

Zhang Y J, Yao T, He L Y, et al. 2019a. Volatility forecasting of crude oil market: can the regime switching GARCH model beat the single-regime GARCH models?[J]. International Review of Economics & Finance, 59: 302-317.

Zhang Y J, Zhang L. 2015. Interpreting the crude oil price movements: evidence from the Markov regime switching model[J]. Applied Energy, 143: 96-109.

Zou H, Hastie T. 2005. Regularization and variable selection via the elastic net[J]. Journal of the Royal Statistical Society Series B: Statistical Methodology, 67(2): 301-320.

Zumbach G, Lynch P. 2001. Heterogeneous volatility cascade in financial markets[J]. Physica A: Statistical Mechanics and Its Applications, 298(3/4): 521-529.